ITALIAN
A Self-Teaching Guide

Edoardo A. Lèbano

John Wiley & Sons, Inc.

New York • Chichester • Brisbane • Toronto • Singapore

To Nicholas

Publisher: Stephen Kippur
Editor: Katherine Schowalter
Managing Editor: Andrew Hoffer
Editing, Design, and Production: Publication Services

Library of Congress Cataloging-in-Publication Data
Lebano, Edoardo A., 1934–
   Italian, a self-teaching guide / Edoardo Lebano.
   p.   cm.
   English and Italian.
   ISBN 0-471-01143-6
   1. Italian language–Self-instruction.   2. Italian language-
–Grammar––1950–   I. Title.
PC1112.5.L4 1988
458.34'2––dc19 87-17311

                                                    87–17311
                                                      CIP

Printed in the United States of America
88 89 10 9 8 7 6 5 4 3

CONTENTS

PREFACE

Italian: A Self-Teaching Guide is a simplified and practical beginner's course for anyone who wishes to learn Italian. The program is designed to provide self-learners, students in adult education courses, and students in beginning language courses with a general knowledge of the Italian language as it is spoken and written today.

In presenting almost all major grammatical structures of Italian language, the book follows an essentially practical and linguistic approach, gradually building up a vocabulary of well over eleven hundred of the most commonly used Italian words. All explanations of grammatical points stress the basic and the indispensable and are, as much as possible, concise, simple, and to the point.

The text consists of: (1) fifteen regular lessons; (2) three review lessons, immediately following lessons five, ten, and fifteen; (3) an Appendix, giving the entire conjugation of the auxiliary verbs **avere** and **essere** as well as that of regular verbs ending in **are, ere**, and **ire**; the Appendix also provides all irregular forms of the stem-changing verbs encountered in the text; (4) the correct answers to all the exercises, including those in the review lessons, and (5) an Italian-English vocabulary, listing all the words presented in the fifteen lessons of *Italian: A Self-Teaching Guide*.

Each of the fifteen lessons begins with a list of useful words (*Words to Remember*), most of them related to the topic of the *Dialog* that follows, portraying events, situations, or problems in everyday life. Following the English translation of the dialog, six different points of grammar are introduced in a step-by-step procedure. The exercises, rather than being grouped all together at the end of the lesson, come instead immediately after the explanation of individual grammatical points, thus giving students the feeling of building effectively block by block. By checking the results of this immediate practice with the correct answers provided for each exercise at the end of the book, students can make a clear assessment of the progress they are making in the learning process.

To make the best use of this text, first carefully read the *Pronunciation Guide* while listening to the *Tape Program*, then proceed as follows:

1. Always read and repeat aloud each of the words listed in the *Words to Remember*. Practice writing them, keeping in mind their meaning in English.

2. Read the entire *Dialog*, then repeat each sentence several times until you think you know them quite well. Then check the English translation of the *Dialog* to see how much of it you were able to understand by yourself.
3. Take your time in learning the content of the various grammatical points. When you have completed the first section, before going on to the next, do the exercise(s), then check the answers in the back of the book to see how well you did.
4. Analyze your mistakes and, if necessary, reread the grammar explanation. If your mistakes concerned vocabulary items, review *Words to Remember* before continuing with the lesson.

A short tape that goes with *Italian: A Self-Teaching Guide* will help you to improve your aural comprehension and speaking skills. This tape can be purchased by mailing in the Business Reply Card at the back of this book.

Italian: A Self-Teaching Guide will not turn you into a polished speaker of Italian overnight. It will not enable you to deal immediately with every Italian text. But it will provide you with the basic tools to understand, to speak, to read, and to write simple Italina. It opens the gate to a very gratifying experience: to understand and to appreciate the language and the culture of Italy and of its people. **Buon lavoro!** (Enjoy your work).

E.A.L.

PRONUNCIATION GUIDE

Italian is a highly musical, flowing language. All vowels, diphthongs and double consonants must be articulated as clearly as possible, but should not be uttered by themselves. Related groups of words and phrases are in fact to be pronounced as if they were all linked together.

Although Italian and English have similar sounds, some English sounds do not exist in Italian (which, for example, has no aspirated sounds). At the same time, several combinations of vowels and consonants in Italian sound quite different from the sound that the same combinations of vowels and consonants produce in English.

Remember that guttural and nasal sounds are never very strong in Italina. With the exception of words of foreign origin (such as **bar, film, autobus**), Italian words end with a vowel. Most words are formed in the forward section of the mouth and the voice normally drops at the end of a sentence, except when posing a question, in which case it usually rises.

Accents and Stress

Most Italian words are stressed on the next-to-last syllable (**giorno, signorina, arrivederci**). A number of words, including several monosyllabic words, end with a stressed vowel, which requires a written accent (**città, perché, sì, è, caffè**). Many words are stressed on the third-to-last syllable **automobile, numero, dialogo**), and some (for the most part verb forms) are stressed on the fourth-to-last syllable (**abitano, desiderano**). In this text, a dot has been placed below vowels in all words that are stressed on the third-or on the fourth-to-last syllable to indicate the correct pronunciation.

Vowels

The Italian vowels are represented by the five letters **a, e, i, o, u**. Although **a, i** and **u** are pronounced in the same way all over Italy, the pronunciation of **e** and **o** in stressed position varies from one region of the Italian peninsula to another.

a has a sound more or less like that of **a** in the English word **father** (casa, matita).

e sometimes has the sound of **e** in the English word **they**, but without the glide (sera, sete); or it may resemble the sound of **e** in the words **set** and **get** (bene, sette).

i has a sound like that of **i** in the English word **machine** or that of **ee** in **see**, but without the glide (libri, viaggio).

o has a sound similar to that of **o** in the English word **cold**, but without the glide (conto, pronto), or it may sound like the **a** in **salt** or the **ou** in **bought** (oggi, come).

u has a sound similar to that of **u** in **rude**, that of **oo** in **choose** or **o** in **do**, but without the glide (studente, università, virtù).

Consonants

c has the sound of **ch** in **chapel** and **church** before the vowels **e** and **i** (ciao, centro, cappuccino). In al other cases, it has the hard sound that **c** has in the English words **car** and **classroom** (amica, ecco, classe).

g, when followed by **e** and **i**, has the same soft sound of **g** in **general** and **giant** (giorno, oggi, generale). In all other cases, it has the hard sound of **g** in the English words **gas** and **goat** (leggo, gas, guasto).

h is always silent, whether at the beginning or the end of a word or between vowels (hanno, hotel).

r is trilled; it must be pronounced with the tip of the tongue against the front teeth (proffessore, treno); when double, the trill is longer (arrivederci, burro).

s may have the sound of **s** in the English word **rose** when **s** is between two vowels or when it begins a word in combination with the consonants **b, d, g, l, m, n, r,** and **v** (sbagliare, Rosa, cosi). In all other cases, it si pronounced like **s** in the word **sea** (signore, subito, sera).

z, if in the initial position, sounds like **ds** in **fads** (zucchero, zero). In any other position, when followed by **ia, ie,** or **io, z** is pronounced like **ts** in the English words **cats** and **pets** (negozio, pazienza). When the noninitial z is **not** followed by **ia, ie** or **io**, it is pronounced in some words like **ts** (abbastanza, vacanza), in other like **ds** (manzo, romanzo).

zz is generally pronounced like **ts** (indirizzo, piazza, ragazzo); in some words, however, it is pronounced like **ds** (azzurro, mezzgiorno).

Combined Consonants

ch +**e, i** is pronounced like **k** in the words **kept** and **kiss** (perché, macchina, banché, chiave). ·

gh +**e, i** has the same sound of **g** in the words **getter** and **girl** (larghe, parafanghi).

gli has a sound similar to that of **lli** in the word **million** (figlia, biglietto, moglie).

gn has a sound similar to that of **ni** in the word **onion** (bagno, signore, cognome).

sc +**e, i** has more or less the same sound of **sh** in the English words **shelter** and **shield** (pesce, scientifico).

sch +**i, e** has the same sound of **sk** in the words skeptic and **skin** (scherzo, pittoreschi).

The Italian Alphabet

The Italian alphabet consists of 21 letters. They are:

a (a), **b** (bi), **c** (ci), **d** (di), **e** (e), **f** (effe), **g** (gi), **h** (acca), **i** (i), **l** (elle), **m** (emme), **n** (enne), **o** (o), **p** (pi), **q** (cu), **r** (erre), **s** (esse), **t** (ti), **u** (u), **v** (vi), **z** (zeta).

Italian also uses five additional letters borrowed from other languages: **j** (i lunga), **k** (cappa), **w** (doppia vu), **x** (ics), **y** (ipsilon).

PRONUNCIATION EXERCISE (Listen to the Tape, then Repeat)

tassi—vaglia—esercizio—domenica—primo—-chiesa—stadio—professoressa—piacere—nazionale—guadagnare—chilometro—cliente—montagna—milione—zio—sabato—stazine—ombrello—dolce—spaghetti—cameriere—leggiero—città—centro—alberghi—pubblico—amiche—tabaccaio—eccellente—mio—aglio—spendere—zucchini—olio—tagliatelle—prezzemolo—arancia—passeggiata.

BASIC EXPRESSIONS

Buon giorno, signore.	Good morning, sir.
Buona sera, signora.	Good evening, madam.
Buona notte, signorina.	Good night, miss.
Come sta?	How are you?
Sto bene, grazie. E Lei?	I'm fine, thank you. And you?
Non c'è male, grazie.	Not too bad, thank you.
Come si chiama, Lei?	What is your name?
Mi chiamo Giovanni Rossi.	My name is Giovanni Rossi.
Dove abita, signor Rossi?	Where do you live, Mr. Rossi?
Abito a Milano.	I live in Milano.
Di dov'è Lei, signora Jones?	Where are you from, Mrs. Jones?
Sono di Chicago.	I am from Chicago.
ArrivederLa, signor Martini.	Goodbye, Mr. Martini.
Arrivederci.	Goodbye.
A domani.	See you tomorrow.
Ciao, Maria, come stai?	Hi, Maria, how are you?
Benino, e tu?	Pretty well, and you?
Così, così. Ciao.	So-so. Bye, so long.

1. The titles **signore**, **signora**, and **signorina** are to be used when addressing a person whom you do not know. Remember that **signore** becomes **signor** before a man's last name.

2. **ArrivederLa** is a formal salutation used only with one person at a time. **Arrivederci** can be used with a person whom you have already met or with a group of people.

3. **Ciao** is a very informal salutation used when meeting or parting—the equivalent of *hi!* or *so long!*

EXERCISE

1. It's 10:00 A.M. You meet a gentleman you have never seen before. How do you greet him? _____

2. How do you say **How are you**? in Italian? _____

3. In late afternoon, do you use **buona sera** or **buona notte**?

   _____

4. How do you greet an old friend? _____

5. What is your reply to the question **Come sta, Lei**?

   _____

6. Your name is Robert Smith. Give it in Italian. _____

7. Ask someone the question **Where are you from**? _____

8. In saying **goodbye** to a group of people, do you use **arrivederLa** or **arrivederci**? _____

9. How do you say **Not too bad, thank you**? _____

10. Ask Miss Bianchi where she lives. _____

(Answers, p. 217)

NOUNS TO REMEMBER

aeroplano	airplane	**notte**	night
anno	year	**padre**	father
autobus	bus	**penna**	pen
automobile	automobile, car	**piatto**	plate, dish (of food)
bambina	child (f.)	**piazza**	square
bambino	child (m.)	**professore**	professor (m.)
bar	bar	**professoressa**	professor (f.)
borsa	purse	**quaderno**	notebook
caffè	coffee, café	**ragazza**	girl
casa	house, home	**ragazzo**	boy
città	city, town	**ristorante**	restaurant
classe	class	**sera**	evening
dottore	doctor, physician	**settimana**	week
film	film, movie	**signora**	lady, married
giorno	day		woman
hotel	hotel	**signore**	man, gentleman
lezione	lesson	**signorina**	young lady,
libro	book		unmarried woman
madre	mother	**sport**	sport
matita	pencil	**stanza**	room
nome	noun, name	**stazione**	station

studente	student (m.)	**vacanza**	vacation, holiday
studentessa	student (f.)	**via**	street, road
tassì	taxi, cab	**vino**	wine
treno	train	**virtù**	virtue
università	university	**zucchero**	sugar

GRAMMAR I   Gender and Number of Italian Nouns

Italian nouns are either masculine or feminine in gender. The gender is generally determined by the final letter of the word.

1. Most nouns end in the singular in **o** or in **a**. Nouns ending in **o** are usually masculine; those ending in **a** are usually feminine. The plural of these nouns is formed by changing **o** to **i** and **a** to **e**.
2. Some nouns ending in **e** are masculine, and some are feminine. The appropriate gender is learned through usage. The plural is formed by changing **e** to **i**.

   some masculine nouns ending in e: **dottore, nome, padre, professore, ristorante, signore, studente**

   some feminine nouns ending in e: **automobile, classe, lezione, madre, notte, stazione**

3. Nouns ending with an accented vowel do not change in the plural. Usually those nouns ending in **è, ì** and **ò** are masculine, and those ending in **à** and **ù** are feminine.
4. Nouns ending in a consonant do not change in the plural. Most are of foreign origin and, unless otherwise indicated, are masculine.

EXERCISE

Determine the gender of each of the following nouns, then form the plural and give the English meaning of both.

Example: bambino **m., pl. bambini; child, children**

anno _____   ristorante _____

matita _____   signora _____

nome _____   automobile _____

città _____   sera _____

vacanza _____   ragazzo _____

zucchero _____   tassì _____

via _____   stazione _____

ragazza _____   università _____

bar _____	classe _____
libro _____	professoressa _____
lezione _____	autobus _____
piazza _____	vino _____
notte _____	bambina _____
film _____	sport _____
aeroplano _____	hotel _____

(Answers, pp. 217–218)

GRAMMAR II   The Indefinite Article

In Italian the indefinite article has four forms:

un   before masculine words beginning with a vowel or a consonant
uno   before masculine words beginning with **s** + consonant or **z**
un'   before feminine words beginning with a vowel
una   before feminine words beginning with a consonant

Note that the indefinite article is omitted when the noun refers to a person's occupation, profession, nationality, or religion. It is retained when the noun is modified by an adjective or other qualifying phrase.

Antonio è dottore.   Anthony is a doctor.
Antonio è un buon dottore.   Anthony is a good doctor.

EXERCISE

Place the appropriate indefinite article before the following nouns.

un'	automobile	uno	signore
una	stazione	un	bar
una	signorina	una	sera
una	borsa	una	zucchero
una	casa	una	studente
un	caffè	una	madre
una	stanza	una	nome
un'	autobus	una	studentessa
una	settimana	un	ristorante
un	treno	un	hotel
un	giorno	un	classe
un	quaderno	una	città
_____	virtù	un	film
un	piatto	un	notte

(Answers p. 218)

GRAMMAR III   The Definite Article

In English, there is only one form of the definite article: *the*. In Italian, the definite article has seven different forms.

With Masculine Words

il (s.) and **i** (pl.) before a word beginning with a consonant
l' (s.) and **gli** (pl.) before a word beginning with a vowel
lo (s.) and **gli** (pl.) before a word beginning with **s** + consonant or **z**

With Feminine Words

la (s.) and **le** (pl.) before a word beginning with a consonant
l' (s.) and **le** (pl.) before a word beginning with a vowel

Examples

il dottore	**i dottori**
l'automobile	**le automobili**
lo studente	**gli studenti**
la ragazza	**le ragazze**

With very few exceptions, the definite article is almost always required before a noun. Contrary to English usage, the article is also required when referring to a person by title.

Il dottor Rossi abita a Roma.   Doctor Rossi lives in Rome.

It is omitted, however, when addressing people by their titles.

Come sta, signora Jones?   How are you, Mrs. Jones?
Buon giorno, professor Betti   Good morning, Professor Betti.

Note that the last vowel of the titles **dottore** and **professore**, like **signore**, are dropped before a person's last name.

EXERCISES

A. Place the correct definite article before the following singular nouns.

1. _la_ casa
2. _il_ tassì
3. _l'_ autobus
4. _la_ sera
5. _il_ caffè
6. _la_ stazione
7. _la_ matita
8. _l'_ aeroplano

9. _il_ padre
10. _la_ signora
11. _il_ bar
12. _la_ stanza
13. _la_ città
14. _lo_ zucchero
15. _la_ via
16. _il_ piatto

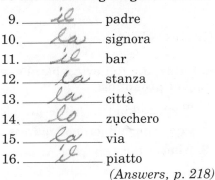

(Answers, p. 218)

B. Give the plural forms of each of the following:

1. il quaderno *i quaderni*
2. la piazza *le piazze*
3. il ristorante *i ristoranti*
4. l'anno *gli anni*
5. la settimana *le settimane*
6. la virtù *le virtù*
7. la lezione *le lezioni*
8. la bambina *le bambine*

9. l'università *gli università*
10. il film *i film*
11. il professore *i professori*
12. il nome *i nomi*
13. l'hotel *gli hotel*
14. il treno *i treni*
15. la classe *le classi*

(Answers, p. 218)

GRAMMAR IV   Subject Pronouns

The most commonly used subject pronouns are:

Person	Singular		Plural	
1st	**io**	I	**noi**	we
2d	**tu**	you (fam. sing.)	**voi**	you (fam. pl.)
3d	**lui**	he		
	lei	she	**loro**	they (m. or f.)
	Lei	you (formal sing.)	**Loro**	you (formal pl.)

Note the following points:

1. The **tu** and **voi** forms of address are used with relatives, friends, and children.
2. **Voi** can also be used with a group of people, a class, or an audience.
3. **Lei** and **Loro** are the formal forms to be used with people you do not know or with whom you are not very familiar.
4. In writing, the pronouns **egli** (he) and **ella** (she) replace **lui** and **lei**. Although generally used with reference to animals and inanimate objects, **esso, essi** (it, they; m.) and **essa, esse** (it, they; f.) may at times replace the personal pronouns **lui, lei**, and **loro**.
5. Although **Lei/Loro** are not always capitalized in writing, in this book, they are always capitalized to distinguish them from **lei** (she) and **loro** (they).

EXERCISES

A. Fill in the following blanks with the correct use and meaning of the subject pronouns.

1. When talking with the grandchild of an Italian acquaintance of yours, what pronoun form of address would you use?_____

2. What is the difference in meaning between **loro** and **Loro**?

_____

3. When writing to a friend about **la casa** you just bought, would you use the pronoun **lei** or **essa**?_____

4. How would you address Mr. and Mrs. Bianchi? **Lei, voi,** or **Loro**?

_____

5. What are the English equivalents of **egli** and **ella**?_____

6. You have been invited to talk to a large group of Italian business people. How will you address them?_____.

B. Write the pronouns in Italian

1. we _*noi*_　　　　　　　　　　　7. she and I _*noi*_

2. you (fam. sing.) _*tu*_　　　　　8. you (fam. pl.) _*voi*_

3. she (**la madre**) _*lei*_　　　　9. I _*Io*_

4. it (**l'automọbile**) _____　　10. he (**lo studente**) _*lui*_

5. they (**i ragazzi**) _*loro*_　　11. they (**i libri**) _____

6. you (Dr. Smith) _*Lei*_　　　　12. they (**le penne**) _____

(Answers, A and B, p. 219)

GRAMMAR V　Present Indicative of **ẹssere** and **avere**

The verbs **avere** (to have) and **ẹssere** (to be) are irregular, and their forms must be memorized.

Pronoun	**Avere**	To Have
io	**ho**	I have
tu	**hai**	you have (fam. sing.)
lui, lei, Lei	**ha**	he, she, it has, you have (formal sing.)
noi	**abbiamo**	we have
voi	**avete**	you have (fam. pl.)
loro, Loro	**hanno**	they, you have (formal pl.)

Note that the **h** in **ho, hai, ha,** and **hanno** is never pronounced; it is used only to distinguish between the verb form and other words with the same pronunciation but different meaning—for example, **hanno** (they have) and **anno** (year).

Pronoun	**Ẹssere**	To Be
io	**sono**	I am
tu	**sei**	you are (fam. sing.)
lui, lei, Lei	**è**	he, she, it is, you are (formal sing.)
noi	**siamo**	we are
voi	**siete**	you are (fam. pl.)
loro, Loro	**sono**	they, you are (formal pl.)

EXERCISE

Complete the following sentences, conjugating the verbs in parentheses.

1. (**avere**) Noi _abbiamo_ un libro.
2. (**ęssere**) Tu _sei_ di Roma.
3. (**ęssere**) I ragazzi _sono_ studenti.
4. (**avere**) Voi _avete_ l'automobile.
5. (**avere**) Lei, signor Rossi, _ha_ una casa a Milano?
6. (**ęssere**) Io _sono_ professore.
7. (**avere**) Maria _ha_ la madre a New York.
8. (**ęssere**) Il signore e la signora Bianchi _sono_ a Pisa.
9. (**ęssere**) Luisa e Anna _sono_ studentesse.
10. (**avere**) Tu _hai_ una borsa.
11. (**avere**) Loro e io _abbiamo_ una lezione.
12. (**ęssere**) Il vino _è_ buono.
13. (**avere**) Le bambine _hanno_ la penna e la matita.
14. (**ęssere**) Dove _sono_ gli aeroplani?

(Answers, p. 219)

NUMBERS FROM 0 TO 1,000

Memorize the numbers in Italian.

0	**zero**	20	**venti**
1	**uno**	21	**ventuno**
2	**due**	22	**ventidue**
3	**tre**	23	**ventitrè**
4	**quattro**	25	**venticinque**
5	**cinque**	28	**ventotto**
6	**sei**	29	**ventinove**
7	**sette**	30	**trenta**
8	**otto**	31	**trentuno**
9	**nove**	33	**trentatrè**
10	**dieci**	40	**quaranta**
11	**ųndici**	50	**cinquanta**
12	**dọdici**	60	**sessanta**
13	**trẹdici**	70	**settanta**
14	**quattọrdici**	80	**ottanta**
15	**quịndici**	90	**novanta**
16	**sẹdici**	100	**cento**
17	**diciassette**	101	**centouno, cento uno**
18	**diciotto**		
19	**diciannove**		

110	centodieci, cento dieci	600	seicento
		700	settecento
122	centoventidue, cento ventidue	800	ottocento
		801	ottocentouno, ottocento uno
123	centoventitrè, cento ventitrè	816	ottocentosędici, ottocento sędici
200	duecento		
300	trecento	900	novecento
400	quattrocento	1000	mille
500	cinquecento		

When the numeral **uno** precedes the noun, it has the same form as the indefinite articles **uno, un'**, and **una**. The other numerals do not change form.

Maria ha **una** borsa, **un'** automobile e **un** piatto.
L'università ha **ottocento** studenti e **quarantadue** professori.

With multiples of ten from twenty to ninety, drop the final vowel before adding **uno** and **otto**.

venti + uno = **ventuno**
trenta + otto = **trentotto**

The number **tre** is always accented when combined with other numbers.

     trentatrè   **duecentotrè**   **novecento ventitrè**

When a numeral combined with **uno** is followed by another word, the final **o** of **uno** is usually dropped.

Noi abbiamo **ventun** quaderni e **sessantun** libri.

EXERCISES

A. Give the numbers in parentheses in word form.

1. (**100**) Noi abbiamo _cento_ penne.
2. (**21**) La città ha _ventuno_ piazze.
3. (**344**) L'università ha _____ professori.
4. (**15**) Il signor Battisti ha _____ hotel.
5. (**365**) L'anno ha _____ giorni.
6. (**189**) Il ristorante "Alfredo" ha _____ piatti.
7. (**6**) Il dottor Lucchesi ha _sei_ bambini.
8. (**42**) La classe d'italiano ha _quarantadue_ studenti.
9. (**1,000**) La città ha _mille_ vie.
10. (**3**) Il numero 1000 ha _tre_ zeri.

(Answers, p. 219)

B. Translate the following sentences, writing the numbers in word form.

1. Dr. Belli has 715 books.
2. The book has 41 lessons.
3. I have a car, a house, and five girls.
4. Professor Zatti has 11 male and 19 female students.
5. See you tomorrow, Miss Alberti!

(Answers, p. 219)

IN UN RISTORANTE DEL CENTRO

In A Downtown Restaurant

WORDS TO REMEMBER

acqua	water	**frutta**	fruit
arrosto	roast	**gelato**	ice cream
appetito	appetite	**insalata**	salad, lettuce
bicchiere (m.)	glass	**litro**	liter
bottiglia	bottle	**minestra**	soup
cameriere (m.)	waiter	**pasta**	pasta
cappuccino	coffee with steamed milk	**patata**	potato
		piacere (m.)	pleasure
centro	center, downtown	**piatto**	dish of food, plate
conto	check, account	**pomodoro**	tomato
contorno	side dish	**sete** (f.)	thirst
dolce (m.)	dessert, sweet	**spaghetti** (pl.)	type of pasta
espresso	type of strong black coffee	**spumante**(m.)	sparkling wine
		verdura	vegetables
fame (f.)	hunger	**vino**	wine
favore (m.)	favor	**vitello**	veal
formaggio	cheese		

DIALOGO *Sergio e Maria mangiano in un ristorante del centro*

Cameriere	Buona sera, signori. Che cosa ordinano?
Sergio	Per primo piatto, io prendo spaghetti al pomodoro. Poi, un arrosto di vitello.

Cameriere	E per contorno, patate fritte?
Sergio	No, un'insalata verde, per piacere. Tu, Maria, cosa prendi?
Maria	Io non mangio pasta stasera. Non ho molta fame.
Cameriere	Desidera una minestra allora?
Maria	Sì, una minestra di verdura, per favore.
Cameriere	Certo, signora. E per secondo piatto, cosa prende?
Maria	Del formaggio e della frutta.
Cameriere	Che desiderano bere, vino bianco o rosso?
Sergio	Mezzo litro di vino bianco, freddo.
Maria	E anche una bottiglia di acqua minerale, ho sete.
Cameriere	Benissimo. E dopo, dolce e caffè?
Sergio	Sì, due gelati. Poi un espresso per me e un cappuccino per la signora.
Cameriere	Grazie, signori. . .e buon appetito!

■ ■ ■ ■

Cameriere	Ecco il conto. . .e un bicchiere di spumante. Offre la casa!

Dialog   *Sergio and Maria are eating in a downtown restaurant*

Waiter	Good evening, sir and ma'am. What are you ordering?
Sergio	For the first course, I'm having spaghetti with tomato sauce. Then roast veal.
Waiter	And as a side dish, fried potatoes?
Sergio	No, a green salad, please. And you, Maria, what are you having?
Maria	I'm not eating pasta tonight. I'm not very hungry.
Waiter	Do you want a soup then?
Maria	Yes, vegetable soup, please.
Waiter	Certainly, ma'am. And as a second course, what are you having?
Maria	Some cheese and some fruit.
Waiter	What do you wish to drink, white or red wine?
Sergio	Half a liter of white wine, cold.
Maria	And also a bottle of mineral water. I am thirsty.
Waiter	Very well. And later on, dessert and coffee?
Sergio	Yes, two ice creams. Then an **espresso** for me. . .and a **cappuccino** for the lady.
Waiter	Thank you, sir and ma'am. . .and enjoy your meal (good appetite)!

■ ■ ■ ■

Waiter	Here is the check. . .and a glass of **spumante** (sparkling wine). It's on the house (the house offers)!

Note that **espresso** is a hot, strong, black coffee that is prepared only upon customer request. **Cappuccino**, Italy's most popular beverage, is a mixture of hot black coffee and steamed milk. It is so called because its dark brown color resembles that of the habit of Franciscan friars, known as the **Cappuccini**.

Complete the sentences based on the dialog, choosing the correct answers from those given in parentheses.

1. (spaghetti al pomodoro—una minestra—un espresso) Al ristorante per primo piatto Sergio prende *spaghetti al pomodoro*

2. (un arrosto di vitello—del formaggio—una minestra di verdura) Maria per primo piatto desidera *una minestra di verdura*

3. (patate fritte—del formaggio—un'insalata verde) Per contorno Sergio prende *un'insalata verde*

4. (una bottiglia di vino rosso—mezzo litro di vino bianco—mezzo litro di acqua minerale) Sergio e Maria desiderano bere *mezzo litro di vino b.*

5. (due gelati—due espressi—due cappuccinni) Dopo, Sergio e Maria ordinano *due gelati*

(Answers, p. 219)

EXERCISES

A. Place the appropriate definite and indefinite articles before the following nouns.

Example: **la una** via

lo	*uno*	spumante
la	*una*	fame
il	*un*	pomodoro
il	*un*	vitello
il	*un*	centro
il	*un*	formaggio
la	*una*	frutta
la	*una*	pasta
la	*una*	sete
il	*un*	dolce

(Answers, p. 220)

B. Give the plural form of the following nouns, placing the appropriate definite article before each.

Example: Signore **i signori**

bottiglia *le bottiglie*
cameriere *i camerieri*   *Ka mair yeh i*

gelato _i gelate_
verdura _le verdure_
espresso _gli espresse_
contorno _i contorni_
favore _i favori_
vino _i vini_
cappuccino _i cappuccini_
acqua _le acquae_
bicchiere _i bicchieri_
arrosto _gli arrosti_
piacere _i piaceri_
spumante _gli spumanti_

(Answers, p. 220)

GRAMMAR I   Present Indicative of **-are, -ere,** and **-ire** Verbs.

With few exceptions, the infinitive form of Italian verbs ends in **are, ere**, or **ire**. The infinitive is the form listed in dictionaries. It is equivalent to the *to* form of English verbs—*to be, to run*.

Verbs ending in **are** belong to the first conjugation, those ending in **ere** to the second, and those in **ire** to the third.

Verbs, like nouns, consist of two parts: the *stem* and the *ending*. When a verb is conjugated, the infinitive ending is replaced by other endings that indicate not only the person and the number of the subject, but also the tense (time of the action).

The *present indicative* of first-, second-, and third- conjugation verbs is formed by dropping the infinitive endings and adding in their place the endings listed below:

	Ordin*are*	**To Order**
io I	**ọrdin-*o***	I order, I'm ordering,
tu you	**ọrdin-*i***	I do order, etc.,
he **lui, lei, Lei** she	**ọrdin-*a***	
noi we	**ordin-*iamo***	
voi you PL	**ordin-*ate***	
loro, Loro they you (Formal pl)	**ọrdin-*ano***	

	Prend*ere*	**To Take**
Io	**prend-*o***	I take, I'm taking,
tu	**prend-*i***	I do take, etc.
lui, lei, Lei	**prend-*e***	
noi	**prend-*iamo***	
voi	**prend-*ete***	
loro, Loro	**prẹnd-*ono***	

	Offrire	To Offer
io	offr-*o*	I offer, I'm offering,
tu	offr-*i*	I do offer, etc.
lui, lei, Lei	offr-*e*	
noi	offr-*iamo*	
voi	offr-*ite*	
loro, Loro	offr-*ono*	

Note: The third-person plural of most verbs is stressed on the second-to-last syllable (**prendono, offrono,** etc.). When the present indicative of several verbs (such as **abitare, desiderare, ordinare**) is conjugated, the stress falls on the second-to-last syllable of the first-, second-, and third-person singular, while it falls on the third- to-last syllable of the third-person plural (as in **ordino, ordini, ordina** and **ordinano**).

VERBS TO REMEMBER

arrivare	to arrive	**leggere**	to read
comprare	to buy	**parlare**	to speak, talk
desiderare	to wish, want	**partire**	to leave
domandare	to ask (in order to know)	**ricevere**	to receive
		ricordare	to remember
dormire	to sleep	**salutare**	to greet, say goodbye
guardare	to watch, to look (at)	**scrivere**	to write
incontrare	to meet, encounter	**vedere**	to see

EXERCISE

Complete the sentences, conjugating the verbs in parentheses.

1. (**parlare**) Noi *parliamo* a Sergio e a Maria.
2. (**incontrare**) Io *incontro* la signora Betti in centro.
3. (**domandare**) Luigi *domanda* il nome del ristorante.
4. (**offrire**) Il cameriere *offre* un bicchiere di spumante.
5. (**partire**) Rosa e Aldo *partono* stasera.
6. (**desiderare**) Che cosa *desiderano* Loro?
7. (**ordinare**) Voi *ordinate* un cappuccino.
8. (**ricevere**) Tu *ricevi* un libro e tre matite.
9. (**abitare**) Dove *abita* Lei, signora?
10. (**vedere**). Domani noi *vediamo* un film.
11. (**leggere**) Marta, che cosa *leggi* tu?
12. (**salutare**) I ragazzi *saluta* il professore.   ✳ *salutano*
13. (**dormire**) Noi *dormiamo* benissimo.

14. (**guardare**) Mario e Antonio _guardano_ Teresa.
15. (**scrivere**) Io e lui _scriviamo_ la lezione.
16. (**essere**) Dottore, Lei ___è___ di Torino?
17. (**ricordare**) Lui _ricorda_ dov'è l'hotel Belvedere?
18. (**avere**) Stasera noi _abbiamo_ molta fame e molta sete.
19. (**comprare**) Voi _comperate_ un'automobile.
20. (**arrivare**) L'autobus _arriva_ in piazza San Pietro.

(*Answers, p. 220*)

GRAMMAR II   Present Indicative of -**i** + **are**, -**c** + **are** and -**g** + **are** verbs.

A. In verbs whose infinitive ends in **i** + **are**, the present indicative is formed by dropping the **i** of the stem before the endings **i** and **iamo**.

	Mang*iare*	To Eat
io	mang**o**	
tu	mang**i**	
lui, lei, Lei	mang**ia**	
noi	mang**iamo**	
voi	mang**iate**	
loro, Loro	mang**iano**	

B. In verbs whose infinitive ends in **c** + **are** and **g** + **are**, the present indicative is formed by adding an **h** before the endings **i** and **iamo**.

	Dimentic*are* To Forget	**Pag*are*** To Pay
io	dimentic**o**	pag**o**
tu	dimenti**chi**	pag**hi**
lui, lei, Lei	dimentic**a**	pag**a**
noi	dimenti**chiamo**	pag**hiamo**
voi	dimentic**ate**	pag**ate**
loro, Loro	dimentic**ano**	pag**ano**

For proper stress in conjugating **dimenticare**, see **abitare, desiderare,** and **ordinare**. Some other commonly used verbs in **iare, care,** and **gare** are **studiare** (to study), **cominciare** (to begin, start), **cercare** (to look for), and **spiegare** (to explain.)

EXERCISE

Complete the sentences with the present indicative of the verbs in parentheses.

1. (**dimenticare**) Il cameriere _dimentica_ il vino.
2. (**studiare**) Gli studenti _studiano_ la lezione.
3. (**mangiare**) Noi _mangiamo_ della frutta.

4. (**spiegare**) Il professore _spiega_ due lezioni.

5. (**cercare**) Tu e io _cerchiamo_ un tassì.

6. (**cominciare**) Voi _cominciate_ l'università.

7. (**dimenticare**) Tu e lui _dimenticano_ il libro a casa.

8. (**pagare**) Il signor Allori _paga_ il caffè a Giovanni e a Rosa.

9. (**mangiare**) Voi, ragazzi, dove _mangiate_ gli spaghetti al pomodoro?

10. (**cercare**) Marianna _cerca_ un autobus per arrivare in centro.

(Answers, p. 220)

GRAMMAR III   The Adjective—Gender and Number

Italian adjectives end in the singular with either **o** or **e**. The **o** or **e** ending is the form that appears in dictionaries.

ADJECTIVES TO REMEMBER

alto	tall	**grasso**	fat
americano	American	**francese**	French
basso	short	**fritto**	fried
biondo	blond	**inglese**	English
bruno	dark-haired	**interessante**	interesting
caldo	hot, warm	**intelligente**	intelligent
canadese	Canadian	**italiano**	Italian
difficile	difficult	**magro**	thin, slender
divertente	amusing	**minerale**	mineral
facile	easy	**nero**	black
forte	strong; loud	**protestante**	Protestant
giallo	yellow	**rosso**	red
giapponese	Japanese	**spagnolo**	Spanish

Gender and Number of Adjectives

A. Adjectives ending in **o** are masculine. To make them agree with a feminine noun, change the **o** to **a**.

alto = **alt**a   **american**o = **american**a

The plural of these adjectives is obtained by changing the **o** to **i** and the **a** to **e**.

alto = **alt**i   **american**o = **american**i
alta = **alt**e   **american**a = **american**e

B. Adjectives ending in **e** are either masculine or feminine. Their plural is obtained by changing the **e** to **i**.

difficile = **difficil**i   **mineral**e = **mineral**i

Agreement

A. Adjectives must show the same gender and number of the nouns they modify.

il ragazzo italiano   **la ragazza italiana**
i ragazzi italiani   **le ragazze italiane**
lo studente canadese   **la studentessa canadese**
gli studenti canadesi   **le studentesse canadesi**

B. When an adjective modifies both a masculine and a feminine noun, it takes the masculine plural form.

Sergio e Maria sono *italiani*.
La minestra e il vino sono *freddi*.
Il signore e la signora Smith sono *americani*.

EXERCISES

A. Give the plural forms of the following words and/or sentences.

1. La lezione difficile _Le lezione difficili_
2. Il ragazzo grasso _i ragazzi grassi_
3. L'autobus giallo _Gli autobus gialli_
4. La signorina francese _Le signorine francesi_
5. Il film divertente _i film divertenti_
6. La ragazza bruna _Le ragazze brune_
7. Il piatto caldo _i piatti caldi_
8. Il ristorante italiano _i ristoranti italiani_
9. La patata fritta _Le patate fritte_
10. La città inglese _Le città inglesi_

(Answers, p. 220)

B. Translate the sentences.

1. The father and the mother are short. _Il padre e la madre sono bassi._
2. Mario and Antonio are intelligent. _Mario e Antonio sono intelligenti_
3. The vegetable soup is cold. _La minestra_
4. The bus and the car are red. _L'autobus e L'automobile sono rosso_
5. The boy is dark haired, and the girl is blond. _il ragazzo è bruno e la ragazza è bionda_
6. The lessons are interesting. _Le lezione sono interessanti_

(Answers, p. 220)

Interrogative Sentences

To ask a question in Italian, you must place the subject of the sentence either at the beginning or at the end of the sentence. In both cases, the voice follows an ascendant pattern toward the end of the sentence, with a slight lowering at the final unstressed syllable(s) thus:

Giovanni, dove abiti?	**Dove abiti, Giovanni?**
La lezione è difficile?	**È difficile la lezione?**
Lei desidera del formaggio?	**Desidera del formaggio Lei?**

Negative Constructions

To make a sentence negative, you must place the word **non** immediately before the conjugated verb.

Io ho fame stasera	**Io *non* ho fame stasera**
Anna prende un cappuccino	**Anna *non* prende un cappuccino**
Le ragazze hanno la borsa	**Le ragazze *non* hanno la borsa**

When giving a negative reply to a question, you must place **no** before all other words.

Desidera del formaggio?	***No*, non desidero del formaggio.**
È fredda la minestra?	***No*, la minestra non è fredda.**
Sono di Firenze Loro?	***No*, noi non siamo di Firenze.**

EXERCISES

A. Give the negative forms of the following sentences.

1. Voi siete spagnoli. *non voi siete spagnoli*
2. Giovanni è forte. *Giovanni non è forte.*
3. Luciano incontra due ragazze americane. *Luciano non incontra due ragazze.*
4. Noi desideriamo vedere Milano. *Noi non desideriamo vedere Milano*
5. Lo studente legge un libro interessante.
   Lo studente non legge un libro interessante.

(Answers, p. 221)

B. Give a negative answer to the following questions.

1. Si chiama Giuseppe, Lei? *No, non mi chiama Giuseppe*
2. L'arrosto di vitello è freddo? *No, L'arrosto de vitello non è freddo*
3. Voi guardate un film francese stasera? *No, voi non guardate un film francese stasera*
4. Maria ordina una bottiglia di acqua minerale? *no, Maria non ordina*
5. Professore, desidera un espresso?
   no, non desidera un espresso

(Answers, p. 221)

The Days of the Week

With the exception of **domenica** (which is feminine), all days of the week are masculine in gender.

(il)	**lunedì**	Monday
(il)	**martedì**	Tuesday

(il)	mercoledì	Wednesday
(il)	giovedì	Thursday
(il)	venerdì	Friday
(il)	sabato	Saturday
(la)	domenica	Sunday

The definite article is not generally used with the days of the week. When it is used, it indicates repeated occurrence.

Il sabato io compro un gelato per Luigi e Antonietta.
On Saturdays I buy an ice cream for Luigi and Antonietta.

Sabato noi vediamo un film americano.
This Saturday we are going to see an American movie.

Note that in Italian the days of the week are not usually capitalized.

EXERCISE

Translate the following sentences.

1. Tomorrow is Wednesday.
2. On Sundays they eat at a downtown restaurant.
3. This Friday he is going to buy some fruit and some cheese.
4. The water is cold, but the wine is warm.
5. Mondays and Thursdays Giorgio meets Anna.
6. As a side dish, Rossana is having a green salad.
7. My name is Antonella, and I wish to buy a purse.
8. We want a bottle of sparkling wine.

(Answers, p. 221)

Doman è mercoledì
La domenica mangiano in un ristorante del centro.
venerdì lui compra della frutto e del formaggio.
L'acqua è fredda ma il vino è caldo.
el lunedì e il giovedì Giorgio incontra Anna
Per contorno Rossara prende un'insalata verde
mi chiamo Antonella e desidero compare una borsa
Desideriamo una bottiglia di spumante

L E S S O N III

ALLA STAZIONE FERROVIARIA

At the Railway Station

WORDS TO REMEMBER

il bigliettaio (pl. **bigliettai**)	ticket agent	**il locale**	type of train
		il numero	number
il biglietto	ticket	**l'ora**	hour, time
il binario (pl. **binari**)	track, rail	**il pomeriggio** (pl. **pomeriggi**)	afternoon
il diretto	type of train	**il rapido**	type of train
l'espresso	type of train	**il resto**	change, rest
ferroviario, a (pl. **ferroviari, ferroviarie**)	railway	**il viaggio**	trip, travel
		costare	to cost
		scusare	to excuse
la lira	Italian currency	**viaggiare**	to travel

DIALOGO *Alla stazione ferroviaria*

Antonietta   Scusi, sa che treni ci sono oggi per Napoli?

Bigliettaio   Certo. A che ora desidera partire?

Antonietta   Dopo le due del pomeriggio.

Bigliettaio   C'è un diretto alle tredici e quindici. Poi un rapido alle diciotto e trenta.

Antonietta   Quando arriva a Napoli il diretto?

Bigliettaio	Alle sędici e cinquantotto.
Antonietta	Da che binario parte?
Bigliettaio	Dal binario numero 4.
Antonietta	Bene, prendo il diretto. Quanto costa il biglietto?
Bigliettaio	Preferisce viaggiare in prima o in seconda classe?
Antonietta	In seconda, grazie.
Bigliettaio	Costa tredicimila settecentocinquanta lire.
Antonietta	Ecco quindicimila lire.
Bigliettaio	Ed ecco il resto: milleduecentocinquanta lire.
Antonietta	Mille grazie.
Bigliettaio	Prego, signorina. Buon viaggio!

Dialog   *At the railway station*

Antonietta	Excuse me, do you know what trains are there today for Naples?
Ticket Agent	Sure. What time do you want to leave?
Antonietta	After two in the afternoon.
Ticket Agent	There is a **diretto** at 1:15 P.M. Then a **rạpido** at 6:30 P.M.
Antonietta	When does the **diretto** arrive in Naples?
Ticket Agent	At 4:58 P.M.
Antonietta	From what track does it leave?
Ticket Agent	From track number 4.
Antonietta	Fine, I'll take the **diretto**. How much does the ticket cost?
Ticket Agent	Do you prefer to travel first or second class?
Antonietta	Second class, please.
Ticket Agent	It costs 13,750 lire.
Antonietta	Here are 15,000 lire.
Ticket Agent	And here is the change: 1,250 lire.
Antonietta	Thanks very much (a thousand thanks).
Ticket Agent	You are welcome, miss. Have a good trip!

There are four types of trains in Italy: **rạpido, espresso, diretto,** and **locale**. The **rạpido** is the fastest and the most expensive train. It stops at the largest cities on route and often carries only first-class cars. The **locale** (commuter train) travels only short distances and stops at all railway stations on route.

Read the following statements on the content of the dialog, then check the true or the false blank.

	T	F
1. Oggi per Napoli ci sono cinque treni.	_	_
2. Il diretto arriva a Genova alle sędici e cinquantotto.	_	_
3. Antonietta desidera prendere il rapido.	_	_
4. Il rapido parte dal binario nụmero 4.	_	_
5. Antonietta preferisce viaggiare in seconda classe.	_	_
6. Il biglietto costa quindicimila lire.	_	_

(Answers, p. 221)

EXERCISE

In Italian how do you say:

1. Excuse me. *mi scuse*
2. Good night. *Buona notte*
3. Enjoy your meal. *Buon appetito*
4. Here is the rest. *Ecco il resto*
5. Where do you live? *Dove abita Lei?*
6. You are welcome. *Prego*
7. Pretty well. *Benino*
8. What is your name? *Come se chiavo Lei*
9. I'm thirsty. *Io Ho Sete*
10. Good morning. *Buon giorno.*
11. See you tomorrow. *A domani*
12. I'm fine. *Sto bene*
13. Hi, so long. *Ciao*
14. So-so. *Così, Così*
15. My name is Robert. *mi chiamo Roberto*
16. I'm hungry. *Io ho fame*
17. Goodbye (formal). *ArrivederLa*
18. Today. *Oggi*
19. As a first course. *per primo piatto*
20. I am from Chicago. *Io sono di Chicago*

(Answers, p. 221)

GRAMMAR I   Position of the Adjective

Italian adjectives may precede or follow the noun(s) they modify according to the following rules.

Before the Noun

A. Numerals and adjectives denoting a definite or an indefinite quantity always precede the noun. Among these are the adjectives **poco, a** (pl. **pochi, poche**—little, not much, few, not many); **molto, a, i, e** (much, many); **quanto, a, i, e** (how much, how many); **tanto, a, i, e** (so much, so many); and **troppo, a, i, e** (too much, too many).

Martedì è il *secondo* giorno della settimana.
Anna mangia *troppi* gelati e *troppa* frutta.
La casa di Alberto ha *sette* stanze.
***Quanti* biglietti desiderate?**
Lei compra *tanto* vino e *tanta* acqua minerale.
Loro salutano *molti* ragazzi e *molte* ragazze.
Giuseppe ordina *mezzo* litro di vino.

B. The demonstrative adjectives **questo** and **quello** always precede the noun or any other adjective they modify. The forms of **questo** are:

	Singular (this)	Plural (these)
before a consonant	**questo** (m.)	**questi** (m.)
before a consonant	**questa** (f.)	**queste** (f.) **questi** (m.)
before a vowel	**quest'** (m. & f.)	**queste** (f.)

Quest' arrosto e *questa* minestra sono freddi.
Quest' automobile e *quest'* autobus sono in centro.

The adjective **quello** follows the pattern of the definite article.

Masculine	Singular (that)	Plural (those)
before a consonant	**quel**	**quei**
before **s** +cons. or **z**	**quello**	**quegli**
before a vowel	**quell'**	**quegli**

Feminine		
before a consonant	**quella**	**quelle**
before a vowel	**quell'**	**quelle**

Quello sport è molto difficile.
Quell' acqua e *quel* vino sono caldi.
Quei buoni piatti di spaghetti.
Saluto *quegli* studenti e *quelle* studentesse.

C. Many commonly used adjectives normally come before the noun. Some of these adjectives are:

altro, a	other, another	**piccolo, a**	small, little
bello, a	beautiful	**povero, a**	poor
bravo, a	good, able	**ricco, a** (pl.	rich
breve	brief	**ricchi,**	
brutto, a	ugly	**ricche)**	
buono, a	good	**santo, a**	saintly, holy
cattivo, a	bad, naughty	**stesso, a**	same
giovane	young	**ultimo, a**	last
grande	big, great	**vecchio, a** (pl.	old
lungo, a (pl.	long	**vecchi,**	
lunghi, lunghe)		**vecchie)**	
nuovo, a	new	**vero, a**	true, real

Note that some of the above-listed adjectives may also follow the noun. When they do, their meaning changes, acquiring a more literal, objective sense. **Io compro una nuova casa** means *I'm buying another house* (the house is not essentially new), but **Io compro una casa nuova** means *I'm buying a brand new house.*

Also note that, when preceding a noun, **bello, buono, grande,** and **santo** have the following forms:

1. *bello*—same pattern as *quello*:

Masculine	Singular	Plural
	bel	**bei**
	bello	**begli**
	bell'	**begli**
Feminine	**bella**	**belle**
	bell'	**belle**

2. *buono, grande,* and *santo*

Masculine

before a vowel	**buon**	**grand'**	**sant'**
before a consonant	**buon**	**gran**	**san**
before **s** + consonant or **z**	**buono**	**grande**	**santo**

Feminine

before a vowel	**buon'**	**grand'**	**sant'**
before a consonant	**buona**	**grande**	**santa**

Desidero un *altro* biglietto. *beel yet toh*

Ecco un *lungo* treno!

Oggi è *Santo* Stefano e domani è *Sant'* Anna.

Lui compra una *grand'*automobile rossa.

Lo studente saluta il *vecchio* professore.

Giovanna è una *bella* ragazza.

Che *bei* pomodori!

After the Noun

A great number of Italian adjectives normally follow the noun(s) they modify, especially those that indicate color, form or shape, nationality, and religion.

Teresa abita in una casa *gialla*.

Desidero bere dell'acqua *fredda*.

Ecco una signora *protestante*.

Massimo è un ragazzo *intelligente*.

Vedo una bambina *giapponese*.

Loro parlano con quella ragazza *alta*.

Adjectives that are modified by an adverb, such as **molto** (very), **tanto** (so, so much), and **troppo** (too, too much), always follow the noun.

Quei bambini leggono un libro *molto* difficile.

Questa minestra è *tanto* calda.

Giuseppe ha un'automobile *troppo* piccola!

Remember the following points:

1. When two adjectives modify the same noun, either the rules previously given are applied, or both adjectives are placed after the noun, joined by **e** (*and*).

   Vediamo una *bella* ragazza *bionda*.
   Vediamo una ragazza *bella* e *bionda*.

   If a demonstrative is used in conjunction with other adjectives, **questo** or **quello** always comes first.

   Vediamo *quella bella* ragazza *bionda*.
   Vediamo *quella* ragazza *bella* e *bionda*.

2. In Italian, as in English, adjectives are often used as nouns, particularly when indicating social class or condition, religion, and nationality.

   In Italia ci sono pochi *protestanti*.
   A Roma, a Firenze e a Venezia abitano molti *americani*.

Note that when an adjective indicating nationality is used to denote the population of a country, it is often capitalized.

   i *Francesi*   gli *Americani*   gli *Italiani*   i *Canadesi*

EXERCISES

A. Restate each phrase in the feminine or in the masculine.

Example: la signora italiana = **il signore italiano**

1. un bravo studente
2. i signori spagnoli
3. il bambino bruno

4. una ragazza canadese
5. le ricche signore
6. le giovani studentesse

(Answers, p. 221)

B. Change the following phrases to the plural.

Example: il padre francese = **i padri francesi**

1. il nuovo dottore
2. la madre inglese
3. la breve lezione
4. quello sport difficile
5. quel bell'aeroplano

6. quel grand'amico
7. l'altro signore giapponese
8. la lunga vacanza italiana
9. la buon'acqua minerale
10. questo cattivo formaggio

(Answers, p. 222)

C. Place the adjectives in parentheses in the proper position, making the changes in agreement as necessary.

Example: [15] Alla stazione ci sono treni. **Alla stazione ci sono quindici treni.**

1. (**tanto**) *Tanta tanta* Luisa compra pasta e zucchero.
2. (**poco**) *poca* Noi abbiamo penne.
3. (**molto**) *molte molti* In quella grande città ci sono automobili e tassì.
4. (**115**) All'Università ci sono studenti francesi e studentesse americane.
5. (**troppo**) *troppa* Luigi, tu mangi frutta.
6. (**quanto**) *Quanta* Acqua desideri bere?

(Answers, p. 222)

D. Replace the definite article with the appropriate form of *questo* or *quello* as indicated.

Example: [**quello**] Lui legge il libro. **Lui legge quel libro.**

1. (**quello**) Marco prende l'autobus. *quell'*
2. (**questo**) Desidero mangiare l'arrosto di vitello. *quest'*
3. (**questo**) Marisa compra *questa* la borsa gialla.
4. (**quello**) *quelle* Le ragazze inglesi partono stasera.
5. (**quello**) *quei* I giovani dottori abitano a Bologna.
6. (**questo**) *questi* I film italiani sono molto divertenti.
7. (**quello**) Gli spaghetti sono freddi. *quegli*
8. (**questo**) *questa* La stazione è nuova e molto grande.
9. (**quello**) *quei* I biglietti per New York costano troppo!
10. (**questo**) *quest'* L'espresso parte alle due del pomeriggio. *quest'*

(Answers, p. 222)

✱ E. Give the appropriate forms of *bello, buono,* and *grande* before the following singular or plural words.

Example: università = **bell' università, buon' università, grand' università**

1. vacanza *bella buona grande*
2. automobili *begle buone grandi*
3. sport (s.) *bello, buono, grande*
4. ristoranti *bei buoni, grandi*
5. vino *bel buon gran*
6. piacere *bel, buon gran*
7. bicchieri *bei, buoni grande*
8. sera *bella, buona, grande*
9. bottiglia *bella, buona, grande*
10. espresso *bell' buon, grand'*
11. bar *bal, buon, gran, bei, buoni, grandi*
12. spumante *bello, buono, grande*

13. formaggio *bel, buon, gran*
14. arrosto *bell' buon, grand'*
15. nomi *bei, buoni, grandi*

(Answers, p. 222)

F. Complete the following sentences, translating the words in parentheses.

1. (An able student) Luciana è *una brava studentessa*
2. (Many Canadian boys) Io in centro vedo *molti ragazzi canadesi*
3. (Saint Anthony) Quest'hotel si chiama *Sant' Antonio*
4. (Very short) La signora Ricasoli è *molto bassa*
5. (The last day) Domenica è *l' ultimo giorno*
6. (A good black coffee) Desidero bere *un buon espresso*
7. (Many dishes) Quel ristorante ha *molti piatti*
8. (Those Spanish young ladies) Io saluto *quelle signorine spagnole*
9. (Those beautiful pens) Quanto costano *quelle belle penne*
10. (The same ladies) Lui parla sempre con *le stesse signore*
11. (That able doctor) Come si chiama *quel bravo dottore*
12. (A big ice cream) La bambina mangia *un gran gelato*

(Answers, p. 222)

GRAMMAR II   Present Indicative of **capire, finire,** and **preferire**

The verbs **capire** (to understand), **finire** (to finish), and **preferire** (to prefer) form the present indicative by adding the suffix **isc** to the stem of the infinitive before the endings of the first-, second-, and third-persons singular as well as before the third-person plural.

	Capire	**Finire**	**Preferire**
io	capisco	finisco	preferisco
tu	capisci	finisci	preferisci
lui, lei, Lei	capisce	finisce	preferisce
noi	capiamo	finiamo	preferiamo
voi	capite	finite	preferite
loro, Loro	capiscono	finiscono	preferiscono

EXERCISE

Give the present tense form of the verbs in parentheses.

1. (**finire**) Noi *finiamo* di vedere un film italiano.
2. (**capire**) Quando lei parla inglese, loro non *capiscono*.

3. (**preferire**) Voi che cosa _preferite_ mangiare oggi?
4. (**finire**) I ragazzi _finiscono_ la lezione di francese.
5. (**capire**) Sergio _capisce_ che lei è di New York.
6. (**preferire**) Tu _preferisce_ prendere l'autobus o il treno?

(Answers, p. 222)

GRAMMAR III   The Verbs **sapere** and **conoscere**

The verbs **sapere** and **conoscere** both mean *to know*. They cannot be used indiscriminately, however, because **sapere** means to know as a matter of fact, while **conoscere** means to know in the sense of being acquainted with someone or with something.

    Sapere is an irregular verb, and the forms of the present indicative must be memorized. **Conoscere** conjugates instead like any other second-conjugation verb.

Present Indicative	**Sapere** (to know, be aware of)
io	**so**
tu	**sai**
lui, lei, Lei	**sa**
noi	**sappiamo**
voi	**sapete**
loro, Loro	**sanno**

Examples:

Io *conosco* molto bene Luigi, ma non *so* dove abita.
I'm well acquainted with Luigi, but I don't know where he lives.

EXERCISE

Complete the following sentences with *sapere* or *conoscere* as appropriate.

1. Il bigliettaio non _sa_ quando arriva il rapido.
2. La signorina Berti _conosce_ il padre di Anna.
3. Tu, Roberto, _sai_ dov'è la stazione ferroviaria?
4. Loro non _sanno_ che io studio all'Università di Pisa.
5. Noi _conosciamo_ molto bene il dottor Venturi.

(Answers, p. 223)

Meaning of *c'è and* *ci sono*

C'è (the contracted form of **ci** + **è**) means *there is*. The plural form of **c'è** is **ci sono** (there are). When used in a question, they mean *is there?* and *are there?*

Alla stazione *ci sono* molti treni.
Scusi, signora, *c'è* un autobus per andare in centro?
In questa città *ci sono* tanti studenti giapponesi.

EXERCISE

Complete the following sentences with *c'è* and *ci sono*.

1. In quella grande via _*Ci sono*_ dieci ristoranti.
2. A Roma _*ci'è*_ il signore e la signora Bruni.
3. In quella casa _*ci sono*_ due ragazzi e tre ragazze.
4. Dove _*c'è*_ Antonio, _*c'è*_ anche Francesco.
5. _*c'è*_ Luigi con voi?
6. Quanti studenti _*ci sono*_ in questa classe?

(Answers, p. 223)

How to Tell Time in Italian

The question *what time is it?* is rendered in Italian with either **che ora è** or **che ore sono**.

Question	Answer	
Che ora è?	**È mezzogiorno**	It's noon
	È l'una	~~It's noon~~ *one o'clock*
	È mezzanotte	It's midnight
Che ore sono?	**Sono le due**	It's two o'clock
	Sono le otto	It's eight o'clock
	Sono le undici	It's eleven o'clock

The question *at what time?* is rendered with **a che ora?** *A che ora* **arriva il rapido?**

all' una (at one o'clock)
alle otto (at eight o'clock)
a mezzanotte (at midnight)
alle undici (at eleven o'clock)

Fractions of an hour are expressed as illustrated below:

11:30   **le undici e trenta**   or   **le undici e mezzo**

7:15   **le sette e quindici**   or   **le sette e un quarto**

3:45   **le tre e quarantacinque**   or   **le tre e tre quarti** or **le quattro meno un quarto**

Note that in writing down a given time, Italians do not use a colon to separate the hour from the minutes. They use a comma instead. In the spoken language, the comma is replaced by the conjunction *e*:

Sono le 11,30   **Sono le undici *e* trenta**
Il treno parte alle 2,23   **Il treno parte alle due *e* ventitrè**

In everyday use, Italians indicate A.M. and P.M. more or less as follows:

from 1:00 to 3:00 A.M.   Time + **di notte**
from 4:00 to 6:00 A.M.   Time + **del mattino**

from 6:00 to noon	Time + **di mattina**
from 1:00 to 5:00 P.M.	Time + **del pomeriggio**
from 6:00 to 11:00 P.M.	Time + **di sera**
5:00 A.M.	**le cinque del mattino**
8:45 A.M.	**le otto e quarantacinque di mattina**
9:00 P.M.	**le nove di sera**
2:20 A.M.	**le due e venti di notte**

In printed schedules, at airports, railway stations, and often on the radio and on TV, Italians also use a system similar to that adopted by the military. The day is divided into 24 hours; thus **le dodici** is noon, **le quindici e trenta** is 3:30 P.M. and **le ventiquattro** is midnight.

Il diretto arriva *alle sedici e cinquantotto.*
C'è un rapido *alle ventuno e quindici.*

EXERCISES

A. Answer the question: *Che ore sono?*

It's 7:00 A.M.   *Sono le sette di mattina*
It's noon.   *È mezzogiorno*
It's 8:16 P.M.   *sono le otto e sedici de sera*
It's 5:50 A.M.   *Sono le cinque e cinquanta del mattina*
It's 1:30 P.M.   *È è l'una e trenta del pomeriggio*

(*Answers, p. 223*)

B. Answer the question: *A che ora arriva l'aeroplano?*

At 8:50 A.M.
At 12:08 P.M.
At 11:15 P.M.
At 6:00 P.M.
At 2:45 A.M.
At 4:10 P.M.

(*Answers, p. 223*)

Numbers from 1,001 to One Billion

1001	**milleuno**
1650	**milleseicentocinquanta** or **mille seicento cinquanta**
2000	**duemila**
7800	**settemilaottocento** or **settemila ottocento**
10.000	**diecimila**
25.600	**venticinquemila seicento**
100.000	**centomila**

560.302	cinquecento sessantamila trecentodue
800.000	ottocentomila
1.000.000	un milione
3.000.000	tre milioni
100.000.000	cento milioni
1.000.000.000	un miliardo

Note:

1. **Mila** is the plural of **mille** (one thousand).

   Io ho *mille* lire.   **Io ho *tremila* lire.**

2. Italians use a period to indicate units of thousands.

   ***Una* buona bottiglia di spumante francese costa *25.500* lire.**

3. Commas are used in decimal numbers. The comma is read as an **e**.

   Quell'autobus è lungo metri *5,45*.
   Quell'autobus è lungo metri *cinque e quarantacinque*.

   (That bus is 5.45 meters long).

EXERCISE

Spell out the numbers.

1. (480.000) L'università ha _____ libri.
2. (5600) In questa città ci sono _____ vie.
3. (13.900) L'arrosto costa _____ lire.
4. (720) Quel ristorante ha _____ bottiglie di vino.
5. (34.750) Il biglietto costa _____ lire.
6. (11.000.000) Quell'automobile costa _____ .

(Answers, p. 223)

1. quattrocento ottantamilla
2. cinquemille seicento
3. Tredicimille novecento
4. settecentoventi
5. trentaquattromila settecentocinquanta
6. undici milioni

COMPLEANNO IN FAMIGLIA

A Family Birthday

WORDS TO REMEMBER

l'albergo	hotel	il pacco	parcel, package
l'amica	friend (f.)	il parco	park
l'amico	friend (m.)	la parente	relative (f.)
l'arancia	orange	il parente	relative (m.)
la banca	bank	la pioggia	rain
la barca	boat	il sindaco	mayor
la camicia	shirt	la sorpresa	surprise
la ciliegia	cherry	la spiaggia	beach
il compleanno	birthday	lo stadio	stadium
il cuoco	cook, chef	lo studio	study, den
il dialogo	dialog	la valigia	suitcase
l'esercizio	exercise	bianco, a	white
la faccia	face	cattolico, a	Catholic
la farmacia	pharmacy	fantastico, a	fantastic
il foglio	sheet of paper	greco, a	Greek
il genitore	parent	necessario, a	necessary
il lago	lake	largo, a	wide, broad
il luogo	place	politico, a	political
il medico	doctor, physician	pubblico, a	public
il monaco	monk	scientifico, a	scientific
il nemico	enemy	sporco, a	dirty
l'orario	schedule, time	stanco, a	tired
l'orologio	watch, clock	tedesco, a	German
la paga	pay, wages	tutto, a	all, whole

DIALOGO *Compleanno in famiglia*

Luca, il figlio	Mamma, fra due giorni il babbo ha quarant'anni. Che facciamo per festeggiare il suo compleanno?
Rosa, la madre	Andiamo tutti a mangiare fuori.
Luca	Chi viene con noi?
Rosa	Lo zio Piero, sua moglie e i tuoi cugini Paolo e Luisa.
Luca	I genitori del babbo vengono?
Rosa	Soltanto la nonna. Il nonno è all'estero per affari. Domani però arriva la sorella di tuo padre da Toronto.
Luca	Veramente? Che bella sorpresa per lui! Viene anche suo marito?
Rosa	Sì, vengono tutti e due. Così conosci finalmente i tuoi parenti canadesi.
Luca	Fantastico!
Rosa	Ma Luca, non dire nulla al babbo!
Luca	Certo, certo, mamma.

Dialog *A family birthday*

Luca, the son	Mom, in two days Dad is going to be 40 years old. What are we doing to celebrate his birthday?
Rosa, the mom	We are all going to eat out.
Luca	Who is coming with us?
Rosa	Uncle Piero, his wife, and your cousins Paolo and Luisa.
Luca	Are Dad's parents coming?
Rosa	Only Grandmother. Grandfather is abroad on business. Tomorrow, however, your father's sister is arriving from Toronto.
Luca	Really? What a nice surprise for him! Is her husband coming also?
Rosa	Yes, both of them are coming. So you finally are meeting your Canadian relatives.
Luca	Great!
Rosa	But Luca, do not say anything to your Dad!
Luca	Sure, mom, sure.

A. Complete the sentences based on the dialog, choosing the correct answers from those provided in parentheses

1. Quand'è il compleanno del padre di Luca? _____ (**oggi— domani— fra due giorni**)

2. Il padre di Luca ha _____ (**trentacinque anni— quarant'anni—**

sessant' anni)

3. Chi arriva domani da Toronto? _____ (**la sorella del babbo di**

Luca—lo zio Piero—il nonno)

4. Chi sono Paolo e Luisa? _____ (**i figli di Rosa—i cugini di Luca—**

i parenti canadesi)

5. Dov'è il padre del babbo di Luca? _____ (**a Milano— all'estero per**

affari—alla stazione)

6. Dove mangiano tutti per festeggiare il compleanno del babbo di Luca?

_____ (**a casa—fuori—in un ristorante del centro**)

(Answers, p. 223)

B. Give the English equivalent of the underlined words.

1. La domenica noi preferiamo mangiare fuori.
2. Quanto costa il biglietto del rapido?
3. Oggi loro festeggiano il compleanno del nonno.
4. Desiderate viaggiare in seconda classe?
5. Il dottor Velli parte per Torino per affari.
6. Lo zio di Silvana si chiama Antonio.
7. Questa settimana lui viaggia all'estero.
8. Scusi, signorina, ma non conosco quel signore.
9. C'è Sergio e c'è anche Maria. Che bella sorpresa!
10. Quel signore ha novantanove anni? Veramente?
11. Io sono di Parma. E Lei, di dov'è?
12. Signora Betti, ecco il resto!

(Answers, p. 223)

GRAMMAR I   Plural of Certain Nouns and Adjectives

1. Singular feminine nouns and adjectives ending in **ca** and **ga** form the plural by changing the endings to **che** and **ghe**.

amic*a*—amic*he*   bianc*a*— bianc*he*
pag*a*—pag*he*   larg*a*—larg*he*

2. **Singular feminine nouns ending in *cia* and *gia* form the plural with:**

cie/gie   if a vowel precedes the singular ending
ce/ge   if a consonant precedes the singular ending

camic*ia*—camic*ie*   valig*ia*— valig*ie*
aranc*ia*—aranc*e*   piogg*ia*— piogg*e*

3. Singular masculine nouns and adjectives ending in **co** and **go** generally form the plural by replacing the singular endings with **chi** and **ghi**.

> pacco—pac*chi*   bianco— bian*chi*
> lago—la*ghi*   largo—lar*ghi*
>
> Several masculine nouns and adjectives ending in **co**, however, change the singular ending **co** to **ci** when the stress falls on the second-to-last syllable.
>
> **mędico— mędici**   **cattolico— cattolici**
>
> Exceptions to this rule are, among others, the following words:
>
> **amico—amici**
> **nemico—nemici**
> **greco—greci**
>
> 4. Most masculine nouns and adjectives ending in **io** form the plural by replacing **io** with **i**.
>
> **bigliettaio—bigliettai**
> **ferroviario—ferroviari**
>
> Note that the plural of **zio** is **zii**.

EXERCISES

A. Change the following words to the plural. *le lezioni scientifice*

1. lo stadio pụbblico *gli stadi pubblici*
2. il lungo viaggio *i lunghi viaggi*
3. il ricco mędico *i ricci medici*
4. il bel lago *i bei laghi*
5. il santo mọnaco *i santi monaci*
6. il nemico polịtico *i nemici politici*
7. il grand'orologio *i grandi orologi*
8. la farmacia sporca *le farmacie sporche*
9. la pioggia fredda *le pioggie fredde*
10. la lezione scientịfica
11. l'orario ferroviario *gli orari ferroviari*
12. la ciliegia greca *le ciliegie greche*
13. il vecchio cuoco *i vecchi cuochi*
14. il primo biglietto *i primi biglietti*
15. la lunga barca *le lunghe barche*
16. l'amico stanco *gli amici stanchi*
17. la valigia necessaria *le valigie necessarie*
18. la stessa spiaggia *le stesse spiagge*

(Answers, p. 224)

B. Change the following sentences to the plural.

1. Questo pomeriggio è molto bello. *Questi pomeriggi sono molto belli.*
2. Quel cuoco francese è alto e magro. *Quei cuochi francesi è alti e magri.*
3. Quest'orologio ha lo stesso orario. *Questi orologi hanno gli stessi orari.*
4. Io desịdero quella bella arancia. *Noi desideriamo quelle belle arance.*
5. Il nuovo sịndaco è molto ricco. *I nuovi sindaci sono molto ricchi.*
6. Quell'esercizio è troppo lungo. *Quegli esercizi sono troppo lunghi.*
7. Non conosco quella giọvane signora tedesca. *Non conosciamo quelle giovani signore tedesche.*

quay

8. Lo zio di quel ragazzo è monaco. *Gli zii di quei ragazzi sono monaci*
9. La paga della ragazza francese è molto buona. *Le paghe delle ragazze francesi sono molto buone*
10. L'albergo dove lei abita è nuovo. *gli alberghi dove loro abitano sono molto buone*
11. Ecco il monaco cattolico.

Ecco i monaci cattolici
There are the e monks

(Answers, p. 224)

GRAMMAR II   Possessive Adjectives and Possessive Pronouns

Possessive adjectives always precede the noun, with which they agree in gender and number. Contrary to English usage, the gender of the person or of the object doing the possessing is immaterial.

Roberto Mastri parla a *sua figlia*.
(Robert Mastri is talking to his daughter.)

***Il mio treno* parte alle 10 di mattina.**
(My train leaves at 10 a.m.)

Possessive adjectives and possessive pronouns have the same forms. The definite article is generally used before both.

Masculine		Feminine		(adj)	(pron.)
il mio	**i miei**	**la mia**	**le mie**	my	mine
il tuo	**i tuoi**	**la tua**	**le tue**	your	yours (f. s.)
il suo	**i suoi**	**la sua**	**le sue**	his, her, its	his, hers, its
il Suo	**i Suoi**	**la Sua**	**le Sue**	your	yours (form. s.)
il nostro	**i nostri**	**la nostra**	**le nostre**	our	ours
il vostro	**i vostri**	**la vostra**	**le vostre**	your	yours (f. pl.)
il loro	**i loro**	**la loro**	**le loro**	their	theirs
il Loro	**i Loro**	**la Loro**	**le Loro**	your	yours (form. pl.)

La *mia* amica e la *tua* sono francesi.
(My friend and yours are French.)

Questo è il *nostro* autobus, quello è il *vostro*.
(This is our bus, that is yours.)

The article is omitted:

1. When addressing a person, directly or in writing:

    Come stai, *mio* giovane amico?
    (How are you, my young friend?)

2. When a possessive adjective (except **loro** and **Loro**) precedes one of the following unmodified singular nouns denoting family members:

il padre	father	**il cugino**	cousin (m.)
il marito	husband	**il suocero**	father-in-law
il figlio	son	**il cognato**	brother-in-law
il fratello	brother	**il genero**	son-in-law
lo zio	uncle	**il nipote**	grandson, nephew

la madre	mother	la cugina	cousin (f.)
la moglie	wife	la suocera	mother-in-law
(pl. mogli)		la cognata	sister-in-law
la figlia	daughter	la nuora	daughter-in-law
la sorella	sister	la nipote	grandaughter,
la zia	aunt		niece

Mio fratello studia a New York.
Questa è *nostra* figlia.
Tuo cugino arriva domani con il rapido.
Signor Giacobini, ecco *Suo* padre!

but:

Il *loro* suocero abita a Venezia.
Non conosco le *vostre* cognate.
Il *nostro* nipote canadese viaggia sempre in treno.

Note that the words **babbo** (dad), **papà** (papa), **mamma** (mom), **figliolo** (son), and **figliola** (daughter) used in conjunction with a possessive adjective require the definite article. With **nonno** (grandfather) and **nonna** (grandmother), the use of the article is optional.

Il *mio* babbo e la *mia* mamma arrivano questo pomeriggio.
Nostra nonna (or: *la nostra nonna*) abita in una vecchia casa.

EXERCISES

A. Translate the possessive adjectives in parentheses, adding the definite article whenever required.

1. (his) *suo* suocero
2. (your, fam. sing.) *la tua* casa
3. (their) *la loro* università
4. (our) *il nostro* figliolo
5. (your, form. sing.) *Suo* marito
6. (his) *i suoi* cugini
7. (her) *i suoi* parenti
8. (my) *il mio* compleanno
9. (their) *la loro* cognata
10. (your, fam.pl.) *la vostra* automobile

(Answers, p. 224)

B. Translate the possessive adjectives and the possessive pronouns in parentheses, adding the articles when necessary.

1. Luca desidera festeggiare il compleanno di (his wife) *sua moglie*
2. Noi non conosciamo (their American cousins Louise and Ann) _____ .

le loro cugine americane
Luisa e Anna

La loro valigia   la nostra è rossa

3. (Their suitcase) _____ è gialla, (ours) _____ è rossa.

4. (Her husband) *suo marito* studia all'Università di Napoli.

5. Giuseppina, come si chaima (your beautiful sister) *La tua ?* *bella sorella*

6. (Alberto's son-in-law) _____ abita a Pisa, (mine) _____
   abita a Genova. *Il genero di alberto abita a Pisa*
   il mio abita a Genova   (Answers, p. 224)

C. Change the following sentences to the singular.

1. Ecco i suoi figli. *Ecco suo figlio*
2. Le loro figliole sono molto brave. *La loro figliola è molto brava*
3. Quei monaci sono nostri amici. *Quel monaco è nostro amico*
4. Noi salutiamo le vostre nipoti.
5. Maria vede le loro case. *Maria vede.*
6. Le tue zie abitano a Roma.

La tua zia abita a Roma   (Answers, p. 224)

GRAMMAR III   Present Indicative of the Stem-Changing Verbs
dare, andare, fare, stare, uscire, venire.

Dare (to give)	**Andare** (to go)	**Fare** (to do, make)
do *io*	vado *io*	faccio *io*
dai *tu*	vai	fai *tu*
dà *lui, lei*	va	fa
diamo *noi*	andiamo	facciamo
date *voi*	andate	fate
danno *loro*	vanno *loro*	fanno

Stare (to be, stay, feel)	**Uscire** (to go out)	**Venire** (to come)
sto *io*	esco	vengo *io*
stai *tu*	esci	vieni *tu*
sta *lui, lei Lei*	esce	viene *lui, lei*
stiamo *noi*	usciamo	veniamo *noi*
state *voi*	uscite	venite *voi*
stanno *loro*	escono	vengono *loro*

EXERCISE

Give the correct form of the verb in parentheses.

1. (**preferire**) Loro _____ mangiare fuori questa sera. *preferiscono*
2. (**andare**) Giovanni ___ *va* ___ alla stazione con il tassì.

3. (**fare**) Signora Rossini, che cosa _____ *fa* _____ domani?

4. (**sapere**) Suo padre non _____ *sa* _____ che Enrico studia molto poco.

5. (**stare**) Come _____ *stanno* _____ i vostri cugini canadesi?

6. (**dare**) Il bambino _____ *dà* _____ il resto alla mamma.

7. (**uscire**) Quando _____ *uscite* _____ per andare in centro, voi?

8. (**fare**) Noi _____ *facciamo* _____ un lungo viaggio fra due giorni.

9. (**venire**) A che ora _____ *venite* _____ all'università, loro?

10. (**andare**) Io _____ *vado* _____ a mangiare alle due e mezzo.

11. (**dare**) I nonni _____ *danno* _____ le ciliegie ai nipoti.

12. (**stare**) Mio padre non _____ *sta* _____ molto bene oggi.

13. (**uscire**) Stasera Giorgio _____ *esce* _____ con i suoi amici.

14. (**festeggiare**) Loro _____ *festeggiano* _____ il vostro compleanno.

15. (**pagare**) Tu, Luca, _____ *paghi* _____ il cappuccino e l'espresso.

(Answers, p. 224)

GRAMMAR IV   Use of the Adjective **tutto, a**

Like any adjective, **tutto, a, i, e** (all, whole) must agree in gender and number with the noun it modifies. The definite article does not precede the adjective **tutto**, but follows it immediately before any other word/words (be it a noun or an adjective plus a noun).

> **tutto (a, i, e)** + definite article + noun

> **La mamma compra *tutta la frutta*.**
> (The mother buys all the fruit.)

> **Oggi arrivano *tutti i nostri parenti americani*.**
> (Today all our American relatives are arriving.)

> **Ecco *tutte le valigie* del signor Battistini.**
> (Here are all Mr. Battistini's suitcases.)

> **Questa sera Adriano paga *tutto il conto*.**
> (This evening Adriano pays the whole bill.)

EXERCISE

Replace the underlined adjectives with the correct form of *tutto*.

Example: Lei compra tanto zucchero. **Lei compra *tutto* lo zucchero.**

1. Il professore legge molti libri.

2. Vado a Palermo con molte mie amiche.

3. Voi comprate troppa acqua minerale.

4. Quelle studentesse studiano cinque lezioni.

5. Noi incontriamo sempre quelle ragazze.

6. Tu mangi troppi dolci!

7. Io vedo dieci film spagnoli.

8. I nostri zii escono con quelle automobili.

(Answers, p. 225)

A Person's Age

Contrary to English usage, in Italian the verb **avere** must be used to express age.

avere + the number + **anno** (or, **anni**)

Question	Answer
Marta, quanti anni hai?	**Io ho diciotto anni.**
(How old are you, Martha?)	(I'm eighteen years old.)
Quanti anni ha Piero?	**Piero ha un anno e due mesi.**
(How old is Piero?)	(Piero is a year and two months old.)
Quanti anni ha Lei?	**Io ho quindici anni e mezzo.**
(How old are you?)	(I'm fifteen and a half years old.)

Note that **avere** is also used to express the age of an object.

Quanti anni ha quest'auto-mobile?	**Quest'automobile ha tre anni.**
(How old is this car?)	(This car is ten years old.)

EXERCISE

Give the Italian equivalent of the following sentences.

1. How old are you, doctor Bruni? I'm 52 years old. *Quanti anni ha, dottor Bruni*

2. Antonietta is 33 years old today.

3. Paolo and Luisa are 2 years and 8 months old.

4. This lady is very old; she is 97 years old.

5. That house is 27 years old.

6. Her aunt is 63 and her uncle is 66.

7. Miss Bellini is 19 years old. *diciannove anni*

8. Tomorrow is my birthday; I'm 6 years old.

(Answers, p. 225)

Seasons and Months of the Year

la stagione
(season)

la primavera (spring)
l'estate (summer, f.)
l'autunno (fall, autumn)
l'inverno (winter)

il mese (month)	**gennaio**	(January)	**febbraio**	(February)
	marzo	(March)	**aprile**	(April)
Lera o	**maggio**	(May)	**giugno**	(June)
	luglio	(July)	**agosto**	(August)
	settembre	(September)	**ottobre**	(October)
	novembre	(November)	**dicembre**	(December)

Notes:

1. Nouns naming the months are masculine.

   Il primo marzo vado in Francia.   (On March 1st I am going to France.)
   Dicembre è molto lungo.   (December is very long.)

2. The names of the months generally are not capitalized.

3. The first day of the month is always **il primo**; for the other days, the cardinal number (**tre, undici, quindici, ventisei,** etc.) must be used.

   Oggi è il *primo* di luglio   or   Oggi è il *primo* luglio
   (Today is the first of July / or July first.)

   Domani è il due di luglio   or   Domani è il due luglio
   (Tomorrow is the second of July / or July second.)

4. While in English one says *in February, in October*, in Italian the preposition **a** is used.

   Loro vanno in vacanza *a* febbraio.
   (They are going vacationing in February.)

   Alberto arriva in Italia *a* ottobre.
   (Albert arrives in Italy in October.)

EXERCISE

Answer the question: *Che giorno è oggi?*

   Example: **Che giorno è oggi? *Oggi è il ventitrè gennaio.***

1. May 7
2. December 31
3. August 1
4. November 14
5. March 2
6. February 17
7. June 22
8. September 23
9. April 25
10. July 4
11. May 10
12. January 1

(Answers, p. 225)

LESSON V

IN UN ALBERGO DI MILANO

In A Hotel In Milano

WORDS TO REMEMBER

il bagno	bath, bathroom	**chi?**	who, whom?
la camera	bedroom	**eccellente**	excellent
la cena	supper	**gentile**	kind, gentle
la chiave	key	**quale**	which, what
la colazione	breakfast	**libero, a**	vacant, free
il francobollo	postage stamp	**sentire**	to hear, feel
il letto	bed	**spendere**	to spend
il minuto	minute	**visitare**	to visit
il passaporto	passport	**volere**	to want, wish
il piano	floor, story (of building)	**appena**	as soon as
		davanti a	in front of
la porta	door	**dopo**	after, afterward
il portone	main door of a building	**forse**	perhaps, maybe
		proprio	just, really
il portiere	hotel receptionist, janitor, doorman	**subito**	immediately, right away
il pranzo	dinner, midday meal (main meal in Italy)	**al terzo piano**	on the third floor
		camera a due letti	double room
		dovere mio!	it's my pleasure!
il tabaccaio	tobacconist	**per la prima volta**	for the first time
gli Stati Uniti	the United States	**vicino (a)**	close to, near
alcuni, e	some, any, a few	**qui vicino**	close by, near by
benvenuto, a	welcome	**un po' di**	some, a bit of

aprire	to open	potere	to be able to, can
aiutare	to help	non c'è di che	don't mention it
entrare (in)	to enter	quanto viene al	how much does it
dovere	to have to, must	giorno?	come to per day?

DIALOGO   *In un albergo di Milano*

James e Susan Roberts visitano per la prima volta l'Italia. Quando arrivano alla stazione di Milano, prendono subito un tassì e dopo pochi minuti entrano in un albergo del centro.

Portiere	Benvenuti a Milano, signori! Desiderano?
James	Hanno una camera a due letti?
Portiere	Per quante notti?
James	Per tre notti, forse quattro.
Portiere	Loro vengono dagli Stati Uniti. Da dove?
James	Da Boston. Ecco i nostri passaporti.
Portiere	Abbiamo una camera libera al terzo piano, con bagno...
James	Quanto viene al giorno?
Portiere	Novantottomila lire, colazione inclusa. Va bene?
James	Sì, va bene.
Portiere	Ecco le chiavi della loro camera. Se vogliono, possono mangiare nel ristorante dell'albergo. È eccellente!
James	Grazie. A che ora apre il ristorante?
Portiere	Serviamo la colazione dalle 7 alle 10. Il pranzo da mezzogiorno alle quattordici e trenta e la cena dalle venti alle ventidue.
Susan	Scusi, dove posso comprare qualche cartolina illustrata e dei francobolli?
Portiere	Da un tabaccaio, signora.
Susan	C'è un tabaccaio qui vicino?
Portiere	Sì, signora. Proprio davanti all'albergo. Appena esce dalla porta.
Susan	Grazie. Lei è molto gentile!
Portiere	Non c'è di che, signora, dovere mio.

Dialog   *In a hotel in Milano*

James and Susan Roberts are visiting Italy for the first time. When they arrive at the railway station in Milan, they immediately take a taxi and a few minutes later they enter a downtown hotel.

Receptionist	Welcome to Milan, sir and ma'am! May I help you?
James	Do you have a double room?

Receptionist	For how many nights?
James	For three nights, maybe four.
Receptionist	You come from the United States. Where from?
James	From Boston. Here are our passports.
Receptionist	We have a vacant room on the third floor, with a bath.
James	How much does it come to per day?
Receptionist	98,000 lire per day, breakfast included. Is it all right?
James	Yes, it's fine.
Receptionist	Here are the keys to your room. If you wish, you can eat in the restaurant of the hotel. It's excellent.
James	Thank you. At what time does the restaurant open?
Receptionist	We serve breakfast from seven to ten. Dinner from noon to 2:30 and supper from eight to ten P.M.
Susan	Excuse me, where can I buy some picture postcards and a few stamps?
Receptionist	At a tobacconist's, ma'am.
Susan	Is there a tobacco shop near by?
Receptionist	Yes, ma'am. Just in front of the hotel. As you go out the door.
Susan	Thank you. You are very kind!
Receptionist	Don't mention it, ma'am, it's my pleasure.

EXERCISES

A. Read the following statements on the content of the dialog, then check the true or false blank.

	T	F
1. James e Susan sono per la prima volta in Italia.	✓	
2. A Milano loro vanno subito a mangiare in un ristorante.		✓
3. I signori Roberts vengono da New York.		✓
4. James e Susan desiderano una camera a due letti.	✓	
5. La camera costa sessantottomila lire.		✓
6. Nell'albergo c'è un ristorante molto buono.	✓	
7. Nel ristorante servono solo la colazione.		✓
8. Susan desidera comprare dei francobolli e delle cartoline postali.	✓	
9. Il tabaccaio è vicino all'albergo.	✓	
10. Per andare dal tabaccaio è necessario uscire dall' albergo.	✓	

(Answers, p. 225)

B. In Italian how do you say:

1. What time is it? *Che ora è / Che ore sono*
2. Many thanks. *Molte grazie*
3. Have a nice trip! *Buon viaggio*
4. Good bye! (fam. sing.) *Arrivederci*
5. I feel fine. *Sto bene*
6. What a nice surprise! *Che bella sorpresa!*
7. What is your name, miss? *Come si chiama, Lei signorina*
8. When does her cousin leave? *Quando parte suo cugino?*
9. Here is a nice double room. *Ecco una bella camera a due letti*
10. We always travel first class. *Noi viaggiamo sempre in prima classe*
11. How much does this car cost? *Quanto costa questa macchina*
12. Giorgio, where do you live? *Giorgio, dove abiti*
13. Here are my parents. *Ecco i miei genitori*
14. 6,937 German students. *Seimila novecentotrentasette tedeschi studenti*
15. He comes home Mondays. *Lui viene a casa lunedì*
16. They go abroad on business. *Loro vanno all'estero per affari*
17. At noon we are always hungry. *A mezzogiorno abbiamo sempre fame*
18. Is there a bar near the stadium? *c'è un bar vicino allo stadio*
19. It's 11:40 A.M. *Sono le undici e quaranta di mattina*
20. Today is the first of May.
Oggi è il primo (di) maggio

(Answers, pp. 225–226)

GRAMMAR I   Prepositions not Combined with the Definite Article

Listed below are the most commonly used Italian prepositions. Several have already been encountered in the preceding lessons, some alone, some combined with the definite article.

Italian	English Equivalent	
a *usually*	to, at *sometimes*	in
da	from, by	at
di	of	from, about
in	in, into	by, on
su	on	upon
con	with	
fra or **tra**	between, among	in, within
per	for, through	in order to + a verb

The prepositions **a, da, di, in**, and **su** are used alone only before words not preceded by the definite article.

Finalmente nostro figlio è *a* casa!
(Finally our son is home!)

Il diretto parte *da* questo binario.
(The **diretto** leaves from this track.)

Compri una bottiglia *di* vino bianco?
(Are you buying a bottle of white wine?)

Il pacco è *in* quella stanza.
(The package is in that room.)

***Su* questo quaderno c'è il mio nome.**
(On this notebook there is my name.)

Note the following points:

1. The preposition **a** (*to* or *in*) is always used with the names of cities, towns, and villages. It is also required after a verb of motion, such as **andare** and **venire**, followed by an infinitive.

   Il dottor Venturi va *a* Firenze.
   (Dr. Venturi is going to Florence.)

   Il Vaticano è *a* Roma.
   (The Vatican is in Rome.)

   Noi andiamo *a* vedere un nuovo film.
   (We are going to see a new movie.)

2. The preposition **da**, when followed by a personal pronoun, the name of a person, or the name of an occupation or profession, is the equivalent of the English *at the house of, at the office/shop of,* or *to* _____ *'s.* Note that in all these cases, **da** is used in conjunction with a verb of motion or a verb such as **abitare, essere,** and **stare.**

   Stasera andiamo *dai* signori Rossi.
   (Tonight we are going to the Rossis'.)

   Oggi Maria è *dal* dottore.
   (Today Mary is at the doctor's.)

   Lunedì lui sta *da* suo padre.
   (Monday he is staying at his father's.)

3. The preposition **di** followed by a proper name usually indicates possession. When it is used with **dove** and **essere** it means *from.*

   Ecco il letto *di* Susanna.
   (Here is Susan's bed.)

   La zia *di* Gina si chiama Elena.
   (Gina's aunt is called Helen.)

   Questi miei amici sono *di* Chicago.
   (These friends of mine are from Chicago.)

   ***Di* dov'è Lei, signora Puccini?**
   (Where are you from, Mrs. Puccini?)

Note that when **di** follows the verb **parlare**, it means *about*.

Tu parli sempre *di* automobili.   (You always talk about cars.)

4. The preposition **in** (*in* or *to*) is used before the names of countries and before words indicating the means of transportation by which a person or an object travels.

I suoi cugini vanno *in* Spagna.   (His cousins are going to Spain.)
Lei parte domani *in* aeroplano.   (She leaves tomorrow by plane.)

Note that in Italian **in** is used with the name of a street, while English uses the preposition *on*.

La mia casa è *in* Via Manzoni.   (My home is on Manzoni Street.)
Abita *in* Via San Giuseppe Lei?   (Do you live on St. Joseph Street?)

5. The prepositions **con, fra, tra**, and **per** are used before words that may or may not be preceded by the definite article. Today, Italians do not usually combine **con** and **per** with the definite article. **Fra** and **tra** are never combined with the definite article. Note that there is no difference in meaning between **fra** and **tra**. Their use is a matter of personal preference.

Lisa parla *con* suo padre.   (Lisa is talking with her father.)
Ecco il cameriere *con* il conto.   (Here is the waiter with the check.)
Viaggia *per* Roma in automo-   (He travels through Rome by car.)
bile.
Ordino un caffè *per* Saverio.   (I'm ordering a coffee for Saverio.)
Esce *per* comprare il vino.   (He goes out in order to buy wine.)
Arrivo *fra/tra* le 13 e le 15.   (I arrive between one and
                                          three P.M.)

EXERCISES

A. Complete the sentences, replacing the English prepositions with the appropriate Italian prepositions.

1. Ci sono molte ragazze (*on*) _____ *su* _____ questa spiaggia.
2. Margherita parte (*for*) _____ *per* _____ Trieste.
3. Noi andiamo (*to*) _____ *a* _____ Napoli domani.
4. L'espresso viene (*from*) _____ *da* _____ Palermo.
5. Susanna arriva (*with*) _____ *con* _____ Giacomo.
6. Francesca abita (*on*) _____ *in* _____ Via San Francesco.
7. Quel signore viaggia sempre (*by*) _____ *in* _____ autobus.
8. Mio zio esce (*in*) _____ *fra* _____ venti minuti.
9. Il portiere da il passaporto (*to*) _____ *a* _____ Susanna.
10. L'anno comincia (*in*) _____ *a* _____ gennaio.
11. Tutti i nostri figlioli sono (*at*) _____ *a* _____ casa.

12. Vado (*to*) ___*in*___ Italia (*in order to*) ___*per*___ visitare tante belle città.

13. L'albergo "Minerva" è (*on*) ___*in*___ Via Mazzini.

14. Stasera desịdero bere un bicchiere (*of*) ___*di*___ spumante.

15. I bambini ẹscono (*with*) ___*con*___ la mamma.

16. I signori White vẹngono (*to*) ___*a*___ Firenze tutte le estati.

17. La città (*of*) ___*di*___ Ferrara è piccọla, ma bella.

18. Il nonno parla sempre (*about*) ___*di*___ suo nipote Carlo.

19. Giacomo riceve la chiave (*from*) ___*dal*___ suo padre.

20. Voi studiate (*for*) ___*per*___ tre ore.

(Answers, p. 226)

B. Translate the following sentences.

Loro partono per gli Stati Uniti fra cinque settimane

1. They are leaving for the United States in five weeks.

2. She is going to France from Italy by bus.

3. Today I am eating in that restaurant with the mayor of Ferrara.

4. I always buy many bottles of mineral water for my family.

5. The **diretto** for Genova leaves in five minutes.

6. I am not well acquainted with Lisetta's husband.

7. Her sister-in-law is traveling on that train.

8. Between Marisa and Roberta, I prefer Marisa.

9. It's nine o'clock and I wish to go to Mario's.

10. My dad lives on Emerson Street. *Il mio babbo abita in via Emerson*

(Answers, p. 226)

GRAMMAR II   Prepositions Combined with the Definite Article

When the prepositions **a, da, di, in**, and **su** are followed by words that are preceded by the definite article, they combine to form only one word. The combined forms follow the same rules that govern the definite article.

prep.	+ il	+ lo	+ l'	+ la	+ i	+ gli	+ le
a	al	allo (to, at, in + the)	all'	alla	ai	agli	alle
da	dal	dallo (from, by, at + the)	dall'	dalla	dai	dagli	dalle
di	del	dello (of, from, about + the)	dell'	della	dei	degli	delle
in	nel	nello (in, into, by + the)	nell'	nella	nei	negli	nelle
su	sul	sullo (on, upon + the)	sull'	sulla	sui	sugli	sulle

Examples

> **Loro parlano *ai* ragazzi americani.**
> (They are speaking to the American boys.)
>
> **Tu ricevi un pacco *dagli* studenti greci.**
> (You receive a package from the Greek students.)
>
> **Non conosco il nome *del* tuo medico.**
> (I don't know the name of your physician.)
>
> **Il vecchio signore parla sempre *delle* stesse cose.**
> (The old gentleman always talks about the same things.)
>
> **Stasera dormiano *nell'* albergo di mio cugino.**
> (Tonight we are sleeping in my cousin's hotel.)
>
> ***Nelle* grandi città vediamo molte automobili.**
> (We see many cars in the large cities.)
>
> **Il bambino scrive il suo nome *sul* quaderno.**
> (The child writes his name on the notebook.)

EXERCISE

Complete the sentences, translating the words in parentheses.

1. Oggi Bruno e Antonietta vanno (*to their grandparents'*) *dai loro nonni*
2. Non conosco bene (*Mrs. Bettini's sister-in-law*) *la cognata della signora Bettini*
3. Il portiere dà a Salvatore le chiavi (*of the room*) *della camera*
4. Noi usciamo (*from the hotel*) *dall'hotel* alle due. *dall'albergo*
5. Quando arrivate (*to the university*) *all'università*?
6. Giovanna non sta bene; questo pomeriggio va (*to the doctor's*)
   dal dottore
7. Il professore spiega la lezione (*to the class*) *alla classe*
8. Il treno per Parigi parte (*from track number 23*) *dal binario numero ventitré* _____ .
9. (*At the railway station*) *alla stazione* ci sono tanti giovani studenti inglesi.
10. Gino, che cosa scrivi (*on the door*) *sulla porta*
11. Il nome (*of the waiter*) *del cameriere* è Tommaso.
12. Non desidero molto zucchero (*in my coffee*) *nel mio caffè*.
13. Scriviamo una cartolina postale (*to Miss Pucci*) *alla signorina P*
14. Il pranzo comincia (*at 8:00 P.M.*) *alle otto di sera*.
15. A che ora tu esci (*with Anna's brother*) *con il fratello di Anna*?
16. Preferisco parlare (*about my vacation*) *della mia vacanza* in Spagna.
17. L'autobus arriva (*between nine and ten A.M.*) _____ .
    fra le nove e le dieci di mattina

18. Anche mio suocero mangia (*in the same restaurant*) *nello stesso ristorante*
19. Il bigliettaio abita (*on the second floor*) *al secondo piano*
20. La domenica gli Italiani vanno (*to the stadium*) *allo stadio*

(*Answers, pp. 226–227*)

GRAMMAR III   The Partitive

In Italian, the preposition **di** combined with the definite article (**del, dello, dell', della** and **dei, degli, delle**) is used to express the English words *some* and *any*.

Al ristorante Susanna ordina *della* frutta.
(At the restaurant Susan orders some fruit.)

Abbiamo *degli* amici negli Stati Uniti.
(We have some friends in the United States.)

The adjectives **qualche** and **alcuni/alcune** are also used to convey the same thought as the English *some, any* and *a few*. **Qualche** is invariable and must be followed by a singular word even though the sense is clearly plural. The adjectives **alcuni** (masc. pl.) and **alcune** (fem. pl.) are used only with plural words.

La suocera di Alberto arriva fra *qualche* giorno.
Albert's mother-in-law arrives in a few days.)

Ecco *alcune* belle ragazze.
(Here are some beautiful girls.)

Leggo *alcuni* libri interessanti.
(I am reading some interesting books.)

Conosci *qualche* studentessa canadese?
(Do you know any Canadian students?)

The expression **un po' di** is the equivalent of the English *some, a bit of*, and it is used mostly when talking about a part of something.

Desidero bere *un po' di* acqua fredda.
(I wish to drink some cold water.)

Lui ha solo *un po' di* formaggio.
(He only has a bit of cheese.)

Although the use of the partitive is optional in interrogative sentences, in negative sentences the partitive is normally left out.

Examples

Hai parenti in America?
Hai *dei* parenti in America?   **No, non ho parenti in America.**
Hai *qualche* parente in America?

EXERCISES

A. Replace the definite article with the partitive formed by the preposition *di* + the definite article, making all required changes.

Example: Lei compra *la* frutta. **Lei compra *della* frutta.**

1. Ecco **gli** amici di Roberto. *degli*
2. C'è **lo** zucchero nel caffè? *dello*
3. Guardiamo **le** ragazze sulla spiaggia. *delle*
4. Gigi dà **i** francobolli a Guglielmo. *dei*
5. Lei preferisce **i** vini italiani. *dei*
6. La signora Pei compra **l'**insalata per suo figlio. *dell'*
7. Prendi **il** caffè la mattina? *del*

(Answers, p. 227)

B. Replace the definite or indefinite articles with *qualche* and *alcuni/alcune*, making all necessary changes.

Example: Leggo **un** libro. **Leggo *alcuni* libri. Leggo *qualche* libro.**

1. Il monaco compra **una** valigia in centro. *alcune valigie   qualche valigia*
2. Conosco **una** studentessa greca. *alcune studentesse greche   qualche studentessa greca*
3. In Via Roma c'è **un** autobus rosso. *ci sono alcuni autobus rossi   c'è qualche autobus rosso*
4. Loro hanno **una** bella casa a Rimini. *alcune belle case , qualche bella casa*
5. Incontriamo **le** nostre amiche alla stazione. *alcune nostre amiche   qualche nostra amica*
6. Sandro riceve **un** pacco dai suoi parenti. *alcuni pacchi   qualche pacco*
7. **Il** portiere parla benissimo l'inglese e il tedesco. *alcuni portieri parlano, qualche portiere parla*

(Answers, p. 227)

C. Replace the partitives *del, dello, della*, etc., with *un po' di*, making all required changes.

Example: Sergio ordina **del** vitello arrosto. **Sergio ordina *un po' di* vitello arrosto.**

1. Desidero bere **del** vino rosso. *un po' di*
2. La mamma prende **del** caffè al bar. *"*
3. Nella minestra c'è **della** verdura. *"*
4. Loro preferiscono **del** formaggio. *"*
5. Massimo ordina **dell'** insalata. *un po' di d'insalata*
6. A casa noi abbiamo **dello** spumante francese. *un po' di*
7. È il compleanno di Luisa e lei desidera mangiare **del** dolce. *"*

(Answers, p. 227)

GRAMMAR IV   Present Indicative of the Stem-Changing Verbs
dovere, potere, and **volere**.

Dovere (must, have to)	**Potere** (to be able, can, may)	**Volere** (to want)
devo (I must, have to)	**posso** (I can, am able)	**voglio** (I want) *io*
devi	**puoi**	**vuoi** *tu*
deve	**può**	**vuole** *lui lei*
dobbiamo	**possiamo**	**vogliamo** *noi*
dovete	**potete**	**volete** *voi*
devono	**possono**	**vogliono** *loro*

EXERCISE

Give the correct form of the verbs in parentheses.

1. (**dovere**) Noi _dobbiamo_ ~to take~ andare a prendere il tassì.

2. (**potere**) Io non _posso_ sapere se lui è all'estero.

3. (**volere**) Tutti i nostri ~our~ parenti _vogliono_ ~his/her~ festeggiare il suo compleanno.

4. (**potere**) Sergio, quando _può_ ~leave~ partire per la Francia?

5. (**volere**) Mamma, che cosa _vuoi_ dal tabaccaio?

6. (**dovere**) Tu _devi_ dare le chiavi della porta a Mariangela.

7. (**potere**) Noi non _possiamo_ entrare nella sua camera.

8. (**dovere**) Loro _devono_ stare a casa tutti i sabati.

9. (**volere**) La loro cognata _vuole_ mangiare in quell' eccellente ristorante francese.

10. (**volere**) Questo pomeriggio i nostri figlioli _vogliono_ andare al parco.

(Answers, p. 227)

GRAMMAR V   The Interrogative Pronoun **chi** and the
Adjectives **che, quale,** and **quanto**.

The interrogative pronoun **chi** (masculine and feminine, singular and plural) means *who* and *whom*. It may be used alone or after a preposition.

Chi **è quel signore?**	(Who is that gentleman?)
Chi **sono quelle ragazze?**	(Who are those girls?)
A *chi* **parlate voi?**	(To whom are you talking?)

The adjective **che** (masculine and feminine, singular and plural) and **quale** (pl. **quali**), when used in an interrogative sentence, mean *what* or *which*.

Che/quale **film vuoi vedere?**	(What film do you want to see?)
Con *che/quali* **ragazze vieni?**	(With which girls are you coming?)

Quanto may be used as an adverb or adjective. When used as an adjective, it must agree in gender and number with the noun it modifies.

> *Quanti* pomodori compri?   (How many tomatoes are you buying?)
>
> *Quanto* costa quell'orologio?   (How much does that watch cost?)
>
> Con *quante* amiche parli?   (With how many friends are you talking?)

EXERCISE

Give the correct form of *che, quale, quanto,* and *chi*.

Example: (What book) —————— compri? **Che/quale libro compri?**

1. (*What*) *Che/quale* film preferite vedere?
2. Non so in (*which*) *che/quale* ristorante lui vuole mangiare.
3. Con (*whom*) *chi* entri nell'albergo?   *chi - Key*
4. Su (*what*) *quale* treno viaggiano loro?
5. Di (*what*) *che* signora parli?
6. (*Who*) *chi* va in vacanza quest'estate?
7. (*How many*) *quanti* cappuccini prendi al giorno?
8. Da (*what*) *quale* binario parte quest'espresso?
9. (*Who*) *chi* è il signore davanti al bar?
10. (*How many*) *quante* bottiglie di acqua minerale volete?
11. (*To whom*) *A chi* scrivi?
12. (*How many*) *quanti* fratelli avete?

(Answers, p. 227)

GRAMMAR VI   Future Indicative of **avere** and **essere** and of the **-are, -ere** and **-ire** Verbs.   *to have*   *to be*

Avere		Essere
avrò	*io*	sarò
avrai	*tu*	sarai
avrà	*lei*	sarà
avremo	*noi*	saremo
avrete	*voi*	sarete
avranno	*loro*	saranno

Future Endings of Verbs Ending in the Infinitive in:

	-are	-ere	-ire
io	-erò	-erò	-irò
tu	-erai	-erai	-irai
lui, lei, Lei	-erà	-erà	-irà
noi	-eremo	-eremo	-iremo
voi	-erete	-erete	-irete
loro, Loro	-eranno	-eranno	-iranno

Future of **aiutare** *(to help),* **spendere** *(to spend) and* **sentire** *(to hear):*

Aiuterò	Spenderò	Sentirò
(I will help)	(I will spend)	(I will hear, feel)
aiuterai	spenderai	sentirai
aiuterà	spenderà	sentirà
aiuteremo	spenderemo	sentiremo
aiuterete	spenderete	sentirete
aiuteranno	spenderanno	sentiranno

In Italian, the future tense is at times replaced by the present when the time of the action is the very near future.

Partiamo fra una settimana.   (We shall leave in a week.)

When a subordinate clause referring to a future action is introduced by **se** (if), **quando** (when), and **appena** (as soon as), Italian requires the future tense, while English uses the present tense.

Mangerò *quando* **avrò fame.**   (I will eat when I'm hungry.)
Parlerò a Leo *appena* **arriverò.**   (I'll talk to Leo as soon as I arrive.)
Capirai *se* **studierai.**   (You will understand if you study.)

Note that the verbs **capire, finire, preferire,** and **uscire** form the future exactly like any other **-ire** verbs (**dormire, sentire,** etc.).

EXERCISES

A. Change the verbs in the following sentences to the future.

Example: Noi arriviamo a casa all'una. **Noi *arriveremo* a casa all'una.**

1. Io domando una cosa a Giovanna. *domanderò*
2. Loro sono sulla spiaggia. *saranno*
3. Lei offre un caffè agli amici. *offrirà*
4. A chi scrivi? *scriverai*
5. Quando esce la mamma? *uscirà*
6. Loro salutano il professore. *saluteranno*
7. Capisce l'italiano Massimo? *capirà*
8. Quando finiscono di studiare Rosa e Giorgio? *finiranno*
9. A che ora parte l'autobus? *partirà*
10. Non ricordo tuo fratello. *ricorderò*
11. Noi riceviamo un pacco dagli Stati Uniti. *riceveremo*
12. Quanto spendi oggi? *spenderai*
13. Chi incontra Edoardo alla stazione? *incontrerà*
14. Che libro desiderano i ragazzi? *desidereranno*

15. La mamma preferisce stare a casa. *preferirà*
16. Voi non dormite molto bene. *dormirete*
17. Tu leggi troppi libri scientifici! *leggerai*
18. A che ora guardate il film? *guarderete*
19. Noi finiamo di mangiare alle otto. *finiremo*
20. I signori Roberts visitano l'Italia per la prima volta.
    visiteranno

(Answers, p. 227)

B. Translate the following sentences.

1. When he arrives in France, he will visit many French cities.
2. Carlo, if you are good, you will receive a beautiful book from your uncle.
3. As soon as they enter the hotel, they will talk to the receptionist.
4. I will go out when he leaves.
5. As soon as they meet their friends downtown, they will take the bus in order to go to Pisa.

(Answers, p. 228)

Quando arriverà in Francia, visiterà molte città francesi

Carlo, se sarai buono riceverai un bel libro da tuo zio.

appena entreranno nell'albergo, parleranno al portiere.

uscirò quando lui partirà.

appena incontreranno i loro amici in centro, prenderanno l'autobus per andare a Pisa.

Review Lesson One

A. Give the plural forms of the following nouns with the appropriate definite article.

Example: ristorante = **i ristoranti**

1. sport *gli sport*
2. patata *le patate*
3. spumante *gli spumanti*
4. espresso *gli espressi*
5. insalata *le insalate*
6. orologio *gli orologi*
7. bagno *i bagni*
8. faccia *le facce*
9. virtù *la virtù*
10. cuoco *i cuoci*
11. viaggio *i viaggi*
12. bagno *i bagni*
13. barca *le barce*
14. stagione *le stagione*
15. arancia *le arancie*
16. pioggia *le pioggie*
17. zio *gli zii*
18. portiere *i portieri*
19. tabaccaio *i tabaccai*
20. albergo *gli alberghi*

B. Change the following words from the plural to the singular.

Example: gli amici francesi = **l'amico francese**

1. i caffè freddi *il caffè freddo*
2. gli studenti greci *L' studente greco*
3. i monaci cattolici *il monaco cattolico*
4. i bar italiani *il bar italiano*
5. i bambini magri *il bambino magro*
6. le verdure fresche *La verdura fresca*
7. le stazioni ferroviarie
8. gli anni difficili
9. i formaggi francesi
10. quegli stadi
11. i buoni dolci
12. quei numeri
13. quelle banche
14. le belle città
15. gli ultimi piani
16. quelle bottiglie
17. i libri scientifici
18. le ciliegie rosse
19. i dialoghi interessanti
20. i parchi pubblici

C. Give the present and future forms of the following verbs.

1. offrire (**tu, Alberto, loro**)
2. capire (**io, Lei, voi**)
3. spendere (**lui, noi, voi**)
4. aprire (**tu, Lei, Loro**)
5. essere (**io, noi, loro**)
6. aiutare (**tu, voi, Luigi e Antonio**)
7. avere (**io, tu, Lei**)
8. conoscere (**tu, noi, loro**)
9. finire (**io, Lei, voi**)
10. dormire (**io, noi, Loro**)
11. ricevere (**tu, voi, noi**)
12. sentire (**lui, loro, io**)

D. Change the following sentences from the singular to the plural.

Example: Studio la lezione con lui. = **Studiamo le lezioni con loro.**

1. Questa camicia è sporca e grande.
2. Non parlo con te, parlo con lui!
3. Quello studente scrive l'esercizio sul quaderno.
4. Tu non puoi comprare quella borsa; costa troppo!
5. Io esco a mezzogiorno e vado in centro con mia cugina.
6. Tu dai il biglietto a Carlo e la valigia a Luigi.
7. Ecco una bell'automobile rossa!
8. Qui c'è il vostro amico tedesco.
9. Al ristorante io ordino il pranzo e pago il cameriere.
10. Lui apre la porta della camera con la chiave.

E. Complete the following sentences with the appropriate prepositions.

1. Questo rapido parte _____ Venezia e arriva _____ Bologna nel primo pomeriggio.
2. Noi andiamo _____ stazione alle dieci.
3. Loro abitano _____ quella casa _____ Via Verdi.
4. Dov'è Boston? Boston è _____ Stati Uniti.
5. Prendo un caffè _____ bar.
6. Quando vieni _____ centro con noi?
7. Dov'è oggi tuo padre? Lui è _____ dottore; non sta bene.
8. Gianna arriva _____ casa _____ sei e mezzo di sera.
9. Di dove sono i tuoi cugini? Loro sono _____ Parma.
10. Lui viaggia sempre _____ autobus.

F. Give the present or the future as appropriate for the verbs in parentheses.

1. Oggi Paolo (**volere**) _____ incontrare Maria in Piazza Fontana.
2. Fra una settimana noi (**partire**) _____ per l'Italia e (**visitare**) _____ molte città.
3. Stamattina Riccardo (**aspettare**) _____ degli amici.
4. Io (**mangiare**) _____ quando avrò fame.
5. Fra tre mesi noi (**essere**) _____ a New York e (**conoscere**) i vostri parenti americani.

G. Give the Italian equivalent of the following sentences.

1. What are you doing, Carla? I am waiting for my father-in-law.
2. She arrives here at 7:30 A.M. and goes home at 4:45 P.M.

3. To go to Brindisi with the **rapido** you (fam.pl.) must buy a first-class ticket.

4. In that hotel there are a few vacant rooms. The hotel's name is *Bellosguardo*.

5. As soon as they arrive home, they will open all their suitcases.

6. This afternoon she can't go to the beach.

7. Who is coming to the movies with us?

8. A good dinner in that restaurant costs 48,000 lira.

H. Read the following story; then answer the questions in Italian.

Sergio e Maria Albertini hanno tre figli; un ragazzo, Antonio, e due bambine, Rosa di otto anni e Angela di sei anni. La famiglia Albertini abita a Roma in una vecchia casa del centro. Il signor Albertini ha un bar molto grande vicino all'Università. Molti professori e studenti vanno nel suo bar a prendere un espresso, un cappuccino o a mangiare una pasta dopo le lezioni. Sergio conosce bene l'inglese e il francese e così può parlare anche con gli studenti non italiani. Maria aiuta il marito al bar quando i loro figlioli sono in classe o sono dai nonni. Tutte le domeniche gli Albertini, genitori e figli, vanno a mangiare in un buon ristorante fuori Roma. Sergio ha due automobili, una nuova e una vecchia. Quando lui esce con la famiglia prende sempre l'automobile nuova. Nella famiglia Albertini, la domenica tutti hanno fame!

1. Quanti figli hanno i signori Albertini?

2. Chi è Rosa e quanti anni ha?

3. Dove abita la famiglia Albertini?

4. Dov'è il bar del signor Albertini?

5. Cosa vanno a fare nel bar di Sergio gli studenti e i professori?

6. Il signor Albertini parla spagnolo?

7. Chi aiuta Sergio nel bar?

8. Cosa fa la domenica la famiglia Albertini?

(Answers, pp. 228–229)

A FARE LA SPESA

Grocery Shopping

WORDS TO REMEMBER

l'aglio	garlic	il paio	pair, couple
l'auto	car, auto	il pane	bread
la bistecca di manzo	beefsteak	il panorama	panorama
		il papa	pope
il burro	butter	la pera	pear
la carne	meat	il pilota	pilot
la carne tritata	ground meat	il poeta	poet
ciascuno, a	each	il prezzemolo	parsley
il cinema	cinema, movie theatre	il problema	problem
il chilo[grammo]	kilogram	la radio	radio
il clima	climate	il re	king
il dramma	drama	i rigatoni	type of pasta
l'etto	100 grams	il sole	sun
il fornaio	baker	il supermercato	supermarket
fresco, a	fresh	le tagliatelle	type of pasta
il fruttivendolo	greengrocer	il telegramma	telegram
il grammo	gram	il tema	theme, composition
il latte	milk	il tipo	type, kind
le linguine	type of pasta	l'uomo	man
il macellaio	butcher	l'uovo	egg
la mela	apple	il vaglia	money order
la moglie	wife	lo zucchini	zucchino (squash)
la moto	motorcycle	passare (da)	to pass, go by
l'olio d'oliva	olive oil	pesare	to weigh

altro?	anything else?	**non. . .ancora**	not. . .yet
due volte al mese	twice a month	**non. . .mai**	not. . .ever, never
fare la spesa	to do grocery shopping	**non. . .più**	not anymore, no longer
nessuno	no one	**non. . .né. . .né**	neither. . .nor
non. . .nessuno	not. . .anyone	**non. . .neanche**	not. . .even
nessuno, a	no, not. . .any	**non. . .nemmeno**	not. . .even
niente, nulla	nothing,	**non. . .neppure**	not. . .even
non. . .niente	not. . .anything	**sempre**	always
non. . .affatto	not at all		

DIALOGO   *A fare la spesa*

Quando la signora Venturi va a fare la spesa, passa sempre dal macellaio, dal fornaio e dal fruttivendolo. Due volte al mese va anche al supermercato per comprare il latte, il burro, dell'olio d'oliva e alcune uova.

Dal macellaio

Signora Venturi	Vorrei due bistecche di manzo.
Macellaio	Vanno bene queste?
Signora Venturi	Sì, quanto pesano?
Macellaio	Trecento grammi ciascuna.
Signora Venturi	Va bene così.
Macellaio	Altro?
Signora Venturi	Sì, seicento grammi di carne tritata.

Dal fornaio

Fornaio	Quanto pane vuole, signora?
Signora Venturi	Oggi non voglio pane, solo mezzo chilo di pasta.
Fornaio	Che tipo di pasta? Spaghetti, rigatoni, linguine?
Signora Venturi	Tagliatelle all'uovo, per favore.

Dal fruttivendolo

Fruttivendolo	Signora, guardi che bella frutta!
Signora Venturi	Sì, è proprio bella! Prendo un chilo di mele e mezzo chilo di pere.
Fruttivendolo	Vuole anche della verdura fresca?
Signora Venturi	Sì, degli zucchini, un po' di prezzemolo e. . .anche dell'aglio.

Dialog   *Grocery shopping*

When Mrs. Venturi goes grocery shopping, she always goes to the butcher's, to the baker's, and to the greengrocer's. Twice a month, she also goes to the supermarket to buy milk, butter, some olive oil, and a few eggs.

At the butcher's

Mrs. Venturi	I would like two beefsteaks.
Butcher	Are these all right?
Mrs. Venturi	Yes, how much do they weigh?
Butcher	300 grams each.
Mrs. Venturi	That's fine.
Butcher	Anything else?
Mrs. Venturi	Yes, 600 grams of ground meat.

At the baker's

Baker	How much bread do you want, ma'am?
Mrs. Venturi	I don't want any bread today, only half a kilo of pasta.
Baker	What kind of pasta? Spaghetti, rigatoni, linguine?
Mrs. Venturi	Egg noodles, please.

At the greengrocer's

Greengrocer	Ma'am, look what beautiful fruit!
Mrs. Venturi	Yes, it's really beautiful! I'll take a kilo of apples and half a kilo of pears.
Greengrocer	Do you also want some fresh vegetables?
Mrs. Venturi	Yes, some zucchini, a bit of parsley, and. . .some garlic.

EXERCISES

A. Complete the sentences based on the dialog, choosing the correct answer from those provided in parentheses.

1. Dove va la signora Venturi per comprare della carne? (dal fornaio—dal fruttivendolo—dal macellaio)

2. Quante volte fa la spesa la signora Venturi? (tutti i giorni—due volte al mese—solo il sabato)

3. Cosa compra al supermercato la signora Venturi? (della carne tritata—del pane—del burro e delle uova)

4. Dal macellaio lei compra due bistecche. Quanto pesano ciascuna? (un chilo—trecento grammi—due etti).

5. Quale verdura compra dal fruttivendolo? (qualche patata—un po' d'insalata verde—degli zucchini)

6. Che tipo di frutta vuole la signora Venturi? (delle mele e delle pere—delle ciliegie—delle arance).

(Answers, p. 229)

B. Read the following questions based on the passage, give their English equivalent, and then answer them in Italian.

Adriana Arnoldi, una giovane signora di ventitrè anni, abita con il marito al terzo piano di una bella casa in Via Vincenzo Bellini a Firenze. Tutti i martedì lei va a fare la spesa nel grande supermercato vicino a casa sua. Comincia alle dieci e mezzo e finisce a mezzogiorno. Al supermercato Adriana Arnoldi compra della carne tritata, dodici uova, tre etti di burro, un litro di latte, un chilo di spaghetti, e della verdura fresca. Qualche volta compra anche dell'acqua minerale e una bottiglia di vino rosso.

1. Quanti anni ha Adriana Arnoldi?
2. La signora Arnoldi abita a Milano in Via Mazzini?
3. In quale giorno della settimana lei va a fare la spesa?
4. Dov'è il supermercato, in centro?
5. Quante uova compra Adriana Arnoldi?
6. A che ora finisce di fare la spesa?
7. Che tipo di vino compra?

(Answers, p. 230)

GRAMMAR I   Plural of Some Nouns

1. Several masculine nouns end in the singular in **a**. They form the plural by replacing **a** with **i**.

il clima	i climi	climate
il dramma	i drammi	drama
il panorama	i panorami	panorama
il papa	i papi	pope
il pilota	i piloti	pilot
il poeta	i poeti	poet
il problema	i problemi	problem
il telegramma	i telegrammi	telegram
il tema	i temi	theme, composition

Note that a few nouns ending in the singular in **a** remain unchanged in the plural.

il cinema	i cinema	cinema, movie theatre
il vaglia	i vaglia	money order

2. Some feminine nouns end in **o** in the singular. Most of these nouns remain unchanged in the plural.

l'auto	le auto	auto, car
la moto	le moto	motorcycle
la radio	le radio	radio

Remember that the plural of **la mano** (hand) is **le mani**.

3. Memorize the plural forms of the following nouns. Note that some nouns are masculine in the singular and feminine in the plural.

la moglie	le mogli	wife
il paio (m.)	le paia (f.)	pair, couple
il re	i re	king
l'uomo	gli uomini	man
l'uovo (m.)	le uova (f.)	egg

EXERCISES

A. Give the plural of the following phrases.

1. il dramma politico   *i drammi politici*
2. il poeta cattolico   *i poeti cattolici*
3. la ciliegia rossa   *le ciliegie rosse*
4. il vecchio papa   *i vecchi papi*
5. il bell'albergo   *i begli alberghi*
6. il problema difficile   *i problemi difficili*
7. l'auto italiana   *le auto italiane*
8. il pilota biondo   *i piloti biondi*
9. la grande valigia   *le grandi valigie*
10. il cinema francese   *i cinema francesi*
11. l'uomo gentile   *le uomini gentili*
12. il piccolo lago   *i piccoli laghi*
13. la moglie magra   *le mogli magre*
14. l'altro re   *gli altri re*
15. l'uovo fresco.   *le uova fresche*

(Answers, p. 230)

B. Translate into Italian.

1. We see a beautiful panorama.   *Vediamo un bel panorama.*
2. My cousins receive three money orders.   *I miei cugini ricevono tre vaglia.*
3. This is an excellent climate!   *Questo è un clima eccellente!*
4. I want to buy a new Japanese motorcycle.   *Voglio comprare una nuova moto giapponese.*
5. Marta is writing another composition.   *Marta è scrive un alto tema.*
6. We don't understand his telegram.   *Non capiamo il suo telegramma.*
7. He arrives here in a couple of months.   *Lui arriva qui fra due mesi.*
8. Giorgio is buying too many eggs.   *Giorgio compra troppe uova*
9. Those radios are very small.   *Quelle radio sono molto piccole*
10. My grandfather's hands are very strong.

Le mani di mio nonno sono molto forti.

(Answers, p. 230)

GRAMMAR II   Personal Pronouns after a Preposition or a Verb

The personal object pronouns shown below are used with a preposition or after a verb. When they follow a verb, they are normally used for emphasis or contrast.

Singular		Plural	
me	me	**noi**	us
te	you (fam. sing.)	**voi**	you(fam. pl.)
lui	him	**loro**	them
lei	her	**Loro**	you (form. pl.)
Lei	you (form. sing.)		

Examples

Chi va in centro con *me?*	Who is going downtown with me?
Lisa compra un libro per *loro.*	Lisa is buying a book for them.
Vedo *lui*, ma non vedo *lei*.	I see him, but I don't see her.
Che cosa posso fare per *Lei?*	What can I do for you?

EXERCISE

Complete the following sentences, translating the words in parentheses.

1. Il pilota viene qui per (*you*, fam. pl.) ___voi___ , non per (*us*)
   ___noi___ .

2. Mario porta un telegramma a (*him*) ___lui___ e una lettera a (*her*)
   ___lei___ .

3. Dove volete andare con (*them*) ___loro___ ?

4. I nonni visitano tua sorella sabato e visitano (*you*, fam. sing.)
   ___te___ domenica.

(Answers, p. 230)

GRAMMAR III   Direct Object Pronouns

Direct object pronouns replace a noun or a noun phrase and are always used in conjunction with a verb. These pronouns can not be used after a preposition.

Subject Pronouns	Direct Object Pronouns	English Equivalent
io	*mi*	me
tu	*ti*	you (fam. sing.)
lui, esso	*lo*	him, it (m.)
lei, essa	*la*	her, it (f.)
Lei	*La*	you (form. sing.)
noi	*ci*	us
voi	*vi*	you (fam. pl.)

loro, essi	*li*	them (m.)
loro, esse	*le*	them (f.)
Loro (m.)	*Li*	you (form. pl. m.)
Loro (f.)	*Le*	you (form. pl. f.)

EXERCISE

Substitute the appropriate direct object pronouns for the words listed below; also give the English equivalents.

Example: l'automobile = **la** [it f.]; Loro, signorine = **Le** [you form. pl.];
tu e io = **ci** [us]

1. i problemi *li – those*
2. il papa *lo*
3. le uova *lo*
4. noi *ci*
5. la radio *la*
6. io *mi – me*
7. il nonno *lo*
8. gli stadi *li – stadium*
9. voi *vi – you*
10. Lei *La – you*

11. le mie zie *le*
12. Anna e Luisa *le*
13. Loro, signori Rossi *Li*
14. lui *lo – him*
15. tu *ti – you*
16. i pacchi *li – package*
17. la mano *la – hand*
18. le mogli *le – wife*
19. io e lui *ci*
20. lei *la – her*

(Answers, p. 230)

Position of the Direct Object Pronoun in a Sentence

1. The direct object pronoun precedes a verb conjugated in a tense of the indicative.

   Mario legge il libro. = **Mario *lo* legge.**
   Conosco quelle ragazze. = ***Le* conosco.**
   Lui incontra noi alle tre. = **Lui *ci* incontra alle tre.**

2. When a direct object pronoun is used as the object of an infinitive, it follows the infinitive and is attached to it. Before the pronoun is added, the final **e** of the verb is dropped.

   Vado a comprare l'olio d'oliva. = **Vado a comprar*lo*.**
   Lei desidera vedere le sue amiche. = **Lei desidera veder*le*.**
   Voi venite a visitare me e lei. = **Voi venite a visitar*ci*.**

3. When the infinitive follows an objective form of **dovere, potere,** and **volere**, the direct object pronoun either precedes these verbs or is attached to the infinitive. Both forms are correct and equally used.

   Vuoi pesare quel pacco? = **Vuoi pesar*lo*? *Lo* vuoi pesare?**
   Posso capire Giovanna! = **Posso capir*la*. *La* posso capire.**
   Devo vedere Lei! = **Devo veder*La*! *La* devo vedere!**

Note the following points:

1. When used in a negative sentence, the direct object pronoun always follows the word **non**.

   Piero non mangia la frutta. = **Piero non *la* mangia.**

2. The direct object pronoun is always attached to the word **ecco** (here is, here are).

   Ecco la mia vecchia zia! = **Ẹcco*la*!**
   Ecco gli zucchini! = **Ẹcco*li*!**

3. The direct object pronouns **lo, la**, and **La** normally become **l'/L'** before a verb beginning with a vowel or before the forms **ho, hai, ha**, and **hanno** of **avere**.

   Chi aiuta la mamma? = **Chi *l'*aiuta?**
   Hanno loro il mio quaderno? = ***L'*hanno loro?**

✳EXERCISES

A. Substitute the appropriate direct object pronouns for the words in italics.

   Example: Lui guarda *quel film italiano.* = ***Lui lo guarda.***

1. Preferisco *la bistecca di manzo.*
2. Alberto saluta *quel poeta.*
3. Non posso mangiare *l'aglio.*
4. Mangio *le linguine* tutti i sabati.
5. Chi vuole spiegare *quei problemi*?
6. Ecco la mia *nuova auto*!
7. Non vogliamo sentire *la radio.*
8. Incontriamo *Marisa* dal fornaio.
9. Vanno a comprare *le pere* in centro.
10. Conosco bene *te e loro.*
11. Dove aspettate *Roberto e Rita*?
12. Quando posso vedere *Lei, signor Righi*?
13. Non desideriamo pagare *il loro pranzo.*
14. Finalmente ecco *il sole*!

(Answers, pp. 230–231)

✳B. Answer the questions, positively or negatively as indicated, using the appropriate direct object pronouns.

   Example: Mamma, compri **la carne tritata** al supermercato? = **Sì, *la* compro al supermercato.**

1. Riccardo, fai **la spesa** ora? No, _____.
2. Professore, capisce **quello studente americano**? Sì, _____.

3. Scusi, signora, conosce **i miei parenti canadesi**? Sì, _____ .

4. Mamma, possiamo lęggere **il telegramma del babbo**? No, _____ .

5. Ragazzi, volete prendere **il cappuccino** al bar? Sì, _____ .

(Answers, p. 231)

C. Translate the following sentences.

1. They always greet me when they see me.

2. This afternoon Mirella is studying her lesson, but tomorrow she will not remember it very well.

3. Sometimes he sees us at the greengrocer's.

4. May I help you, Miss Belli?

5. Where are her children? Here they are!

(Answers, p. 231)

GRAMMAR IV   Future Indicative of Verbs Ending in care and gare and in ciare and giare

Dimenticare	**Pagare**
dimenti*cherò* (I will forget)	**pa*gherò*** (I will pay)
dimenti*cherai*	**pa*gherai***
dimenti*cherà*	**pa*gherà***
dimenti*cheremo*	**pa*gheremo***
dimenti*cherete*	**pa*gherete***
dimenti*cheranno*	**pa*gheranno***

Verbs ending in the infinitive in **ciare** and **giare** drop the final **e** of the stem before adding the future endings.

Comin*ciare*	**Via*ggiare***
comin*cerò* (I will begin, start)	**via*ggerò*** (I will travel)
comin*cerai*	**via*ggerai***
comin*cerà*	**via*ggerà***
comin*ceremo*	**via*ggeremo***
comin*cerete*	**via*ggerete***
comin*ceranno*	**via*ggeranno***

EXERCISE

Give the future indicative of the verbs listed below.

1. (**dimenticare**) Loro _dimenticheranno_ _____ il latte al supermercato.

2. (**cercare**) Luisa _____ di stare a casa oggi.

3. (**cominciare**) Quando _____ la primavera?

4. (**pesare**) Il macellaio _____ le bistecche.

5. (**festeggiare**) I miei nonni _____ il loro compleanno.

6. (**spiegare**) Noi _____ il film agli amici.

7. (**passare**) Quando _____ per Firenze il rapido?

8. (**pagare**) Chi _____ il pranzo al ristorante?

9. (**dormire**) Sebastiano, in quale albergo _____ quando sarai in Italia?

10. (**viaggiare**) Angela e Massimo _____ in aeroplano.

11. (**ricevere**) Questa settimana tu _____ un telegramma dagli Stati Uniti.

12. (**mangiare**) Il fornaio e il fruttivẹndolo _____ nel ristorante vicino alla stazione.

(Answers, p. 231)

GRAMMAR V Niente, nulla, nessuno, and Other Negative Expressions

1. The pronouns **niente** and **nulla** (nothing, not...anything) are invariable and are used only in the singular. They can begin a sentence or come after **non** and the verb.

    Giorgio non fa *niente/nulla*, ma è sempre stanco.
    (George doesn't do anything, but he is always tired.)

    Che cosa volete? *Niente/nulla*, **grazie!**
    (What do you want? Nothing, thank you!)

2. The word **nessuno** may be used as a pronoun or as an adjective, and it is always singular.

    a. As a pronoun, **nessuno** (no one, not...anyone) is invariable and is almost always used in reference to people.

In classe non c'è *nessuno*.	There is no one in class.
***Nessuno* mi capisce!**	No one understands me!

    b. As an adjective, **nessuno, a** (no, not...any) always precedes a singular noun, agreeing with it in gender. It has the same endings of the indefinite article **un, un', uno,** and **una.** It may begin a sentence or come after **non** and the verb.

Non voglio *nessun* biglietto.	I don't want any ticket.
Non c'è *nessuna* camera libera.	There are no vacant rooms.
***Nessuno* sport è facile.**	No sport is easy.

3. Note the use and the meaning of the following negative expressions.

non + verb + **affatto**	not at all
non + verb + **ancora**	not yet
non + verb + **mai**	never, not...ever
non + verb + **più**	not...anymore, no longer
non + verb + **neanche/ nemmeno/neppure**	not even
non + verb + **né...né**	neither...nor

> Rita *non* è *affatto* gentile.　　Rita is not kind at all.
> Lui *non* dorme *ancora*　　He is not sleeping yet.
> *Non* vanno *mai* al cinema.　　They never go to the movies.
> Marco, *non* ti vedo *più!*　　Mark, I don't see you anymore
> *Non* ho *nemmeno* centro lire.　　I don't even have 100 lira.
>
> Quello studente *non* vuole *né* leggere *né* scrivere.
> That student wants neither to read nor to write.

EXERCISES

A. Rewrite in the negative, substituting *sempre* with *affatto, ancora, mai,* or *più* as indicated.

Example: (**non...ancora**) Io leggo sempre. = **Io non leggo ancora.**

1. (**non...mai**) Noi viaggiamo sempre in autobus.

2. (**non...ancora**) Giovanni è sempre a casa sua.

3. (**non...più**) Voi avete sempre molti problemi.

4. (**non...affatto**) Il dottore spiega sempre tutto.

5. (**non...più**) La mamma fa sempre la spesa dal macellaio.

6. (**non...mai**) Lei viene sempre da me la domenica.

(Answers, p. 231)

B. Translate the following sentences.

1. No problem is too difficult for him!

2. That great poet is not at all rich.

3. In this city there are no large hotels.

4. We don't want to buy any English books.

5. No one can go out tonight.

6. I don't have anything, and I want nothing!

7. We are going neither to Bologna nor to Venice.

8. She is not a very kind girl; she doesn't even help her mother!

9. They no longer talk with us.

10. That baker never makes much bread.

(Answers, pp. 231–232)

GRAMMAR VI　Future Indicative of the Stem-Changing Verbs **dare, andare, fare, stare,** and **dovere, potere, volere.**

Dare	Andare	Fare	Stare
darò	andrò	farò	starò
(I will give)	(I will go)	(I will do, make)	(I will stay)
darai	andrai	farai	starai
darà	andrà	farà	starà
daremo	andremo	faremo	staremo
darate	andrete	farete	starete
daranno	andranno	faranno	staranno

Dovere	Potere	Volere
dovrò	**potrò**	**vorrò**
(I will have to)	(I will be able to)	(I will want to)
dovrai	**potrai**	**vorrai**
dovrà	**potrà**	**vorrà**
dovremo	**potremo**	**vorremo**
dovrete	**potrete**	**vorrete**
dovranno	**potranno**	**vorranno**

EXERCISE

Change the verbs to the future tense in the following sentences.

1. Il macellaio dà tre bistecche a Margherita.
2. Chi va all'università in auto?
3. Noi dobbiamo partire alle ventidue.
4. Nessuno può domandare mai nulla a quel pilota!
5. Loro stanno in Via Bellosguardo.
6. A che ora andate a fare la spesa?
7. Che cosa fanno sabato i vostri genitori?
8. Tu e lei volete sapere troppe cose.
9. A chi diamo questa bottiglia d'olio d'oliva?
10. Tu non devi dire nulla a nessuno!
11. Se vogliono, loro possono partire con l'autobus.
12. Io sto bene se mangio poca carne.
13. Io faccio i rigatoni al pomodoro.
14. Gli studenti vogliono festeggiare il compleanno del professore.
15. Da chi stai quando vai a visitare i tuoi parenti canadesi?

(Answers, p. 232)

IN UNA BANCA DI FIRENZE

In a Florentine Bank

WORDS TO REMEMBER

l'artista	artist	scorso, a	last
l'assegno	check	bere	to drink
l'assegno per viaggiatori	traveler's check	cambiare	to change
		chiudere	to close
l'autista	driver	dire	to say, tell
il cambio	exchange	firmare	to sign
il cassiere	cashier	incassare	to cash, take in (money)
il denaro	money		
il dollaro	dollar	lavorare	to work
la domanda	question	mettere	to put, place
la, il farmacista	pharmacist	nascere	to be born
il giornale	newspaper	rimanere	to remain
la, il giornalista	journalist	rispondere	to answer
l'impiegato di banca	bank clerk	ritirare	to collect, pick up, withdraw
la lettera	letter	ritornare	to return
la lingua	language, tongue	spedire	to mail, ship, send
la medicina	medicine		
il paese	country, town	tenere	to keep, hold
la, il pianista	pianist	vendere	to sell
la posta	mail	adesso	now
il postino	mailman	ancora	yet, still
prossimo, a	next	com'è	how is it? (he, she)

da poco tempo	for a short time	perché	why?
da molto tempo	for a long time	perché	because
da quanto tempo?	how long?	più	more
fa	ago	più alto	higher
già	already	pochi giorni fa	a few days ago
ieri	yesterday	solamente	only
Le piace?	Do you like? (form. s.)	specialmente	especially

Note that the verb **spedire** forms the present indicative exactly as **capire** and **finire** do.

DIALOGO *In una banca di Firenze*

Signorina Parker	Vorrei incassare degli assegni per viaggiatori. Com'è il cambio del dollaro oggi?
Impiegato di banca	Buono, più alto della settimana scorsa. Quanto vuole cambiare?
Signorina Parker	Trecento dollari. Ecco il mio passaporto.
Impiegato di banca	Deve firmare gli assegni, per favore.
Signorina Parker	Certo.
Impiegato di banca	Quando è arrivata a Firenze?
Signorina Parker	Pochi giorni fa.
Impiegato di banca	Ma Lei parla molto bene l'italiano! Dove l'ha imparato?
Signorina Parker	Negli Stati Uniti. . .all'università.
Impiegato di banca	E da quanto tempo è in Italia?
Signorina Parker	Da due settimane solamente.
Impiegato di banca	Le piace il nostro paese?
Signorina Parker	Molto, specialmente Firenze. Una domanda, per favore. Aprono domani le banche?
Impiegato di banca	No, il sabato tutte le banche sono chiuse. Signorina, adesso può passare dal cassiere per ritirare il suo denaro.
Signorina Parker	Grazie mille e arrivederLa.

Dialog *In a Florentine bank*

Miss Parker	I would like to cash some traveler's checks. How's today's exchange rate for the dollar?
Bank Clerk	It's good; better than last week. How much do you wish to change?
Miss Parker	Three hundred dollars. Here is my passport.
Bank Clerk	You must sign the checks, please.
Miss Parker	Certainly.
Bank Clerk	When did you arrive in Florence?

Miss Parker	A few days ago.
Bank Clerk	But you speak Italian very well! Where did you learn it?
Miss Parker	In the United States. . .at the university.
Bank Clerk	And how long have you been in Italy?
Miss Parker	For two weeks only.
Bank Clerk	Do you like our country?
Miss Parker	A lot, Florence especially. A question, please. Do banks open tomorrow?
Bank Clerk	No, on Saturday all banks are closed. Now, miss, you can pass by the cashier to collect your money.
Miss Parker	Thank you very much and goodbye.

EXERCISES

A. Read the following statements on the content of the dialog; then check the true or false blank.

	T	F
1. La signorina Parker è arrivata a Firenze due mesi fa.	＿＿	＿＿
2. Lei va in una banca per incassare un vaglia.	＿＿	＿＿
3. Per incassare degli assegni è necessario firmarli.	＿＿	＿＿
4. Quando lei entra in banca, il cambio del dollaro è buono.	＿＿	＿＿
5. In Italia le banche aprono anche il sabato.	＿＿	＿＿
6. La signorina Parker vuole cambiare solamente cento dollari.	＿＿	＿＿
7. Per ritirare il suo denaro lei deve andare dal cassiere.	＿＿	＿＿
8. La signorina Parker parla molto bene l'italiano perché è in Italia da due anni.	＿＿	＿＿

(Answers, p. 232)

B. Complete the sentences, filling in the blanks with one of the words listed below.

dal fruttivendolo—alla stazione—in un bar—l'orologio—al cinema—un buon letto—una penna—la chiave—dal cassiere—il biglietto

1. Per bere un cappuccino è necessario entrare ＿＿＿＿＿＿ .
2. Per vedere un film è necessario andare ＿＿＿＿＿＿ .
3. Per dormire bene è necessario avere ＿＿＿＿＿＿ .
4. Per scrivere è necessario avere ＿＿＿＿＿＿ .
5. Per viaggiare con il treno è necessario comprare ＿＿＿＿＿＿ .
6. Per aprire la porta della camera è necessario avere ＿＿＿＿＿＿ .
7. Per ritirare del denaro in una banca è necessario passare ＿＿＿＿＿＿ .
8. Per comprare della frutta è necessario andare ＿＿＿＿＿＿ .
9. Per sapere che ore sono è necessario avere ＿＿＿＿＿＿ .

10. Per prendere il rapido è necessario andare ——————— .

(Answers, p. 232)

GRAMMAR I   Nouns ending in **ista**

Nouns ending in **ista** are both masculine and feminine in the singular.
Masculine nouns form the plural by replacing **ista** with **isti**; the plural of
feminine nouns is obtained by replacing **ista** with **iste**.

Singular		Plural	
l'artista	**gli artisti**	**le artiste**	artist
l'autista	**gli autisti**	**le autiste**	driver
il, la farmacista	**i farmacisti**	**le farmaciste**	pharmacist
il, la giornalista	**i giornalisti**	**le giornaliste**	journalist
il, la pianista	**i pianisti**	**le pianiste**	pianist
il, la violinista	**i violinisti**	**le violiniste**	violinist

---

EXERCISES

A. Change the following sentences to the plural.

1. Quel giornalista francese parla bene l'italiano.
2. L'impiegato dà l'assegno al cassiere.
3. Questa giovane violinista è molto brava.
4. Oggi la banca non apre.
5. Compro la medicina dal farmacista.
6. Il portiere dell'albergo è molto gentile.
7. Lo studente non risponde alla domanda del professore.
8. Il cameriere chiude il ristorante a mezzanotte.
9. L'auto di quella bell'autista è nuova.
10. Il postino mette il francobollo sulla lettera.
11. Il pianista legge il giornale.
12. La farmacia di questo piccolo paese non è molto grande.

(Answers, p. 232)

B. Translate the following sentences.

1. Why aren't you working now, Giuseppe?
2. Today I must sign all those letters.
3. How many languages does she speak?
4. On Saturday the mail arrives at 11 o'clock.
5. I don't remember the name of that violinist; but I know that she will be
   here tomorrow.
6. The doctor gives Marisa the medicine because she is not feeling well.
7. He wants to cash two traveler's checks.

8. That beautiful Japanese motorcycle costs a lot of money.

9. This is a very interesting country.

10. Today's exchange rate is excellent!

(Answers, p. 232)

GRAMMAR II Present Indicative of the Stem-Changing Verbs **bere, dire, rimanere, tenere** and Future Indicative of **sapere, vedere,** and **venire**

1. Present Indicative

Bere (to drink)	**Dire** (to say, tell)	**Rimanere** (to remain)	**Tenere** (to keep, hold)
bevo	dico	rimango	tengo
bevi	dici	rimani	tieni
beve	dice	rimane	tiene
beviamo	diciamo	rimaniamo	teniamo
bevete	dite	rimanete	tenete
bẹvono	dịcono	rimạngono	tẹngono

2. Future Indicative

Sapere (I will know)	**Vedere** (I will see)	**Venire** (I will come)
saprò	vedrò	verrò
saprai	vedrai	verrai
saprà	vedrà	verrà
sapremo	vedremo	verremo
saprete	vedrete	verrete
sapranno	vedranno	verranno

EXERCISES

A. Fill in the blanks with the correct form of the present indicative.

1. (**bere**) Tutti i giorni noi _____ dell'acqua minerale.

2. (**sapere**) Io _____ che lui abita in via Rossini.

3. (**spedire**) Giorgio _____ una lunga lẹttera alla sua amica Marietta.

4. (**dire**) Voi non _____ mai niente a nessuno.

5. (**vedere**) Chi _____ quel film tedesco?

6. (**rimanere**) Il postino oggi _____ a casa perché non sta bene.

7. (**lavorare**) Molti farmacisti _____ anche la domenica.

8. (**bere**) Io non _____ mai vino.

9. (**venire**) Lisetta _____ al supermercato con noi.

10. (**mettere**) Tu _____ sempre troppo zucchero nel caffè.

11. (**dire**) Il babbo _____ al figlio di studiare di più.

12. (**tenere**) I miei fratelli _____ la moto davanti all'università.

13. (**rimanere**) Gli studenti oggi _____ in classe dopo la lezione.

14. (**tenere**) Quel ricco signore _____ tutto il suo denaro in banca.

15. (**rispondere**) Tu non _____ mai alle lettere di tuo fratello.

16. (**ritornare**) Quella pianista _____ in questo paese fra sei settimane.

(Answers, p. 233)

B. Change the following verbs from the present to the future.

1. Domani loro sanno tutto.

2. Il fornaio fa il pane il prossimo martedì.

3. Chi vede la moglie del dottor Sebastiani?

4. Non possiamo andare in centro alle tre.

5. Il farmacista sa che tu non vieni con noi.

6. Voi tornate a casa in tassì.

7. Spediamo un pacco a Lucia la settimana prossima.

8. Finalmente vedete il dramma di quel giovane poeta.

9. Potete ritirare il denaro quando viene il cassiere.

10. La mamma dà un po' di pane a quel povero vecchio.

(Answers, p. 233)

GRAMMAR III   Formation and Use of the Past Participle

The past participle of **-are, -ere,** and **-ire** verbs is formed by adding the endings **ato, uto,** and **ito** to the stems of the infinitive.

Infinitive	Past Participle
pagare	**pag*ato***
potere	**pot*uto***
finire	**fin*ito***

Several verbs, however, have an irregular past participle. Some of these verbs (several of which have already been encountered in the preceding lessons) are:

Infinitive	Past Participle	
aprire	**aperto**	opened
bere	**bevuto**	drunk
dire	**detto**	said, told
chiudere	**chiuso**	closed
conoscere	**conosciuto**	known
essere	**stato**	been
fare	**fatto**	done, made
leggere	**letto**	read
mettere	**messo**	put, placed
nascere	**nato**	born

offrire	offerto	offered
prẹndere	preso	taken
rimanere	rimasto	remained
rispọndere	risposto	answered
scrịvere	scritto	written
spẹndere	speso	spent
vedere	visto	seen
venire	venuto	come

Note that **vedere** also has a regular past participial form: **veduto**.

The past participle is normally used with the auxiliary verbs **avere** and **essere** to form the **passato prossimo** and all other compound tenses. The past participle may be used also as an adjective; in such a case, it follows the noun it modifies, agreeing with it in gender and number.

Preferisco mangiare la carne *comprata* dal macellaio.
(I prefer to eat the meat bought at the butcher shop.)

Il libro d'inglese *letto* in classe è difficile.
(The English book read in class is difficult.)

EXERCISES

A. Give the past participle of the verbs listed below.

1. viaggiare _____
2. dovere _____
3. pagare _____
4. dare _____
5. avere _____
6. sentire _____
7. dormire _____
8. salutare _____
9. incontrare _____

10. uscire _____
11. partire _____
12. ritornare _____
13. potere _____
14. lavorare _____
15. stare _____
16. preferire _____
17. dire _____
18. capire _____

(Answers, p. 233)

B. Give the past participle of the verbs in parentheses, making all appropriate agreements.

1. (**conọscere**) Quella ragazza _____ da tutti si chiama Rosalba.

2. (**fare**) Non tutte le auto _____ all'ẹstero cọstano molto.

3. (**mangiare**) I dolci _____ da Piero non sono freschi.

4. (**ricẹvere**) Il telegramma _____ da Gina viene da New York.

5. (**scrịvere**) Il libro _____ da quel giornalista è molto lungo.

6. (**bere**) Sergio parla sempre degli eccellenti vini _____ in Francia e in Italia.

7. (**ordinare**) Ecco l'espresso _____ da te al bar!

8. (**spiegare**) Non capiamo la lezione _____ dal professore.

9. (**vedere**) Il film —————— alcuni giorni fa non è affatto bello.

10. (**offrire**) Il pranzo —————— da Sara è molto buono.

11. (**spedire**) Ecco la lettera —————— ieri!

12. (**incassare**) Questo è l'assegno —————— dalla signorina Parker.

(Answers, p. 233)

GRAMMAR IV **Passato Prossimo** of Transitive and Intransitive Verbs

The **passato prossimo** is a past tense used to express an action that was recently completed. It corresponds to the English *simple past, emphatic past,* and *present perfect.*

Io **ho studiato** la lezione.
(I studied / I did study / I have studied the lesson.)

Note that while English uses only *to have* to form the present perfect tense of both transitive and intransitive verbs, in the formation of the **passato prossimo** Italian uses **avere** and **essere**, respectively.

1. The **passato prossimo** of all transitive verbs is formed with the present indicative of **avere** plus the past participle of the verb.

Imparare	Mettere	Spedire
ho imparato	**ho messo**	**ho spedito**
(I have learned,	(I have put,	(I have mailed,
I learned, did learn)	I put, did put)	I mailed, did mail)
hai imparato	**hai messo**	**hai spedito**
ha imparato	**ha messo**	**ha spedito**
abbiamo imparato	**abbiamo messo**	**abbiamo spedito**
avete imparato	**avete messo**	**avete spedito**
hanno imparato	**hanno messo**	**hanno spedito**

Ieri sera *abbiamo mangiato* fuori.	We ate out last night.
Chi *ha spiegato* la lezione?	Who explained the lesson?
Cosa *avete detto* a Rosa?	What did you tell Rosa?

2. The **passato prossimo** of most intransitive verbs is formed with the present indicative of **essere** plus the past participle of the verb. The past participle must agree here in gender and number with the subject of the verb.

Remember that intransitive verbs do not require an object to complete their meaning. In Italian these verbs indicate motion or express a fact or a state of being.

The intransitive verbs encountered so far are: **andare, arrivare, entrare, nascere, rimanere, partire, ritornare, stare, uscire,** and **venire.** When the verb **passare** is followed by the preposition **da,** it is intransitive and requires **essere.**

Andare	Nascere	Partire
sono andato, a	sono nato, a	sono partito, a
(I want)	(I was born)	(I left)
sei andato, a	sei nato, a	sei partito, a
è andato, a	è nato, a	è partito, a
siamo andati, e	siamo nati, e	siamo partiti, e
siete andati, e	siete nati, e	siete partiti, e
sono andati, e	sono nati, e	sono partiti, e

Le mie amiche *sono andate* a Pisa.	My friend went to Pisa.
Maria *è nata* a Toronto.	Mary was born in Toronto.
Quei piloti *sono partiti* ieri.	Those pilots left yesterday.
Ieri lei *è passata* da casa mia.	Yesterday she passed by my house.

Note that the verbs **dormire, rispondere**, and **viaggiare**, though intransitive, are conjugated with **avere**.

Nessuno *ha risposto* alle mie domande.	No one answered my questions.
Voi non *avete dormito* ieri notte.	You did not sleep last night.
Grazia *ha viaggiato* in treno.	Grazia traveled by train.

When the **passato prossimo** is used in a negative sentence, the word **non** always precedes the conjugated forms of **avere** and **essere**.

Perché *non* hai letto il libro?	Why haven't you read the book?

The adverbs of time **ancora** (yet, still), **già** (already), **mai** (ever), and **sempre** (always) usually follow the verb. When used with compound tenses, however, they come between the auxiliary verb and the past participle.

La posta non è *ancora* arrivata.	The mail has not arrived yet.
Avete già mangiato voi?	Have you eaten already?

The **passato prossimo** of the auxiliary verbs **avere** and **essere** is:

Avere	Essere
ho avuto (I had, have had)	**sono stato, a** (I was, have been)
hai avuto	**sei stato, a**
ha avuto	**è stato, a**
abbiamo avuto	**siamo stati, e**
avete avuto	**siete stati, e**
hanno avuto	**sono stati, e**

La settimana scorsa abbiamo avuto molti amici a casa nostra.
(Last week we had many friends at our house.)

Giulia, con chi sei stata a Roma sei mesi fa.
(Giulia, with whom were you in Rome six months ago?)

EXERCISES

A. Change the infinitives listed below to the proper form of the *passato prossimo*.

1. dovere (**io, voi, loro**)
2. guardare (**tu, Lei, noi**)
3. preferire (**lei, noi, voi**)
4. mẹttere (**io, lui e lei, voi**)
5. sentire (**tu, Marco, io e loro**)
6. entrare (**Lei, lui, gli amici**)
7. firmare (**Loro, io, voi**)
8. stare (**la mamma, lui, le ragazze**)
9. avere (**io, Lei, Loro**)
10. festeggiare (**io, Loro, lui**)
11. chiụdere (**la banca, voi, i ristoranti**)
12. viaggiare (**tu, il rapido, noi**)
13. vedere (**io, lui, loro**)
14. dormire (**tu, Giorgio, voi**)
15. lẹggere (**il postino, io e Roberto, voi tutti**).

(Answers, p. 233)

B. Change the verbs in the following sentences according to the expressions of time given in parentheses.

Example: Oggi lei compra della frutta. (**Ieri**) = **Ieri lei ha comprato della frutta.**

1. Stamattina noi andiamo in Via Bellini. (**Ieri**) _____
2. Chi fa la spesa oggi? (**La settimana scorsa**) _____
3. Irma torna a casa adesso. (**Tre ore fa**) _____
4. Paghiamo il conto questo pomeriggio. (**Lunedi scorso**) _____
5. Voi prendete l'autobus domani. (**Ieri mattina**) _____
6. Il pianista oggi è a Roma. (**Un mese fa**) _____
7. Tu devi finire la lezione stasera. (**Ieri sera**) _____
8. Lei adesso offre un caffè a Paolo. (**Domenica scorsa**) _____
9. Lui e lei escono stasera. (**Tre giorni fa**) _____
10. Oggi voi spendete troppo. (**Ieri**) _____

(Answers, p. 234)

C. Change the verbs in parentheses to the proper forms of the *passato prossimo*.

1. Ieri sera Caterina (**rimanere**) in città e (**vedere**) un bel film.
2. Quando il babbo (**entrare**) in casa, (**chiụdere**) subito la porta.

3. Al ristorante noi (**mangiare**) una bistecca e (**bere**) del vino.

4. Il professore (**arrivare**) in classe e (**spiegare**) un'altra lezione.

5. Quando Gino (**tornare**) da Roma, lui (**incontrare**) la moglie alla stazione.

6. Mio fratello (**potere**) comprare una nuova moto perché l'anno scorso (**lavorare**) molto.

7. Il macellaio (**vendere**) molti chili di carne e così (**incassare**) molto denaro.

8. Quando loro (**capire**) la mia domanda, (**rispọndere**) subito.

9. L'autista (**passare**) dal bar e (**prẹndere**) un cappuccino e una pasta.

10. Ieri gli studenti non (**avere**) lezione e per questo (**rimanere**) a casa.

(Answers, p. 234)

GRAMMAR V Agreement of the Past Participle with Direct Object Pronouns

When a direct object pronoun precedes a verb conjugated in a past tense with **avare**, the past participle must agree in gender and number with the direct object pronoun.

Quando hai mangiato la bistecca?	**Quando _l'_hai mangiat_a_?**
Loro hanno comprato i giornali.	**Loro _li_ hanno comprat_i_.**
Luisa dice: "Tu, hai capito me?"	**Luisa dice: "Tu, _mi_ hai capit_a_?"**

EXERCISES

A. For the words in italics substitute the appropriate direct object pronouns and change the gender and number of the past participle accordingly.

Example: Abbiamo imparato *la lezione.* **L'abbiamo imparata.**

1. Gli studenti hanno finito *le lezioni* in classe.

2. Tu hai dimenticato *il mio compleanno.*

3. Il farmacista ha dato *la medicina* al portiere dell'albergo.

4. Abbiamo incassato *i tuoi assegni* in banca.

5. Perché non avete ancora spedito *quel pacco*?

6. La mamma oggi ha tenuto *i figlioli* in casa.

7. Chi ha conosciuto *quella brava pianista tedesca*?

8. Giuseppe ha già venduto *la sua automobile rossa.*

(Answers, p. 234)

B. Translate the words in parentheses.

1. Marianna dice: "(*They saw me*) _____ al cinema con lui ieri sera."

2. Roberto, (*we greeted you*) _____ , ma tu non hai detto nulla!

3. (*We met you* fam.pl.) _____ l'anno scorso allo stadio.

4. Tutti i nostri amici (*have forgotten us*) _____ .

(Answers, p. 234)

GRAMMAR VI   Idiomatic Use of the Present Indicative with the Preposition **da**

To express an action that was begun in the past and still continues into the present, English uses the present perfect with the preposition *for*. Italian instead renders this construction with the present indicative followed by the preposition **da**.

English	Italian
He has been living here for a month.	**Lui *abita* qui *da* un mese.**
They have been talking for three hours.	***Parlano da* tre ore.**

The expressions **da poco tempo, da molto tempo,** and **da quanto tempo** mean, respectively, *for a short time, for a long time,* and *how long.*

***Da quanto tempo* lavori?**	How long have you been working?
Aspetto *da molto tempo*.	I have been waiting for a long time.

EXERCISE

Translate the following sentences.

1. My daughter has been sleeping for ten hours.
2. Mario, how long have you been reading that newspaper?
3. I have been waiting for the mail for two hours.
4. What did Albert say when he saw her?
5. The mayor has been talking for a long time.
6. How many Spanish cities did you (pl.) visit last year?
7. We have been working in Mr. Porta's restaurant for six years.
8. Our granddaughter was born in Parma on February 25.

(Answers, p. 234)

UNA VISITA MEDICA

A Medical Examination

WORDS TO REMEMBER

i baffi (pl.)	moustache	**la camicetta**	blouse
la barba	beard	**il cappello**	hat
la bocca	mouth	**il cappotto**	(over)coat
il capo	head, boss	**la cravatta**	tie
il capello	hair	**il chilometro**	kilometer
il corpo	body	**il dolore**	pain, grief
la gamba	leg	**l'esame**	examination, exam
il naso	nose	**la giacca**	coat, jacket
l'occhio	eye	**la gonna**	skirt
(pl. **gli occhi**)		**il mal di testa**	headache
la pancia	belly	**la moda**	fashion
il petto	chest	**l'ospedale**	hospital
il piede	foot	**i pantaloni**	pants
il sangue	blood	**la passeggiata**	walk, stroll
lo stomaco (pl.	stomach	**la pillola**	pill
stomaci,		**la pressione del**	blood pressure
stomachi)		**sangue**	
la testa	head	**la salute**	health
l'abito	suit, dress	**la scarpa**	shoe
l'appetito	appetite	**la scuola**	school
l'appuntamento	appointment	**lo specchio**	mirror
la calza	stocking	(pl. **gli specchi**)	
il calzino	sock	**la stoffa**	cloth, material
i calzoni (pl.)	pants	**il tempo**	weather, time

l'ufficio	office	però	nevertheless
(pl. **gli uffici**)		**presto**	early
la visita	visit, examination	**regolarmente**	regularly
elegante	elegant	**tardi**	late
leggiero, a	light	**in fretta e furia**	in a great hurry
medico, a (pl.	medical	**un poco**	a bit
medici,		**è meglio**	it's better
mediche)		**secondo me**	in my opinion
moderno, a	modern	**avere bisogno di**	to need
normale	normal	**avere tanto da**	to have a lot to do
occupato, a	busy	**fare**	
ogni	each, every, all	**fare delle analisi**	to do/run some
pesante	heavy		tests
generalmente	generally	**portare**	to bring, carry
intanto	meanwhile	**telefonare**	to telephone

DIALOGO *Una visita medica*

La signora Sandri si preoccupa della salute di suo marito. Da qualche tempo Piero non si sente bene. La signora Sandri telefona al medico di famiglia e fa un appuntamento per il marito.

Medico	Che cos'ha, signor Sandri?
Piero	Non so veramente. Ho spesso un forte mal di testa. . .e qualche dolore al petto.
Medico	Quando, la mattina prima di alzarsi?
Piero	No, generalmente la sera quando ritorno a casa.
Medico	Lavora molto in questi giorni?
Piero	Sì, sono molto occupato. In ufficio c'è sempre tanto da fare.
Medico	Vediamo la pressione del sangue! Bene, è normale. E l'appetito come va?
Piero	Mangio regolarmente, ma sempre in fretta e furia.
Medico	Secondo me, Lei ha bisogno di riposarsi, di rilassarsi un poco. Però è meglio fare delle analisi.
Piero	Devo andare all'ospedale? Quando?
Medico	Mercoledì mattina alle nove. Così potrà ritornare da me lunedì prossimo. Intanto, prenda queste pillole per il suo mal di testa.
Piero	Quante volte al giorno?
Physician	Ogni quattro ore.
Piero	Grazie, dottore. A lunedì.

Dialog   *A medical examination*

Mrs. Sandri is worried about her husband's health. Piero has not been feeling well for some time. She telephones the family doctor and makes an appointment for her husband.

Physician   What's wrong with you, Mr. Sandri?

Piero   I don't really know. I often have a severe headache. . .and some pain in my chest.

Physician   When? In the morning before getting up?

Piero   No, generally in the evening when I return home.

Physician   Are you working hard these days?

Piero   Yes, I am very busy. At the office there is always so much to do.

Physician   Let's see your blood pressure! Fine, it's normal. And how is your appetite?

Piero   I am eating regularly, but always in a great hurry

Physician   In my opinion, you need to rest, to relax a bit. Nevertheless, it's better to do some tests.

Piero   Must I go to the hospital? When?

Physician   Wednesday morning at nine o'clock. So you will be able to return here next Monday. Meanwhile, take these pills for your headache.

Piero   How many times a day?

Physician   Every four hours.

Piero   Thank you, doctor. See you Monday.

EXERCISES

A. Read the following statements; then choose the answers that seem correct to you based on the dialog.

1. Di che cosa si preọccupa la signora Sandri? (**della salute di suo marito— della sua salute—della salute del suọcero**)

2. A chi telẹfona lei? (**a un amico di famiglia—a suo marito—al mẹdico**)

3. Che cos'ha il marito della signora Sandri? (**un forte mal di pancia— qualche dolore a una gamba—un forte mal di testa**).

4. Da quanto tempo non si sente bene Piero Sandri? (**da tre mesi—da qualche tempo—da una settimana**)

5. Quando non si sente bene? (**la mattina, prima di alzarsi—quando lavora—quando torna a casa la sera**)

6. Perché in questi giorni lui è molto occupato? (**in ufficio ha sempre molto da fare—viaggia spesso per affari—ha molti appuntamenti**)

7. Com'è la pressione del sangue di Piero? (**alta—normale—eccellente**)

8. Secondo il mẹdico, cosa deve fare adesso Piero? (**deve riposarsi un poco— non deve lavorare—deve andare in vacanza per qualche giorno**)

9. Cosa dovrà fare il signor Sandri mercoledì? (**ritornare dal mẹdico—fare delle anạlisi— prẹndere delle medicine**)

10. Perché il mẹdico dà delle pillole a Piero? (**per il dolore al petto—per rilassarsi—per il mal di testa**)

(Answers, p. 234)

B. In Italian how do you say:

1. She is very busy.

2. The blood pressure

3. I have an appointment.

4. How many times a day?

5. See you Thursday!

6. At 9:35 A.M.

7. Monday morning

8. He lives close by.

9. Please, don't mention it!

10. Immediately

11. My health is excellent.

12. A family physician

13. Every four hours

14. A headache

15. Her eyes

16. A long walk

17. Mario's moustache

18. In my office

19. A light cloth

20. On the fourth floor

(Answers, p. 235)

GRAMMAR I Future Indicative of the Stem-Changing Verbs bere, dire, rimanere, and tenere

Bere	Dire	Rimanere	Tenere
berrò	dirò	rimarrò	terrò
(I will drink)	(I will say, tell)	(I will remain)	(I will keep, hold)
berrai	dirai	rimarrai	terrai
berrà	dirà	rimarrà	terrà
berremo	diremo	rimarremo	terremo
berrete	direte	rimarrete	terrete
berranno	diranno	rimarranno	terranno

EXERCISE

Put the verbs in parentheses in the future tense.

1. (**rimanere**) Quanti giorni voi _____ a New York?

2. (**telefonare**) Chi _____ al mędico?

3. (**dire**) Loro _____ a Elisabetta di non preoccuparsi.

4. (**portare**) Il nonno _____ i nipoti al cịnema.

5. (**tenere**) Tu _____ il cappotto nell'automobile.

6. (**avere**) Noi _____ bisogno di voi.

7. (**bere**) Io non _____ più tanto vino.

8. (**rimanere**) Tu _____ in classe dopo la lezione.

9. (**andare**) Stefano _____ in vacanza fra due settimane.

10. (**sapere**) Lunedì voi _____ se Mario è tornato dalla Francia.

11. (**bere**) Gli amici _____ alla salute di Giacomo.

12. (**tenere**) I camerieri _____ un gran pranzo per festeggiare il cuoco.

(Answers, p. 235)

GRAMMAR II   The Relative Pronouns **che, cui, il quale,** and **la quale**

1. **Che** (who, whom, that, which) is the most widely used relative pronoun. It has the same form for the masculine and the feminine, the singular and the plural. It may be used to indicate persons as well as objects. It *cannot be used after a preposition.*

Il pianista *che* conosco è francese.	The pianist whom I know is French.
La bambina *che* dorme è Anna.	The girl who is sleeping is Ann.
Il paese *che* visitiamo è pịccolo.	The town that we are visiting is small.
Il libro *che* leggi è fạcile.	The book which you are reading is easy.

2. **Cui** (which, whom) is the pronoun commonly used after a preposition. This pronoun is used with reference to persons or things.

Ecco l'amico *con cui* viaggio.	Here is the friend with whom I'm traveling.
La ragazza *a cui* parlo è Gina.	The girl to whom I'm talking is Gina.
La casa *in cui* abito è nuova.	The house in which I live is new.
La città *da cui* parte è Roma.	The city from which he is leaving is Rome.

3. The pronouns **il quale (i quali), la quale (le quali)** also mean *who, whom,* and *which*. They are used much less than **che** and **cui**, which they replace, particularly in writing, to enhance clarity or for emphasis. They can be used alone or after a preposition.

La città *in cui* vorrei abitare è Firenze, non Milano!
(The city in which I would like to live is Florence, not Milan!)

Non vedo i ragazzi *ai quali* tu hai parlato ieri sera.
(I don't see the boys to whom you spoke last night.)

Ecco la signora *la quale* ha detto che ti conosce!
(Here is the lady who said that she knows you!)

EXERCISES

A. Complete the following sentences.

1. La via (*in which*) _____ noi abitiamo è larga.

2. Il medico (*who*) _____ visita Piero è molto bravo.

3. Questo è il film (*that*) _____ desidero vedere.

4. Il professore (*from whom*) _____ ho imparato il francese è di Parigi.

5. Il treno (*on which*) _____ tu viaggi è un diretto.

6. Hai letto il giornale (*that*) _____ ho comprato stamattina?

7. La penna (*with which*) _____ scrivi è mia!

8. Questa è la madre dell'impiegato (*who*) _____ lavora con me.

9. Non conosciamo gli uomini politici (*whom*) _____ voi avete salutato.

10. I pantaloni (*that*) _____ Antonietta ha comprato sono troppo lunghi.

11. Le piace la cravatta (*for which*) _____ io ho speso trentamila lire?

12. Il postino (*to whom*) _____ hai dato la lettera si chiama Antonio.

13. È Umberto (*who*) _____ ha parlato di voi!

14. Il binario (*from which*) _____ parte l'espresso è il numero 20.

15. La medicina (*that*) _____ tu devi prendere è molto cattiva.

(Answers, p. 235)

B. Make a single sentence of the two given on each line.

Example: La classe è piccola. Io studio nella classe. = **La classe in cui io studio è piccola.**

1. La zia mangia il pane. Il fornaio fa il pane.

2. Daremo il nostro libro a Giancarlo. Giancarlo ha dodici anni.

3. La settimana scorsa abbiamo dormito in albergo. L'albergo è in centro.

4. Ieri sono andato a scuola con la moto. Adesso la moto è sporca.

5. Lei fa una domanda al professore. Il professore risponde subito.

6. Mia madre compra il latte, il burro e l'olio al supermercato. Il supermercato è moderno.

7. Loro viaggiano spesso sull'aeroplano. L'aeroplano è grande e pesante.

8. Ogni giorno tu studi con Carla. Carla è una ragazza molto intelligente.

9. Il fruttivẹndolo vende l'insalata. L'insalata è sempre fresca.

10. Lei scrive molte cose sul quaderno. Il quaderno è piccolo e vecchio.

(Answers, p. 235)

GRAMMAR III   Reflexive Verbs and Reflexive Pronouns

When the action of a verb falls back on the subject, the verb in question is called **reflexive**. A reflexive verb is, therefore, a transitive verb whose subject and object are identical.

Note that although many verbs that are reflexive in English are also reflexive in Italian, not all the same verbs are reflexive in both languages. In dictionaries reflexive verbs are listed according to their infinitive endings **arsi, ersi,** and **irsi**. The **si** in **arsi, ersi,** and **irsi** means *oneself.*

Many transitive verbs can be used reflexively. When this occurs, the final **e** of the simple infinitive is dropped before adding **si**. The reflexive form of some of these verbs often acquires a different meaning.

chiamare	to call	**chiamarsi**	to be called, be named
domandare	to ask	**domandarsi**	to wonder
fermare	to stop	**fermarsi**	to stop (oneself)
guardare	to look, watch	**guardarsi**	to look at oneself
lavare	to wash	**lavarsi**	to wash (oneself)
mẹttere	to put, place	**mẹttersi**	to put on, wear
preparare	to prepare	**prepararsi**	to get ready, fix for onself
sentire	to hear, feel	**sentirsi**	to feel (within onself)
svegliare	to wake up (someone else)	**svegliarsi**	to wake up (referred to oneself)
svestire	to undress (someone)	**svestirsi**	to get undressed, take off
trovare	to find	**trovarsi**	to be, to feel
vedere	to see	**vedersi**	to see oneself
vestire	to dress (someone)	**vestirsi**	to get dressed

Other transitive verbs are more commonly used in their reflexive forms. Some of these verbs are:

accọrgersi	to realize	**farsi la barba**	to shave
addormentarsi	to fall asleep	**pettinarsi**	to comb one's hair
alzarsi	to get up		
annoiarsi	to be, get bored	**preoccuparsi**	to worry, be worried
coricarsi	to go to bed		
divertirsi	to amuse oneself, to have a good time	**rilassarsi**	to relax
		riposarsi	to rest, take a rest

Conjugation of Reflexive Verbs/Reflexive Pronouns

1. Reflexive verbs are conjugated like any other verbs ending in **are, ere,** and **ire**.

2. In forming the **passato prossimo** (as well as other compound tenses), the auxiliary verb **essere** must be used. The past participle must, therefore, agree in gender and number with the subject.

3. In the conjugation of a reflexive verb, the forms of the verb must be used with the *reflexive pronouns* listed below:

mi	myself
ti	yourself (fam. sing.)
si	himself, herself, itself, yourself (form. sing.)
ci	ourselves
vi	yourselves (fam. pl.)
si	themselves, yourselves (form. pl.)

Present Indicative of Reflexive Verbs

Alzarsi	**Mettersi**	**Vestirsi**
mi alzo	mi metto	mi vesto
ti alzi	ti metti	ti vesti
si alza	si mette	si veste
ci alziamo	ci mettiamo	ci vestiamo
vi alzate	vi mettete	vi vestite
si alzano	si mettono	si vestono

Future Indicative of Reflexive Verbs

Alzarsi	**Mettersi**	**Vestirsi**
mi alzerò	mi metterò	mi vestirò
ti alzerai	ti metterai	ti vestirai
si alzerà	si metterà	si vestirà
ci alzeremo	ci metteremo	ci vestiremo
vi alzerete	vi metterete	vi vestirete
si alzeranno	si metteranno	si vestiranno

Passato Prossimo of Reflexive Verbs

Alzarsi	**Mettersi**	**Vestirsi**
mi sono alzato, a	mi sono messo, a	mi sono vestito, a
ti sei alzato, a	ti sei messo, a	ti sei vestito, a
si è alzato, a	si è messo, a	si è vestito, a
ci siamo alzati, e	ci siamo messi, e	ci siamo vestiti, e
vi siete alzati, e	vi siete messi, e	vi siete vestiti, e
si sono alzati, e	si sono messi, e	si sono vestiti, e

Position of the Reflexive Pronouns

1. The reflexive pronouns **mi, ti, si, ci, vi, si** always precede all indicative forms of the verb.

I bambini *si alzano* presto.	The children are getting up early.

2. When a reflexive pronoun depends on a verb in the infinitive, it follows the verb and is attached to it. The infinitive drops its final vowel.

Desidero *mettermi* un vestito nuovo.	I wish to put on a new suit.
Sono tornato a casa per *risposarrni.*	I returned home to rest.

3. If the infinitive is preceded by an indicative form of **dovere, potere, volere**, the reflexive pronoun may either precede these verbs or be attached to the infinitive.

Non *mi* posso *svegliare* alle 8./ Non posso *svegliarmi* alle 8.
(I can't wake up at 8 o'clock.)

EXERCISES

A. Give the present, the future, and the *passato prossimo* of the following reflexive verbs.

1. alzarsi (**tu, lei, voi**)

2. pettinarsi (**Maria, noi, loro**)

3. sentirsi (**noi, voi, loro**)

4. vestirsi (**io, Massimo, le ragazze**)

5. accorgersi (**noi, Lei, voi**)

6. addormentarsi (**la bambina, io, loro**)

7. rilassarsi (**tu, noi, voi**)

8. chiamarsi (**tu, noi, loro**)

9. lavarsi (**Giorgio, Rosa, i ragazzi**)

10. guardarsi (**io, tu, lei**).

(Answers, pp. 235–236)

B. Complete the following sentences.

1. Cinzia adesso (*is resting*) _____ perché è molto stanca.

2. Domani (*I will wear*) _____ il vestito rosso.

3. Quando Rita (*woke up*) _____ ha telefonato a sua madre.

4. Se loro potranno, (*they will stop*) _____ a casa nostra.

5. D'inverno (*I get up*) _____ tardi perché fa freddo.

6. Se loro non vanno al cinema, a casa (*they get bored*) _____ .

7. Tutte le volte che andiamo allo stadio, (*we have a good time*) _____ .

8. Ieri mia moglie (*wore*) _____ un nuovo paio di scarpe.

9. La signora Betti ha avuto un figlio; il bambino (*is named*)

_____ Franco.

10. Lei è sempre davanti allo specchio; (*she combs her hair*) _____ tre
volte al giorno.

(Answers, p. 236)

C. Translate the following sentences.

1. Tomorrow morning I want to wake up at 6:35.
2. Mario must get ready to go out.
3. He is looking at himself in front of the mirror.
4. I wonder why she is not coming to the movies with us.
5. Yesterday his wife realized that Paolo can never relax.

(Answers, p. 236)

GRAMMAR IV   The Direct Object Pronoun **ne**

Another commonly used direct object pronoun is **ne**. **Ne** corresponds to the
expressions *of it, of them, some of it, some of them,* and *any*, which are
often only implied in English. In Italian, the pronoun **ne** is instead always
expressed. **Ne** replaces a noun introduced by:

1. A partitive construction

Vorrei del pane.	*Ne* **vorrei.**
Compri delle medicine?	*Ne* **compri?**
Abbiamo degli amici a Pisa.	*Ne* **abbiamo a Pisa.**

2. A numeral or an adjective denoting quantity. Remember that most of these
    adjectives agree in gender and number with **ne** and that they usually
    follow the verb.

Il medico compra una casa.	**Il medico** *ne* **compra** *una.*
Spendiamo centomila lire.	*Ne* **spendiamo centomila.**
Ho qualche amico a Parigi.	*Ne* **ho a Parigi.**
Conosco alcune ragazze.	*Ne* **conosco** *alcune.*
Costa pochi dollari.	*Ne* **costa** *pochi.*
Loro vịsitano molte città.	**Loro** *ne* **vịsitano** *molte.*
Tu dici sempre tante cose!	**Tu** *ne* **dici sempre** *tante!*

3. The expression **un po' di**

Lei compra un po' di aglio.	**Lei** *ne* **compra** *un po'.*

   When adjectives denoting quantity are followed by nouns of weights and
measures (such as **chilo, chilọmetro, etto, litro, metro**) or by nouns of
household items (such as **bicchiere, bottiglia, piatto**), both the adjective and
the noun expressing quantity must be indicated.

Vorrei tre bottiglie di vino.	*Ne* **vorrei** *tre bottiglie.*
Il fornaio fa cento chili di pane.	**Il fornaio** *ne* **fa** *cento chili.*
Quanti fratelli hai?	*Quanti ne* **hai?**

*Position of **ne**:*

The position of **ne** in a sentence is exactly the same as that of all other direct object pronouns.

1. **Ne** precedes a verb conjugated in the indicative.

    Loro scriveranno molte lettere.   **Loro *ne* scriveranno *molte*.**

2. When **ne** precedes a verb in the **passato prossimo** conjugated with **avere**, the past participle must agree in gender and number with **ne**.

    Maria ha mangiato tanta   **Maria *ne* ha mangia*ta tanta*.**
    insalata.
    Chi ha spedito tre lettere a   **Chi *ne* ha spedi*te tre* a Pino?**
    Pino?

3. When **ne** is used as the object of an infinitive, it follows the infinitive and is attached to it. If the infinitive is preceded by an indicative form of **dovere, potere, vovere**, the pronoun **ne** either comes before these verbs or is attached to the infinitive.

    Gigi va a visitare alcuni parenti   **Gigi va a visitar*ne alcuni*.**
    Domani potrò guardare due   **Domani potrò guardar*ne due*.**
    film.   **Domani, *ne potrò* guardare**
    **   *due*.**

4. Used in conjunction with **ecco, ne** follows **ecco** and is attached to it.

    Ecco sei etti di burro!   **Ẹcco*ne sei etti*!**
    Ecco degli autobus!   **Ẹcco*ne*!**

5. In a negative sentence, **ne** always follows **non**.

    Lei non riceve mai conti.   **Lei non *ne* riceve mai.**

6. When **ne** is used with the expressions **c'è** and **ci sono, c'è** + **ne** = **ce n'è** and **ci sono** + **ne** = **ce ne sono**.

    In classe c'è uno studente.   **In classe *ce n'è* uno.**
    Qui ci sono tante automobili.   **Qui *ce ne sono* tante.**

7. The pronoun **ne** may also replace a noun or a personal pronoun used after **parlare** + the preposition **di** (alone or combined with the definite article). In this case **parlare** means *to talk about someone or something*.

    Aldo parla sempre dei suoi amici di Chicago.
    Aldo ne parla sempre.
    (He always talks about them.)

    Hai parlato a Paola del tuo viaggio all'estero?
    Ne hai parlato a Paola?
    (Did you speak with Paola about it?)

EXERCISE

Rewrite, substituting *ne* for the words in italics. When appropriate, make all other necessary changes.

Example: Vorrei *delle scarpe*. = **Ne vorrei.** Ho scritto molte *lettere*. = **Ne ho scritte molte.**

1. Lei lava *qualche camicia*.
2. Loro hanno *dei giornali*.
3. Le mie zie spediscono tanti *pacchi* a tutti.
4. Ecco *dell'acqua*!
5. Roberto ha molti *conti* da pagare.
6. Ieri ho venduto mille *cravatte*.
7. Desidero comprare un metro *di stoffa*.
8. I ragazzi hanno fatto pochi *esercizi*.
9. Tu hai alcune *gonne*!
10. Devi mettere un po' *di zucchero* nel caffè.
11. Ho visto dieci *uomini* con la barba.
12. Lunedì Rita porterà una *camicetta* a sua cognata.
13. Siamo qui per mangiare un piatto *di pasta*.
14. Quanti *calzini* volete?
15. Chi ha parlato *di mio padre* ieri sera?
16. È necessario imparare molte *cose*.
17. Perché avete speso tanto *denaro*?
18. Loro hanno fatto cento *chilometri* in autobus.
19. A casa non abbiamo molto *formaggio*.
20. Teresa non parla mai *dei suoi studi*.

(Answers, p. 236)

GRAMMAR V   Use of the Adjective **ogni**

The adjective **ogni**, which means *every, each,* or *all* depending on context, always precedes the noun. Like **qualche**, it is singular in use and plural in meaning. It has only the singular form, and the noun that follows it must also be singular.

***Ogni* mio cugino lavora in banca.**	All my cousins work in a bank.
Ci sono alberghi in *ogni* città.	There are hotels in every city.
Vengo a trovarvi *ogni* settimana.	I come to see you each week.

EXERCISE

In the following sentences, substitute *tutti* and *tutte* with *ogni*, making all appropriate changes.

Example: Tutte le camere sono occupate. = **Ogni camera è occupata.**

1. Qui non conosco nessuno; tutti i miei parenti abitano a Palermo.
2. Vedono tutti i film fatti in America.
3. Perché non hai comprato tutte quelle giacche?
4. Ci sono ristoranti e alberghi in tutti i paesi.
5. Voi andate in vacanza tutte le estati.
6. Non vogliamo lavare tutti i calzoni che avete.
7. Ci svegliamo presto tutte le mattine.
8. Ecco tutti i miei cappelli!

(Answers, pp. 236–237)

Idiomatic Expressions with **Fare**

Many widely used idiomatic expressions are formed with the verb **fare**. Among the more commonly used are:

fa bel tempo	it's nice weather
fa brutto tempo	it's bad weather
fa caldo	it's hot (weather)
fa freddo	it's cold (weather)
fare il bagno	to take a bath, bathe
fare un esame	to take an exam
fare una passeggiata	to take a walk, stroll
fare un viaggio	to take a trip
fare presto	to be quick, hurry up, make haste
fare tardi	to be late

Note that both **fare presto** and **fare tardi** are used only with reference to people.

The expression **che tempo fa?** means *how is the weather?*

EXERCISE

Complete the sentences.

1. Quando (*the weather is fine*) ＿＿＿＿＿＿＿ i bambini escono presto.
2. (*I take a walk*) ＿＿＿＿＿＿＿ tutte le mattine prima di andare a lavorare.
3. Marisa (*took a bath*) ＿＿＿＿＿＿＿ ieri sera quando è ritornata dall'ufficio.
4. Fra due giorni Mario e Edoardo (*will take an exam*) ＿＿＿＿＿＿＿ di lingua francese e tedesca.

5. Che tempo fa? Oggi (*it's bad weather!*) _____ .

6. Quando quelle ragazze vanno a fare la spesa, (*they are always late*)
   _____ .

7. Ieri (*it was cold*) _____ , ma stamattina (*it's hot!*) _____ .

8. Giovanni (*was late*) _____ e così non ha potuto prẹndere il treno.

(Answers, p. 237)

IN UN NEGOZIO DI ABBIGLIAMENTO

In A Clothing Store

WORDS TO REMEMBER

l'attore	actor	grigio, a (pl.	grey
l'attrice	actress	grigi, grigie)	
la bontà	goodness	l'insegnante (pl.	teacher
blu	blue	gli insegnanti,	
la camicia di cotone	cotton shirt	le insegnanti)	
		malato, a	sick
la camicia di seta	silk shirt	la manica	sleeve
la camicia a maniche corte	short-sleeved shirt	la misura	size, measure
		la misura di collo	neck size
la camicia a maniche lunghe	long-sleeved shirt	il negozio	store
		il negozio di abbigliamento	clothing store
caro, a	dear, expensive		
celeste	light blue	la padrona	mistress, boss
il collo	neck	la padrona di casa	landlady
il colore	color	il padrone	master, boss
il cotone	cotton	il padrone di casa	landlord
la commessa	saleswoman	parecchio, a	several
il commesso	salesman	(pl. parecchi,	
il direttore	director	parecchie)	
la direttrice	director (f.)	la proprietaria	owner (f.)
la dottoressa	doctor (f.)	il proprietario	owner (m.)
la fabbrica	factory	il romanzo	novel
famoso, a	famous, great	la scelta	selection, choice

lo scrittore	writer (m.)	provare	to try, attempt
la scrittrice	writer (f.)	seguire	to follow
sportivo, a	sporty, sporting	tornare	to return
perciò	therefore	avere la bontà di	to be so kind as to
giocare	to play (a game)	avere pazienza	to be patient
mandare	to send	avere ragione	to be right
mostrare	to show	avere torto	to be wrong
perdere	to lose	desidera altro?	anything else?
piacere	to please, like	stare a pennello	to fit like a glove
portare	to bring, carry		

Note that:

1. The adjective **blu** is invariable; i.e., it has only one form for the masculine and the feminine, the singular and the plural

2. The verb **perdere** has a regular (**perduto**) as well as an irregular past participle (**perso**)

DIALOGO   *In un negozio di abbigliamento*

Rodolfo Pullini ha bisogno di comprarsi un abito per la prossima primavera. Va perciò in un negozio di abbigliamento il cui proprietario è un caro amico di suo padre. Il commesso gli mostra parecchie cose e l'aiuta nella scelta.

Commesso	Le piace questa giacca, signor Pullini?
Rodolfo	Mi piace, ma è larga per me.
Commesso	Provi questa giacca blu allora. È la sua misura. Si guardi allo specchio, prego.
Rodolfo	Mi sta a pennello! La prendo. Vorrei anche un buon paio di calzoni. . .
Commesso	Le piacciono questi pantaloni grigi? Andranno bene con la giacca blu.
Rodolfo	Sì, ha ragione. . .e non sono troppo pesanti.
Commesso	Desidera altro?
Rodolfo	Sì, abbia la bontà di mostrarmi qualche camicia.
Commesso	Camicie di cotone o di seta?
Rodolfo	Di cotone.
Commesso	Di che colore?
Rodolfo	Ne vorrei due. Una bianca, a maniche lunghe. . .e una celeste, sportiva, a maniche corte.
Commesso	Che misura di collo porta?
Rodolfo	Quindici e mezzo.
Commesso	Ecco delle belle camicie. . .e non sono affatto care! Le abbiamo appena ricevute dalla fabbrica.

Dialog *In a clothing store*

Rodolfo Pullini needs to buy a suit for next spring. He goes, therefore, to a clothing store whose owner is a dear friend of his father. The salesman shows him several things and helps him in the selection.

Salesman	Do you like this jacket, Mr. Pullini?
Rodolfo	Yes, but it's big for me.
Salesman	Try on this blue jacket, then. It's your size. Look at yourself in the mirror!
Rodolfo	It fits me like a glove. I'll take it. I would also like a good pair of pants.
Salesman	Do you like these grey pants? They will go well with your blue coat.
Rodolfo	Yes, you are right. . .and they are not too heavy.
Salesman	Anything else?
Rodolfo	Yes, show me some shirts, please. (Be so kind as to show me some shirts.)
Salesman	Cotton shirts or silk shirts?
Rodolfo	Cotton shirts.
Salesman	What color?
Rodolfo	I would like two. A white, long-sleeved shirt and a light blue sport shirt with short sleeves.
Salesman	What is your neck size? (What neck size do you wear?)
Rodolfo	Fifteen and a half.
Salesman	Here are some beautiful shirts. . .and they are not expensive at all. We have just received them from the factory.

EXERCISES

A. Read the following statements on the content of the dialog; then check the true or false blank.

	T	F
1. Il signor Pullini vuole comprarsi un abito per l'inverno.	____	____
2. Il proprietario del negozio conosce bene suo padre.	____	____
3. Il commesso è un vecchio amico di Rodolfo.	____	____
4. Rodolfo prova una giacca blu e poi la compra.	____	____
5. Rodolfo ha anche bisogno di una cravatta per la giacca blu.	____	____
6. Il commesso vende a Rodolfo un paio di pantaloni.	____	____
7. La camicia sportiva è celeste.	____	____
8. Nel negozio non ci sono camicie a maniche corte.	____	____

9. Rodolfo compra soltanto una camicia sportiva, celeste.   ____ ____

10. Il commesso dice che le camicie sono appena arrivate
dalla fạbbrica.

____ ____

(Answers, p. 237)

B. Match the two columns.

1. il fornaio	a. il negozio
2. la cạmera	b. il mẹdico
3. la classe	c. il macellaio
4. lo scrittore	d. i nonni
5. la medicina	e. la banca
6. il postino	f. la via
7. il commesso	g. il cịnema
8. la bistecca	h. il diretto
9. l'ospedale	i. il caffè
10. i nipoti	l. la lẹttera
11. l'assegno	m. il pane fresco
12. la casa	n. il romanzo
13. il film	o. la farmacista
14. la stazione	p. gli studenti
15. il bar	q. il letto

(Answers, p. 237)

GRAMMAR I The Relative Pronoun **cui** and the Possessive Interrogative **di chi?**

1. When the relative pronoun **cui**, used in a dependent clause, is preceded by a definite article and followed by the noun that is being referred to, **cui** corresponds to the English *whose*. **Cui** is invariable, and the definite article must agree in gender and number with the noun following it.

La signora Berti, la *cui* figlia è attrice, ha 60 anni.
Mrs. Berti, whose daughter is an actress, is 60 years old.)

Quello scrittore, i *cui* romanzi tu hai letto, è molto famoso.
(That writer, whose novels you have read, is very famous.)

Note that **cui** (like *whose* in English) may also be preceded by a preposition.

Il bambino, con la *cui* insegnante parlo, non vuole studiare.
(The child, with whose teacher I'm talking, doesn't want to study.)

Sergio, nel *cui* negozio ho comprato parecchi vestiti, è malato.
(Sergio, in whose store I bought several suits, is sick.)

2. The possessive interrogative **di chi?** expresses the English *whose?* or *of whom?*. Note that in Italian **di chi?** is immediately followed by the verb and not by the noun as it is in English.

Di chi **sono queste gonne?**	Whose skirts are these?
Di chi **è quella bambina?**	Whose little girl is this?

EXERCISE

Complete the following.

1. L'automobile sportiva (*with whose owner*) _____ sono uscito ieri sera, costa venti milioni.

2. La scuola (*whose teachers*) _____ sono in vacanza, ha molti studenti.

3. La casa (*in whose rooms*) _____ voi dormite, è molto vecchia.

4. Lo zio (*for whose birthday*) _____ ho comprato un dolce eccellente, oggi è malato.

5. La camicia a maniche corte (*whose color*) _____ mi piace molto, è di seta.

6. Bologna (*in whose streets*) _____ ci sono tanti negozi, ha una università molto vecchia.

7. La direttrice (*whose granddaughter*) _____ è professoressa, non abita più qui.

8. La città (*in whose public parks*) _____ giocano tanti bambini, è piccola, ma bella.

(Answers, p. 237)

GRAMMAR II   Reciprocal Constructions

1. The reflexive pronouns **ci, vi,** and **si,** used as direct or indirect objects of transitive verbs, may express reciprocal actions. Their English meaning in this instance is *each other* or *one another*. When used with a compound tense, the required auxiliary is **essere**, and the past participle agrees in gender and number with the subject.

Ci **telefoneremo a mezzogiorno.**	We will call each other at noon.
Le ragazze *si* **sono viste ieri**	The girls saw each other yesterday.
Loro non *si* **parlano più.**	They no longer talk to one another.

2. The pronouns **mi, ti, si, ci, vi,** and **si** can also be used reflexively as indirect objects of transitive verbs. Their meaning in English is *to (for) myself,*

yourself, himself, herself, ourselves, yourselves, and *themselves.* In the past tense, the required auxiliary is **essere,** and the past participle must agree with the subject.

Noi *ci* siamo comprat*i* due camicie.	We bought ourselves two shirts.
Rina *si* è scrit*ta* una lettera.	Rina wrote herself a letter.

Some of the verbs often used to express reciprocal actions are:

aiutarsi	to help each other	**salutarsi**	to greet one another, say good-bye to each other
capirsi	to understand each other		
conoscersi	to know each other	**scriversi**	to write to each other
incontrarsi	to run into each other	**telefonarsi**	to phone each other
		vedersi	to see one another
parlarsi	to talk to one another		

EXERCISE

Complete the following sentences, translating the words in parentheses.

1. Rodolfo è felice quando *(we see each other).*
2. Se gli esercizi sono molto difficili, *(they help each other).*
3. Se tu e io potremo, *(we will talk to one another)* prima della lezione.
4. Quel ricco tabaccaio *(bought himself)* un'automobile sportiva molto cara.
5. Ieri sera Franco e Carlo *(ran into each other)* in Piazza Garibaldi.
6. Chiara e Umberto *(phone each other)* quasi tutti i giorni.
7. Lei non riceve mai posta e così *(she mailed herself)* tre cartoline da Venezia.
8. Tu e Giacomo siete vecchi amici; *(you understand each other).*

(Answers, p. 237)

GRAMMAR III   Indirect Object Pronouns

Indirect object pronouns (like direct object pronouns) are always used in conjunction with verbs. They too replace nouns or noun phrases.

mi	to me, for me
ti	to you, for you (fam. sing.)
gli	to him, for him, to it (m.), for it (m.)
le	to her, for her, to it (f.), for it (f.)
Le	to you, for you (form. sing.)
ci	to us, for us
vi	to you, for you (fam. pl.)
gli	to them, for them (m. and f.), to you, for you (form. pl.)

Position of Indirect Object Pronouns

As the following examples illustrate, the position of indirect object pronouns in a sentence is the same as that of direct object pronouns.

1. With a verb conjugated in the indicative

   Parlo spesso *alle mie amiche canadesi*. *Gli* parlo spesso.
   Piero domanda *a Lucia* come sta? Piero *le* domanda come sta.

2. In a negative sentence

   Non comprano nulla *per noi*. Non ci comprano nulla.
   Lucia non dà la pillola *al figlio*. Lucia non *gli* dà la pillola.

3. With an infinitive.

   Desidero scrivere *a lui e a lei*. Desidero scriver*gli*.
   Viene a dire *a me* ogni cosa. Viene a dir*mi* ogni cosa.

4. With the verbs **dovere, potere, volere** plus an infinitive

   Posso offrire un caffè a *Lei*, signora?
   Posso offrir*Le* un caffè, signora? / *Le* posso offrire un caffè?
   Cosa devo portare *a voi* da Milano?
   Cosa devo portar*vi* da Milano? / Cosa *vi* devo portare da Milano?

   Note the following points:

   a. Indirect object pronouns never agree with the past participle, no matter what the auxiliary verb is.

   b. Usually only the indirect object pronouns **Le** and **vi** are attached to the word **ecco**.

   Signor Direttore, ecco *a Lei* il cappello!
   Signor Direttore, ecco*Le* il cappello!
   Ragazzi, ecco *a voi* del dolce!
   Ragazzi, ecco*vi* del dolce!

   c. In writing, the pronouns **loro/Loro** are sometimes preferred to **gli** when it means *to them, for them, to you,* and *for you* (form. pl.). In this case, **loro/Loro** follow the verb. (If the verb is an infinitive, **loro/Loro** are not attached to it as indirect object pronouns.)

   Signori Pullini, il portiere darà *Loro* la chiave della camera.
   (Mr. and Mrs. Pullini, the receptionist will give you your room key.)

   Desidero dare *loro* una camicia di seta.
   (I wish to give them a silk shirt.)

EXERCISES

A. Substitute the appropriate indirect object pronouns for the words in italics, making any necessary change in word order.

1. È necessario parlare subito *al direttore*.
2. Quando tornerete in città, offrirò *a voi* un buon pranzo.
3. Riccardo ha dato una camicetta di seta *a sua moglie*.
4. Chi ha mostrato quella lettera *ai suoi genitori*?
5. Desiderano portare *a voi e a me* sei bottiglie del loro vino.
6. Non potete dire nulla *a quelle povere ragazze*?
7. Avete spiegato *a Annamaria* che io farò tardi domani sera?
8. Lui ha dovuto mandare tre pacchi *a me*.
9. Guglielmo e Luigi, ecco *a voi* della frutta fresca!
10. Dottore, chi ha detta *a Lei* che io sono stato in vacanza?

(Answers, pp. 237–238)

B. In answering the questions, substitute the appropriate indirect object pronouns for the words in italics.

> *Example:* Avete parlato *a Marisa*? **Sì noi *le* abbiamo parlato;** *Mi* avete mandato quel libro? **No, noi non *ti* abbiamo mandato quel libro**.

1. Il fruttivendolo ha venduto le mele *alla nonna*? Sì,

   _____.

2. Il postino *vi* ha portato la lettera? No, _____.
3. Ragazzi, avete scritto *a quell'attore*? No, _____.
4. Signorina, *Le* ha telefonato Alberto ieri sera? Si,

   _____.

5. Giorgio, hai parlato *alle commesse* giovedì scorso? Sì,

   _____.

6. Direte tutto *a lui e a me*? Sì, _____.
7. Luca, vorrai mostrar*mi* quel film? Sì, _____.
8. Signor Porta, potrà spedire il pacco *a Umberto*? No,

   _____.

(Answers, p. 238)

GRAMMAR IV   The Verb **piacere**

Italian and English do not express the idea of liking (or disliking) in the same way. When English speakers say that they like someone or something, Italians say that someone or something is pleasing to them. The verb **piacere**, therefore, does not really mean *to like*, rather *to please, to be pleasing to*.

The sentence *Mary likes my house* is rendered in Italian with:

La mia casa *piace* **a Maria.** / **A Maria** *piace* **la mia casa.**
(My house is pleasing to Mary.)

In the Italian version of *Mary likes my house,* Mary, the English subject of *to like,* becomes the indirect object of **piacere** (**a Maria**), while *my house,* the object of the English verb, becomes **la mia casa,** the subject of **piacere.** (If the subject of **piacere** is plural, the verb must be plural.)

Remember that when the indirect object of **piacere** is a noun, it must be preceded by the preposition **a** (either alone or combined with the definite article).

Quel film *piace* **al Dottor Mei.** / **Al dottor Mei** *piace* **quel film.**

Note also that when the English object of *to like* is an action (expressed by a verb), in Italian the action becomes the subject of the sentence, and **piacere** must be conjugated in the third person singular.

Ai giovani *piace* **viaggiare.**   Young people like to travel.

Conjugation of the Verb **Piacere**

Present	Future	Passato Prossimo
piaccio	**piacerò**	**sono piaciuto, a**
piaci	**piacerai**	**sei piaciuto, a**
piace	**piacerà**	**è piaciuto, a**
piacciamo	**piaceremo**	**siamo piaciuti, e**
piacete	**piacerete**	**siete piaciuti, e**
piacciono	**piaceranno**	**sono piaciuti, e**

All compound tenses of **piacere** require the auxiliary verb **essere.**

Io *piaccio* **a quella commessa.**	That saleswoman likes me.
Professore, Le *piace* **questo vino?**	Professor, do you like this wine?
A Tina *piacciono* **le gonne lunghe.**	Tina likes long skirts.
Vi *sono piaciuti* **gli spaghetti?**	Did you like the spaghetti?
Rosa e Rita *sono piaciute* **a tutti.**	Everyone liked Rosa and Rita.

EXERCISES

A. Complete the following sentences.

1. (*They will like*) i romanzi di quel famoso scrittore.

2. (*I didn't like*) quei calzini rossi.

3. (*Luisa likes*) la nostra professoressa.

4. Dottor Brown, (*will you like*) visitare l'Italia il mese prossimo?

5. (*He likes*) molto la nostra lingua.

6. (*We like*) le patate fritte.

(Answers, p. 238)

B. Restate each of the following sentences, substituting *piacere* **for** *preferire.*

Example: Noi preferiamo gli spaghetti. = **Ci piacciono gli spaghetti.**

1. Luisa preferisce una bella bistecca.

2. I miei zii preferiscono i giornali francesi.

3. Lei preferisce una gonna celeste.

4. Voi preferite la camicia di cotone.

5. Tu preferisci andare a fare la spesa.

6. Io preferisco quei calzoni grigi.

7. Scusi, Lei preferisce il vino bianco o quello rosso?

8. I ragazzi americani preferiscono mangiare in quel ristorante.

(Answers, p. 238)

C. Translate the following sentences.

1. Elena, do you like me?

2. Why didn't Augusto like my sister?

3. When they see us, they will like us!

4. I don't like her very much.

5. Our children like to spend a lot of money.

(Answers, p. 238)

GRAMMAR V   Imperative of First-, Second-, and Third-Conjugation Verbs

To form the imperative of **-are, -ere,** and **-ire** verbs, add the following endings to the stem of the infinitive.

	Mandare (to send)	**Vendere** (to sell)	**Seguire** (to follow)
(tu)	**mand***a* (send!)	**vend***i* (lose!)	**segu***i* (follow!)
(Lei)	**mand***i*	**vend***a*	**segu***a*
(noi)	**mand***iamo*	**vend***iamo*	**segu***iamo*
(voi)	**mand***ate*	**vend***ete*	**segu***ite*
(Loro)	**mạnd***ino*	**vẹnd***ano*	**sẹgu***ano*

Because the imperative expresses a command, a request, or an exhortation, it does not have the **io** form. Subject pronouns are not normally used with the imperative.

The **noi** form of the imperative, which is identical to the **noi** form of the present indicative, is the equivalent of the English *let's* + a verb.

Rodolfo dice all'autista: – *Segua* **quell'automobile!**
(Rodolfo tells the driver: – Follow that car!)

> *Mandiamo* **un telegramma a Roberto! Domani è il suo compleanno.**
> (Let's send Robert a telegram. It's his birthday tomorrow.)

1. Imperative of **-iare, -care,** and **-gare** verbs

Verbs whose infinitive end in **iare** form the imperative by dropping the **i** of the endings **i, iamo,** and **ino** before the **i** of the stem. Those ending in **care** and **gare**, add **h** before the imperative endings **i, iamo,** and **ino**.

	Mangiare	**Dimenticare**	**Pagare**
(tu)	mangia	dimentica	paga)
	(eat!)	(forget!)	(pay!)
(Lei)	mangi	dimentichi	paghi
(noi)	mangiamo	dimentichiamo	paghiamo
(voi)	mangiate	dimenticate	pagate
(Loro)	mangino	dimentichino	paghino

Alberto, *mangia* **la minestra!**   Albert, eat your soup!
Signora, *paghi* **subito quel**   Lady, pay that bill immediately!
conto!

2. Imperative of **finire, spedire**

In forming the imperative of these verbs, as in the present indicative, the suffix **isc** must be added to the stem of the infinitive before adding the endings of the second- and third-person singular and the third-person plural.

Finire	**Spedire**
finisci (finish!)	**spedisci** (mail, send!)
finisca	spedisca
finiamo	spediamo
finite	spedite
finiscano	spediscano

Mamma, *finisci* **di lavorare; dobbiamo uscire!**
Signorina Rossi, *spedisca* **subito quel pacco!**

3. Negative Commands

To express a negative command, place the word **non** before all forms of the imperative, except for the **tu** form, which is rendered by **non** + the infinitive of the verb.

Positive Commands	Negative Commands
Signora, *compri* **quelle scarpe!**	**Signora** *non compri* **quelle scarpe!**
Leggete **il giornale adesso!**	*Non leggete* **il giornale adesso!**
Prendiamo **un espresso al bar!**	*Non prendiamo* **un espresso al bar!**
Massimo, *chiudi* **la porta!**	**Massimo,** *non chiudere* **la porta!**

EXERCISE

Change the verbs from the present indicative to the imperative positive and negative commands.

Example: Voi studiate. = **Studiate! Non studiate!;** Lei studia. = **Studi! Non studi!**

1. Loro spediscono.
2. tu dimentichi.
3. noi passiamo.
4. Loro spendono.
5. tu ricordi.
6. voi ricevete.
7. Lei paga.
8. noi lavoriamo.
9. Loro leggono.
10. voi cominciate.
11. tu viaggi.
12. Lei finisce.
13. Loro festeggiano.
14. voi entrate.
15. tu spieghi.
16. Lei spedisce.
17. noi desideriamo.

(Answers, p. 238)

GRAMMAR VI Imperative of **avere** and **essere** and of the Stem-Changing Verbs **dare, dire, fare,** and **stare**

	Avere	Essere
(tu)	**abbi** (have!)	**sii** (be!)
(Lei)	**abbia**	**sia**
(noi)	**abbiamo**	**siamo**
(voi)	**abbiate**	**siate**
(Loro)	**abbiano**	**siano**

Signor Pini, *abbia* pazienza; oggi non posso lavare la sua automobile!
(Mr. Pini, be patient; today I cannot wash your car!)

Marco, anche se hai ragione, *sii* gentile con i tuoi cugini!
(Mark, even if you are right, be kind to your cousins!)

Dare	**Dire**	**Fare**	**Stare**
da' (give!)	di' (tell, say!)	fa' (do, make!)	sta' (stay!)
dia	dica	faccia	stia
diamo	diciamo	facciamo	stiamo
date	dite	fate	state
diano	dicano	facciano	stiano

Signora Salvatori, *dica* a suo figlio che ha torto!
(Mrs. Salvatori, tell your son that he is wrong!)

Non giocare adesso, Gino, ma *fa'* gli esercizi!
(Don't play now, Gino, but do your exercises!)

***State* buoni ragazzi! Ho un forte mal di testa.**
(Be good, boys! I have a bad headache.)

***Non diamo* nulla a Luigi! Ieri è stato molto cattivo.**
(Let's give nothing to Luigi. He was very bad yesterday.)

EXERCISE

Change the verbs from the future to the imperative (positive and negative commands).

Example: Lei farà un piatto di spaghetti. = **Faccia / Non faccia un piatto di spaghetti!**

1. Tu farai gli esercizi.
2. Voi avrete pazienza.
3. Loro saranno gentili.
4. Noi diremo tutto.
5. Loro staranno in quell'albergo.
6. Voi darete il giornale a Sergio.
7. Tu sarai buona.
8. Noi faremo tardi.
9. Loro daranno del denaro all'artista.
10. Lei starà a casa nostra.
11. Lei dirà a Silvio di scriverci.
12. Tu avrai la bontà di dirmi tutto.
13. Voi sarete alla stazione alle quattro.
14. Noi staremo bene qui.
15. Lei farà qualcosa da mangiare.

(Answers, p. 239)

UNA TELEFONATA

A Telephone Call

WORDS TO REMEMBER

la borsa di studio	scholarship	**immenso, a**	immense, huge
la cena	supper	**importante**	important
il compito	task, chore, homework	**infelice**	unhappy
le congratulazioni	congratulations	**irregolare**	irregular
il fiammifero	match	**pronto, a**	ready
la fine	end	**straniero, a**	foreign
il fiore	flower	**vero, a**	true
la geografia	geography	**almeno**	at least
l'interurbana	long distance tele-	**appena adesso**	just now
	phone call	**di nuovo**	again
la matematica	mathematics	**durante**	during
il momento	moment	**fino, a**	until
(il) Natale	Christmas	**intanto**	meanwhile
la notizia	news (one item)	**mentre**	while
	pl. news (general)	**oltre a**	besides
il pranzo	dinner (noon meal)	**pronto?**	hello?
il sole	sun	**alzare**	pick up, lift
la sigaretta	cigarette	**cenare**	to have supper
la storia	history, story	**fumare**	to smoke
la straniera	foreigner	**invitare**	to invite
lo straniero	foreigner	**pensare**	to think
la telefonata	phone call	**pranzare**	to dine
il telefono	phone	**restare**	to remain
la verita	truth	**riuscire**	to succeed, be able to
felice	happy	**sembrare**	to seem

112

sperare	to hope	**è vero?**	is it true?
suonare/squillare	to ring	**fare colazione**	to have breakfast
vincere	to win	**invitare a cena**	to invite to supper
che c'è di nuovo?	what's up?, what's new?	**invitare a pranzo**	to invite to dinner
		sperare di sì	to hope so

DIALOGO   *Una telefonata*

Il telefono squilla. La signora Benetti va a rispondere. Alza il telefono e dice:

Signora Benetti	Pronto? Chi parla?
Riccardo	Signora Benetti, sono io, Riccardo. Posso parlare con Umberto?
Signora Benetti	Sì, è qui. Un momento, glielo chiamo.
Umberto	Ciao, Riccardo. Che c'è di nuovo?
Riccardo	Ti chiamo per darti una bella notizia.
Umberto	Dimmi, dimmi. . . .Sembri molto felice.
Riccardo	Ho vinto un'importante borsa di studio negli Stati Uniti!
Umberto	È vero? Congratulazioni! Quando l'hai saputo?
Riccardo	Ho appena adesso ricevuto un'interurbana da Roma. Partirò per Boston i primi di settembre.
Umberto	E quanto tempo ci resterai?
Riccardo	Fino alla fine di giugno.
Umberto	Oltre a Boston, riuscirai a visitare altre città?
Riccardo	Spero di sì, almeno durante le vacanze di Natale!
Umberto	Ricordati di mandarmi una cartolina da New York!
Riccardo	Certamente: Intanto, per festeggiare, ti invito a pranzo. Puoi venire da noi domani all'una?
Umberto	Con immenso piacere. Porterò lo spumante.
Riccardo	O.K. Ci vediamo domani, allora. Ciao!
Umberto	Ciao. . .e di nuovo, congratulazioni!

Dialog   *A telephone call*

The phone rings. Mrs. Benetti goes to answer. She picks up the phone and says:

Mrs. Benetti	Hello? Who's talking?
Ricardo	Mrs. Benetti, it's me, Riccardo. May I talk to Umberto?
Mrs. Benetti	Yes, he is here. A moment, I'll call him for you!
Umberto	Hi, Riccardo. What's up?

Riccardo	I'm calling to give you some good news.
Umberto	Tell me, tell me. . . .You seem very happy.
Riccardo	I won an important scholarship to the United States!
Umberto	Is it true? Congratulations! When did you hear about it?
Riccardo	I just now received a long distance call from Rome. I will leave for Boston the first few days in September.
Umberto	And how long will you stay there?
Riccardo	Until the end of June.
Umberto	Besides Boston, will you be able to visit other cities?
Riccardo	I hope so, at least during the Christmas holidays.
Umberto	Remember to send me a post card from New York!
Riccardo	Sure: Meanwhile, to celebrate, I'm inviting you to dinner. Can you come to my house tomorrow at one o'clock?
Umberto	With great pleasure. I'll bring the spumante!
Riccardo	O.K. We'll see each other tomorrow then! Bye!
Umberto	Bye, and again, congratulations!

Note that:

1. **Vincere** has an irregular past participle, **vinto**

2. **Riuscire** conjugates exactly like **uscire**. It is usually followed by the preposition **a** and it means *to succeed in, to be able to*. (*Example*: **Lui riesce a fare molto denaro.** He succeeds in making a lot of money.)

3. The expression **i primi di**, followed by the name of a month, means *the first few days in, early in*.

EXERCISES

A. Read the following statements; then select the answers that seem correct to you.

1. Chi risponde quando il telefono squilla? (**la signora Benetti, suo figlio Ugo, suo marito**).

2. Riccardo telefona all'amico perché (**vuole andare al cinema con lui, vuole dirgli una cosa molto importante, vuole parlargli di un suo problema**).

3. Che cosa ha vinto Riccardo? (**un viaggio a Boston, una borsa di studio, molto denaro**).

4. Riccardo ha appena ricevuto (**una lettera, un telegramma, una telefonata**).

5. Riccardo resterà negli Stati Uniti (**tre mesi, poco meno di un anno, otto settimane**).

6. Quando Riccardo sarà in America, lui (**starà sempre a Boston, andrà soltanto a New York, visiterà anche altre città**).

7. Per festeggiare la bella notizia, Riccardo invita l'amico ad andare a casa sua (**a pranzo, a cena, a colazione**).

8. Quando Ugo andrà da Riccardo, gli porterà (**un bel dolce, della frutta, una bottiglia di vino**).

(Answers, p. 239)

B. In Italian how do you say:

1. (*I need*) _____ un vestito nuovo.
2. Preferiamo (*a double room*) _____ .
3. Loro abitano (*on the third floor*) _____ .
4. (*I must shave*) _____ prima di uscire.
5. È necessario (*to be patient*) _____ .
6. Scusi, signore, qual è (*your necksize*) _____ ?
7. Ogni mese lui fa molte (*long distance calls*) _____ .
8. Domani mattina (*we will have breakfast*) _____ alle sette e mezzo.
9. Quando rispondo al telefono, io dico sempre: (*Hello? Who is calling?*)

   _____ .
10. Ieri sera lui mi ha dato (*a bad news*) _____ .
11. Tu, Alberto, mangi sempre (*in a great hurry*) _____ .
12. (*In my opinion*) _____ è già troppo tardi.

(Answers, p. 239)

GRAMMAR I   Use of the Adverbial Pronoun **ci**

The adverb **ci** (as in **ci sono** + *there are*) may also be used either as an adverbial pronoun to replace the proper name of a city, a country, a lake, etc., or to replace a noun indicating a locality previously mentioned.

Abitiamo ancora *in quella via.*	*Ci* abitiamo ancora.
Quando sei tornato *in Francia?*	Quando *ci* sei tornato?
Rimaniamo *a Torino* due giorni.	*Ci* rimaniamo due giorni.

When used as an adverbial pronoun, **ci** follows the same rules governing the position of direct and indirect object pronoun in a sentence.

Vuoi andare *al cinema?*	*Ci* vuoi andare?/Vuoi andar*ci*?
Desidero venire *in centro.*	Desidero venir*ci*.

EXERCISE

Replace the words in italics with the adverbial pronoun *ci*.

Example: Oggi rimango *a casa* con lui. **Oggi ci rimango con lui.**

1. Gli studenti restano *in classe* fino alle quattordici.
2. Perché non andate *in Piazza Dante* con noi?
3. Quando potrete venire *negli Stati Uniti*?
4. Silvia non è mai stata *all'estero*.
5. Loro abitano *in via Michelangelo*.
6. Adriana desidera rimanere *sulla spiaggia*.
7. Preferisco andare *al supermercato* nel primo pomeriggio.
8. A mia moglie piace molto ritornare *in quel paese*.
9. A che ora dovete essere *alla stazione ferroviaria*?
10. Quella violinista ha dormito molte volte *in quest'albergo*.

(Answers, p. 239)

GRAMMAR II   Position of Direct and Indirect Object Pronouns with the Imperative

When a direct or an indirect object pronoun (**ne** included) is used with a verb conjugated in the imperative, the pronoun precedes the formal imperative (**Lei** and **Loro** forms) but follows the familiar imperative (**tu, noi,** and **voi** forms) and is attached to the verb.

	Seguire	**Parlare**
(tu)	segui*lo* (follow him)	parla*gli* (talk to him!)
(Lei)	*lo* segua	*gli* parli
(noi)	seguiamo*lo* (let's follow him!)	parliamo*gli* (let's talk to him)
(voi)	segui*telo*	parla*tegli*
(Loro)	*lo* seguano	*gli* parlino

Luisa, non portar*ci* del pane, porta*ci* del formaggio!
(Louise, don't bring us bread, bring us some cheese!)

La lezione non è affatto difficile; impara*tela* per domani!
(The lesson is not at all difficult; learn it for tomorrow!)

Dottore, *mi* dia una medicina per il mal di testa!
(Doctor, give me some medicine for my headache!)

Anna ha fame. Prepariamo*le* un piatto di pasta.
(Ann is hungry. Let's prepare a dish of pasta for her!)

Ecco delle sigarette. Porta*ne* alcune a mio padre!
(Here are some cigarettes. Take a few to my father.)

Quando parla con i miei genitori, non *gli* dica che sono malato!
(When you talk with my parents, don't tell them that I am sick!)

When the pronoun **ne** or a direct or indirect object pronoun is used with the familiar singular imperative of the verbs **dare, dire, fare,** and **stare,** the initial consonant of the pronoun is doubled before it is attached to the imperative (for example, **da' + mi = dammi; di + ci = dicci**).

Gina, *dalle* la borsa!	(Gina, give her the purse!)
Marco, *dicci* la verita!	(Marco, tell us the truth!)
Marta, *falli* subito!	(Marta, do them right away!)
***Danne* due a tuo zio!**	(Give two to your uncle!)
Per favore, *stammi* vicino!	(Please stay close to me!)

The doubling never takes place with the pronoun **gli**.

***Digli* di essere buono!**	(Tell him to be good!)

It occurs instead when the adverbial pronoun **ci** is used with the imperative of **stare**.

***Stacci* fino alle tre!**	(Stay there until three o'clock!)

EXERCISES

A. Rewrite the following sentences, substituting the appropriate direct or indirect object pronouns for the words in italics.

Example: Spedisci oggi *quella lettera!* **Spediscila oggi!**

1. Ruggiero, chiama *il tassi!*
2. Signor Cecchi, telefoni *al padrone di casa!*
3. Cerchiamo *quegli stranieri!*
4. Susanna, non portare il caffè *a Sandro!*
5. Signorina Russo, offra *alcune paste* al professore!
6. Mostrate *il film* agli studenti di inglese!
7. Non parlare *a quest'impiegato!* Deve lavorare.
8. Signori e signore, salutino *la direttrice!*
9. Spedite subito *tre camicie* dalla fabbrica!
10. Dottor Bassi, non dia *dei fiammiferi* a suo figlio!

(Answers, pp. 239–240)

B. In the following imperative sentences, replace the words in italics with the appropriate direct or indirect object pronouns.

Example: Diano le lettere *al postino!* **Gli diano le lettere!**

1. Date *la notizia* al farmacista!
2. Dite *ai ragazzi* di non uscire!

3. Fa' *a me* un vero piacere!

4. Signora, dia il mio assegno *alla proprietaria*!

5. Restate *a Milano* fino a domenica!

6. Simone, da' *il cappotto* al commesso!

7. Adesso di' a tutti *la verità*!

8. Nonno, sta' vicino *a lei*!

9. Marisa, fa' *i compiti* per la professoressa di francese!

10. Zia, di' *a Angela* di preparare il pranzo!

(Answers, p. 240)

GRAMMAR III   Imperative of the Reflexive Verbs

Reflexive verbs ending in **arsi, ersi,** and **irsi** form the imperative exactly as any verb of the first, second, and third conjugation. Although the pronoun **si** (singular and plural) always precedes the **Lei** and **Loro** forms of the imperative, the pronouns **ti, ci, vi** follow the **tu, noi,** and **voi** imperative forms and are attached to them.

Alzarsi	**Mettersi**	**Vestirsi**
alza*ti* (get up!)	**metti*ti*** (put on,) wear!)	**vesti*ti*** (get dressed!)
***si* alzi**	***si* metta**	***si* vesta**
alzia*moci*	**mettia*moci***	**vestia*moci***
alza*tevi*	**mette*tevi***	**vesti*tevi***
***si* alzino**	***si* mettano**	***si* vestano**

Giovanni, *alzati*! Sono le otto.	John, get up! It's eight o'clock.
***Svegliamoci* presto domattina!**	Let's get up early tomorrow morning.
Signora, *si diverta* al cinema!	Enjoy yourself at the movies, Ma'am!

When the imperative of a reflexive verb is used in a negative sentence, the word **non** precedes all forms of the imperative, except for the **tu** form, which is rendered by **non** + the infinitive of the verb. In this instance, the reflexive pronoun **ti** is attached to the infinitive.

Positive Commands	Negative Commands
Antonio, riposati!	**Antonio, non riposarti!**
Mettiamoci il cappotto!	**Non mettiamoci il cappotto!**
Bambine, lavatevi le mani!	**Bambine, non lavatevi le mani!**
Signora, si vesta adesso!	**Signora, non si vesta adesso!**

EXERCISE

Translate the imperatives in parentheses.

1. Alessandro, (*look at yourself*) _____ allo specchio!
2. Signor Bonetti, (*don't worry*) _____ per me; io sto bene.
3. Giovanna, (*relax*) _____ un po' questo pomeriggio!
4. Adesso (*let's get undressed*) _____ e poi (*let's go to bed*) _____ !
5. Ragazzi, (*don't fall asleep*) _____ in classe!
6. Rosa, per favore (*comb your hair*) _____ prima di uscire!
7. Dottoressa Ciampi, (*get ready*) _____ perché sono gia le quattro!
8. Pietro, Giovanni e Carlo (*don't get bored*) _____ durante la lezione del professore di storia!
9. Figlia mia, oggi (*wear*) _____ il vestito nuovo!
10. Signori Marchetti, (*stop*) _____ a casa mia questa sera!

(Answers, p. 240)

GRAMMAR IV   Imperative of the Stem-Changing Verbs **andare, bere, rimanere, tenere, uscire,** and **venire**

Andare	Bere	Rimanere
va (go!)	**bevi** (drink!)	**rimani** (remain, stay!)
vada	beva	rimanga
andiamo	beviamo	rimaniamo
andate	bevete	rimanete
vạdano	bẹvano	rimạngano

Tenere	Uscire	Venire
tieni (hold, keep!)	**esci** (go out!)	**vieni** (come!)
tenga	esca	venga
teniamo	usciamo	veniamo
tenete	uscite	venite
tẹngano	ẹscano	vẹngano

EXERCISES

A. Using the imperative, tell:

Example: a Mario di *rimanere* in classe! **Mario, *rimani* in classe!**

1. a Martino di *bere* tutto il latte.
2. alla signorina Luzzi di non *uscire* troppo tardi.

3. alle studentesse americane di *venire* al cinema.

4. ai signori Marchetti di *fumare* poco.

5. ai vostri amici di non *rimanere* in centro questa sera.

(Answers, p. 240)

B. Change the verbs from the *passato prossimo* to the imperative.

Example: La signora ha fatto la spesa. **Signora, faccia la spesa!** Loro hanno
          tenuto il figlio a casa. **Tengano il figlio a casa!**

1. Noi siamo venuti al mare con voi.

2. Voi avete bevuto troppo.

3. Loro hanno dato la medicina a Silvio.

4. La signora Leoni ha tenuto l'automobile in piazza.

5. Tu, Luigi, sei andato dal fruttivendolo.

6. Il dottor Mattei non è uscito dall'ospedale alle undici.

7. Stasera noi siamo rimaste all'università.

8. Il professore ha invitato una straniera a cena.

9. Loro hanno bevuto un cappuccino al bar.

10. Lei, signorina, ha fatto un'interurbana?

(Answers, p. 240)

GRAMMAR V   Double Object Pronouns

In Italian, as in English, a direct and indirect object pronoun may be used
with the same verb when both depend on it (*example: I mail it to her*). When
this occurs, the indirect object pronoun comes before the direct object pronoun
and not after as in English.

Note that, with the exception of **gli**, all indirect object pronouns (**mi, ti,
ci, si, vi**) replace their final vowel **i** with an **e** before any of the direct object
pronouns **lo, la, li, le**, and **ne**. The indirect object pronoun **gli** instead adds an
e, becoming **glie**, and attaches to it.

mi	+	lo, la, li, le, ne = **me lo, me la, me li, me le, me ne** [it, them (m. & f.), some of it/of them to/for me]
ti	+	lo, la, li, le, ne = **te lo, te la, te li, te le, te ne** [it, them (m. & f.), some of it/of them to/for you (fam. s.)
le, Le	+	lo, la, li, le, me = **glielo, gliela, glieli, gliele, gliene** [it, them (m. & f.), some of it/of them to/for her, to/for you (form. s.)
gli	+	lo, la, li, le, ne = **glielo, gliela, glieli, gliele, gliene** [it, them (m. & f.), some of it/of them to/for him]

si + lo, la, li, le, ne = **se lo, se la, se li, se le, se ne**
[it, them (m. & f.), some of it/of them, to/for himself/herself/
itself] (plural)

ci + lo, la, li, le, ne = **ce lo, ce la, ce li, ce le, ce ne**
[it, them (m. & f.), some of it/of them to/for us]

vi + lo, la, li, le, ne = **ve lo, ve la, ve li, ve le, ve ne**
[it, them (m. & f.), some of it/of them to/for you (fam.p.)]

gli + lo, la, li, le, ne = **glielo, gliela, glieli, gliele, gliene**
[it, them (m. & f.), some of it/of them to them, to/for you
(form.p.)]

si + lo, la, li, le, ne = **se lo, se la, se li, se le, se ne**
[it, them (m. & f.), some of it/of them to/for themselves]

Position of Indirect and Direct Object Pronouns in the Same Sentence

All the rules given in the preceding lessons regarding the position of direct
and indirect object pronouns apply to double object pronouns as well.

1. With a verb conjugated in the indicative

Loro danno dei fiori a Barbara.   **Loro *gliene* danno.**
(They give Barbara some flowers.)   (They give her some.)

Vi ho già parlato dell'Italia.   **Ve *ne* ho già parlato.**
(I already spoke to you about Italy.)   (I already spoke to you about it.)

2. In a negative sentence

Noi non compreremo dei libri   **Noi non *ve ne* compreremo.**
  per voi.
(We will not buy you any books.)   (We will not buy you any.)

Rita non ci ha detto la verità.   **Rita non *ce l'* ha detta.**
(Rita did not tell us the truth.)   (Rita didn't tell it to us.)

3. With an infinitive

Desideri spedire una lettera   **Desideri spedir*gliene* una?**
  a Rosa?
(Do you wish to mail Rosa a letter?)   (Do you wish to mail her one?)

È tornato per darti gli assegni.   **È tornato per dar*teli*.**
(He came back to give you the   (He came back to give them to you.)
  checks.)

4. With the verbs **dovere, potere, volere** + an infinitive:

Posso offrirLe un caffè?   **Posso offrir*gliene* uno?**
(May I offer you a coffee?)   **Gliene *posso offrire uno?***
                                            (May I offer you one?)

Tu devi lavarti le mani.
(You must wash your hands.)

Tu devi lavar*tele*.
Tu *te le* devi lavare.
(You must wash them.)

5. With an imperative

**Dottore, si compri quell'
orologio!**
(Doctor, buy yourself that watch!)

Dottore, *se lo* compri!
(Doctor, buy it for yourself!)

**Non portare tanti libri agli
amici!**
(Don't bring your friends so many
books!)

Non portar*gliene* tanti!
(Don't bring them so many!)

Dammi queste gonne!
(Give me these skirts!)

Dam*mele*!
(Give them to me!)

EXERCISES

**A. Substitute the appropriate double object pronouns for the words in
italics, making all the necessary changes.**

Example: Giovanni ha ordinato *tre camicette al commesso.* **Giovanni gliene
ha ordinate tre.**

1. Loro *si* sono comprati *quella bella casa.*
2. Chi ha dato *il mio quaderno al professore*?
3. Mamma, non fare *tante telefonate a Luisa*!
4. L'insegnante *ti* ha spiegato *i verbi irregolari.*
5. Loro *ci* offriranno *delle vere sigarette americane.*
6. Compriamo *queste scarpe per tua sorella.*
7. Noi *vi* diciamo sempre *la verità.*
8. Quella scrittrice *ci* parlerà *del suo nuovo romanzo.*
9. Voi dovete portar*le* un po' *di sale.*
10. Non sono riuscito a fare *i compiti a quel tuo amico.*
11. Da' subito *a me quella lettera*!
12. Desidero mandare *dei fiori alla violinsita straniera.*
13. Quante *lettere* avete scritto *ai vostri nonni*?
14. Cameriere, *mi* faccia *un espresso*, per favore!
15. È vero che Maria ha lavato *la faccia a Umberto*?

(Answers, pp. 240–241)

B. Translate into Italian.

1. Anthony, bring it (f.) to me! I want to see it right away.
2. He gave her many flowers for her birthday.

3. Mrs. Luciani, don't give it (f.) to us! We already have too many things.

4. I cannot tell it to you (fam.pl.) until tomorrow.

5. They have been talking to them about it for twenty-five minutes.

(Answers, p. 241)

GRAMMAR VI   Formation and Use of the **Imperfetto**

The indicative tense that Italians call **imperfetto** is a past tense corresponding to the English expressions formed by:

> *was/were* + the gerund of a verb (They were studying in Italy.)
> *used to* + the infinitive (She used to live in Boston.)
> *would* + the infinitive (He would go home every day.)

Unless otherwise noted, most Italian verbs form the **imperfetto** of the indicative by dropping the **re** from the infinitive and adding the endings **vo, vi, va, vamo, vate, vano**.

Pensare (to think)	**Vincere** (to win)	**Riuscire** (to succeed)
pensa*vo*	vince*vo*	riusci*vo*
pensa*vi*	vince*vi*	riusci*vi*
pensa*va*	vince*va*	riusci*va*
pensa*vamo*	vince*vamo*	riusci*vamo*
pensa*vate*	vince*vate*	riusci*vate*
pensa*vano*	vince*vano*	riusci*vano*

Note that in pronunciation the stress falls on the next-to-last syllable, except for the third-person plural, which is stressed on the third-to-last syllable.

Remember also that the past participle of **vincere** is **vinto** and that **riuscire** conjugates exactly like **uscire** (present indicative: riesco, riesci, riesce, etc.).

Of all the verbs encountered so far, only **bere, dire, essere,** and **fare** are irregular in the formation of the **imperfetto**. **Avere**, all reflexive verbs, and those verbs that conjugate like **capire, finire, and preferire** also follow the regular pattern.

Bere	**Dire**	**Essere**	**Fare**
bevevo	dicevo	ero	facevo
bevevi	dicevi	eri	facevi
beveva	diceva	era	faceva
bevevamo	dicevamo	eravamo	facevamo
bevevate	dicevate	eravate	facevate
bevevano	dicevano	erano	facevano

Uses of the **imperfetto**

While the **passato prossimo** expresses an action that was begun and completed in the recent past, the **imperfetto** instead expresses a past action without any reference to when it began or ended.

This tense is used, therefore, to express habitual actions in the past, to describe a past action in progress, and to indicate age, time, weather, state of mind, or state of affairs.

Examples

Quando *abitavamo* in Italia, *andavamo* spesso al mare.
(When we lived in Italy, we often went to the sea.)

Durante l'inverno, *ci alzavamo* sempre tardi.
(During the winter, we always used to get up late.)

Il mio insegnante di francese *entrava* sempre in classe alle otto.
(My French teacher always entered the class at eight A.M.)

Umberto è arrivato mentre io *telefonavo* a suo fratello.
(Umberto arrived while I was calling his brother.)

Quando *avevo* ventitrè anni, ho vinto una borsa di studio in Francia.
(When I was 23 years old, I won a scholarship to France.)

Ieri Emma si è messa un cappotto pesante perché fuori *faceva* freddo.
(Yesterday Emma wore a heavy coat because it was cold outside.)

EXERCISES

A. Change the following verbs to the *imperfetto*.

1. abbiamo aperto
2. dimenticherai
3. vincono
4. fa'!
5. ho sperato
6. sei uscito
7. dicano!
8. mangeranno
9. hanno scritto
10. ho perso
11. penseranno
12. ci corichiamo
13. hai voluto
14. vedranno
15. giocheremo
16. piaccio
17. vengono
18. possiamo
19. squillerà
20. si sono divertiti
21. abbiamo
22. finiscono
23. siano!
24. mi sono vestita
25. ho invitato
26. hanno pranzato
27. ceneremo
28. fumano
29. sembri
30. sono restati

(Answers, p. 241)

B. Complete the sentences with the appropriate form of the *imperfetto*.

1. Quando Ennio (**abitare**) _____ negli Stati Uniti, (**lavorare**) _____ in un negozio di New York.
2. Ieri io (**avere**) _____ di nuovo il mal di pancia.
3. L'anno scorso Elisa (**cenare**) _____ spesso da noi.
4. Quando i ragazzi (**studiare**) _____ , l'insegnante (**essere**) _____ felice.
5. Mentre la mamma (**preparare**) _____ la colazione, il babbo (**fumare**) _____ una sigaretta.
6. Quando noi (**andare**) _____ a scuola, (**imparare**) _____ anche la storia e la geografia d'Italia.

(Answers, p. 241)

C. Complete the following sentences with the appropriate forms of the *passato prossimo* and/or the *imperfetto* as required by the context.

Example: Quando loro stamattina (*went out*) _____ , (*we already were*) _____ a scuola. **Quando loro stamattina sono usciti, noi eravamo già a scuola.**

1. Giorgio e io (*ran into each other*) _____ in centro mentre (*I was returning*) _____ in ufficio.
2. Irma (*arrived*) _____ alla stazione proprio mentre il treno (*was leaving*) _____ .
3. Domenica scorsa Marisa (*wore*) _____ un vestito elegante perché (*she was going*) _____ a pranzare con la direttrice della sua scuola.
4. Ieri, mentre il marito e i figli (*were still sleeping*) _____ la signora Buozzi (*went grocery shopping*) _____ .
5. (*I was 20 years old*) _____ quando (*I smoked*) _____ la mia prima sigaretta.
6. Silvestro (*called me*) _____ alle due del pomeriggio mentre (*I was resting*) _____ .
7. Silvana (*seemed*) _____ infelice perché Riccardo (*wasn't feeling well*) _____ .
8. (*We did not succeed in*) _____ parlargli, perché lui (*wasn't*) _____ in ufficio.
9. Mentre la famiglia Rossi (*was having supper*) _____ il telefono (*was ringing*) _____ .
10. Ieri pomeriggio mentre i bambini (*were playing*) _____ , la loro mamma (*washed her hair*) _____ .

(Answers, p. 241)

Review Lesson Two

A. Give the masculine or feminine equivalent of the following words.

Example: il mio nonno = **la mia nonna;** il babbo di Maria = **la mamma di Maria**

1. quel bell'uomo _____
2. il famoso scrittore _____
3. la vecchia direttrice _____
4. la nuora canadese _____
5. nostro fratello _____
6. il nipote biondo _____
7. lo stesso dottore _____
8. la farmacista gentile _____
9. il giovane marito _____
10. il nuovo autista _____

B. Change all possible words in the following sentences from the singular to the plural.

Example: È questo il film che tu vuoi vedere? **Sono questi i film che voi volete vedere?**

1. Il tema di quello studente è troppo lungo.
2. La radio che lui compra non costa molto.
3. Quel dramma è certo interessante, ma è anche difficile!
4. Il pilota di quest'aeroplano è molto bravo.
5. Io devo fare il vaglia adesso.
6. Quest'uovo è fresco e voglio mangiarlo subito.
7. Non conosco la moglie di quel pianista.

8. L'espresso che arriva su questo binario viene da Torino.

9. Incontro spesso quell'uomo molto alto.

C. Give the future forms of the verbs in italics.

1. *Bevo* un po' di latte e *mangio* del formaggio.

2. Dove *possiamo* trovare un buon ristorante?

3. Chi *sa* se anche loro *vanno* al cinema?

4. *Diciamo* a suo padre che Gino *deve* stare a casa.

5. Se *rimanete* a Padova tutto l'anno, cosa *fate* d'estate quando noi *andiamo* al mare?

6. Chi gli *dà* qualcosa da bere quando lui *ha* sete?

7. *Vediamo* tuo fratello alle 20 quando lui *viene* da noi.

8. Che cosa *dici* a Teresa se lei ti *telefona*?

9. Voi, ragazzi, *dimenticate* sempre tutto quello che io *faccio* per voi!

10. Chi *paga* il conto quando io non *sono* più qui?

D. Change the verbs from the present or the future to the *passato prossimo*.

1. Lui mangia spesso al ristorante.

2. Loro lavoreranno in questo negozio.

3. Noi abbiamo molti amici in Francia.

4. Giovanna dorme in classe.

5. Stasera vedremo un buon film giapponese.

6. Anna dice che loro partono alle due del pomeriggio.

7. Quanti giorni rimangono qui i tuoi cognati?

8. Dove tieni l'automobile?

9. Che cosa sapete voi di noi?

10. Non voglio nulla da te!

11. Dobbiamo spedire questo pacco.

12. Sergio entra in casa quando sua moglie esce.

13. Loro viaggeranno in treno.

14. Quando tu, Rosa, vai al supermercato, quanto denaro spendi?

15. La mamma fa la spesa il martedì e il sabato.

16. Il macellaio pesa la carne e io gli do ventimila lire.

17. Non risponderemo alle sue lettere.

18. Oggi io incasserò due assegni per viaggiatori.

19. Quando Gino tornerà a scuola, parlerà subito con la sua insegnante.

20. Quando nasce il bambino di tua sorella?

E. Complete the following sentences with the appropriate relative or interrogative pronouns.

1. Con _____ parli al telefono Giuseppe?

2. Mi hanno detto che la casa _____ vuoi comprare costa molto.

3. Il ragazzo con _____ Marianna esce è spagnolo.

4. A _____ avete dato la mia moto?

5. Il paese per _____ l'autobus passa si chiama San Giacomo.

6. Signorina Bacci, a _____ vuole spedire questa lettera?

7. La casa in _____ abitiamo è in Via Dante.

8. Il professore di _____ tutti gli studenti parlano è molto bravo.

9. Di _____ sono queste camicie?

10. Il violinista _____ voi conoscete non è americano, ma canadese.

F. Complete the following sentences, translating the verbs in parentheses.

1. Ogni giorno (I get up) _____ prima di tutti.

2. Ieri sera Luciana (went to bed) _____ alle otto perché era molto stanca.

3. Oggi (she is wearing) _____ il vestito che io le ho comprato la settimana scorsa.

4. Quando Luciano ha visto sua moglie, (he realized) _____ subito che lei non stava bene.

5. Quando i bambini (fall asleep) _____ , la loro mamma può riposarsi un poco.

6. (They see each other) _____ tutte le domeniche.

7. Se leggo un libro poco interessante, (I get bored) _____ .

8. Alberto e Silvana (phoned each other) _____ ieri sera.

9. Oggi (he doesn't feel well) _____ perché la carne che ha mangiato non era molto fresca.

10. Massimo, (get ready) _____ ! Sono già le undici e mezzo!

G. Replace the words in italics with the appropriate direct or indirect object pronouns, rewriting the entire sentence.

1. Signorina, ha parlato *a suo fratello* ieri sera?

2. Perché desideri tornare *in quella casa*?

3. Mamma, hai lavato *le mie camicette*?

4. Non ho potuto telefonare *a mia cognata*.

5. Voglio mandare *tre cartoline* negli Stati Uniti.

6. Fa subito *gli esercizi*!

7. È vero che Olga vuole *un po' di burro*?

8. Hai detto *a Giuliana e a Mario* di venire a cena da noi?

9. Dove avete visto *i miei nipoti*?

10. Dite *alla signora Marchetti* che io sono partita!

H. Substitute the verb *piacere* for *preferire*, and make all the necessary changes in the sentence.

Example: Noi preferiamo la tagliatelle. **Ci piacciono le tagliatelle.**

1. Tu hai preferito l'arrosto di vitello.

2. I miei cugini preferiscono viaggiare in treno.

3. Lei preferisce il vino bianco.

4. Noi preferivamo visitare la Spagna.

5. Chi preferisce rimanere al mare per altri due giorni?

6. È vero che voi preferite comprare delle mele?

I. Substitute the appropriate combined direct/indirect object pronouns for the words in italics, making all necessary changes.

1. Luigi, da' *le chiavi alla mamma*!

2. Non ho potuto comprare *quelle cravatte per mio marito*.

3. Non portare *a me delle sigarette*! Io non fumo!

4. La commessa del negozio ha venduto *molta stoffa a quei clienti*.

5. Perché non vuoi dire *la verità a tuo fratello*?

6. Chi deve dare *a noi quei giornali americani*?

L. Translate the following sentences.

1. My cousin Rita has been living in Naples for three months. She likes that city very much and hopes to remain there until next summer.

2. This morning Gianfranco shaved in a hurry, then had breakfast, read the paper for ten minutes, and at 8:30 he went to work.

3. Rosetta goes grocery shopping every Tuesday or when she needs to buy eggs, olive oil, fresh fruit and vegetables.

4. I am tired and hungry; I want to go home to eat and rest.

5. I know that she doesn't like me because when I see her and say: - Hi, Lisa, how are you today?, she only answers: - So-so.

6. Yesterday I bought myself a new jacket. I like it a lot and it fits me like a glove.

(Answers, pp. 242–243)

UNA GITA DOMENICALE

A Sunday Outing

WORDS TO REMEMBER

l'alba	dawn	la regione	region
l'autostrada	highway	peggiore	worse
la, il cliente	customer	il, la peggiore	worst
così. . .come	as. . .as	la penisola	peninsula
come	as, like	la persona	person
dietro	behind	il pesce	fish
domenicale	Sunday (adj.)	pessimo, a	very bad
la festa	holiday; party	pittoresco, a	picturesque
generoso, a	generous	(pl. pittoreschi,	
la gente[1]	people	pittoresche)	
la gita	outing, trip	più piano	more slowly
l'idea	idea	le previsioni del	weather forecast
infatti	in fact, as a matter	tempo	
	of fact	secondo[2]	according to
il lampo	lightning	statale	state
lì	there	la strada	road, street
la macchina	car, machine	tanto. . .quanto	as. . .as
migliore	better	il temporale	storm
il, la migliore	best	la Toscana	Tuscany
il mondo	world	il tramonto	sunset
la montagna	mountain	il tuono	thunder
nazionale	national	veloce	fast
la neve	snow	il vento	wind
l'ombrello	umbrella	la vita	life
ottimo, a	excellent, very good	albeggiare	to dawn

amare	to love	**tirare vento**	to blow (wind)
ascoltare	to listen (to)	**tramontare**	to set, go down
cucinare	to cook	**tuonare**	to thunder
diluviare	to pour (of rain)	**fare una gita**	to take a trip
guadagnare	to earn (money)	**fare una gita in**	to go for a drive
lampeggiare	to lightning	**macchina**	
nevicare	to snow	**non importa**	it doesn't matter
piovere	to rain	**portarsi dietro**	to bring, take along
regalare	to give (as a gift)		

[1]*In Italian the word **la gente**, though plural in meaning, is normally singular in use (**questa gente è molto ricca** = these people are very rich).*

[2]*The preposition **secondo** + a personal object pronoun, such as **me, te, lui, lei,** etc., means according to me, to you, to him, to her, etc., as well as in my, your, his and her opinion.*

DIALOGO   *Una gita domenicale*

L'Italia non è un paese molto grande; è infatti più piccola della California. La gente che abita in alcune regioni della penisola, come la Toscana, si trova vicino al mare come alle montagne.

Pietro	Giulia, quali sono le previsioni del tempo per domani? Non ho ascoltato la radio.
Giulia	Domattina forse pioverà. . .ma nel pomeriggio farà bel tempo. Ci sarà un po' di vento ma anche molto sole.
Pietro	Allora possiamo fare una gita in macchina.
Giulia	Ottima idea! Dove andiamo?
Pietro	A Viareggio. Non ci siamo mai stati.
Giulia	Ma non è lontano?
Pietro	Solo centoventi chilometri. Se partiamo alle quattro, siamo lì prima delle sei.
Giulia	Prendiamo l'autostrada?
Pietro	No, la strada statale. Si va più piano, ma il panorama è più pittoresco.
Giulia	Ci portiamo dietro qualcosa da mangiare?
Pietro	No, Giulia. Ceniamo a Viareggio in un ristorante sul mare.
Giulia	Allora domani mangiamo pesce! A che ora torneremo a casa?
Pietro	Tardi, ma non importa! Lunedì non si lavora. È festa nazionale.

Dialog   *A Sunday outing*

Italy is not a large country. As a matter of fact, it's smaller than California. People who live in some regions of the peninsula, such as Tuscany, are as close to the sea as they are to the mountains.

Pietro	Giulia, what's the weather forecast for tomorrow? I didn't listen to the radio.
Giulia	Perhaps it will rain tomorrow morning, but the afternoon will be fine. A bit windy, but also quite sunny.
Pietro	Then we can go for a drive.
Giulia	Excellent idea! Where are we going?
Pietro	To Viareggio. We have never been there.
Giulia	But isn't it far?
Pietro	Only 120 kilometers. If we leave at four, we'll be there before six.
Giulia	Are we taking the highway?
Pietro	No, the state road. It takes longer (one goes more slowly), but the landscape is more picturesque.
Giulia	Are we bringing along something to eat?
Pietro	No, Giulia. We'll have supper in Viareggio, in a restaurant by the sea.
Giulia	Then tomorrow we eat fish! At what time are we going to be back home?
Pietro	Late, but it doesn't matter. Monday nobody works. It's a national holiday.

EXERCISES

A. Read the following statements on the content of the dialog; then check the true or false blank.

	T	F
1. L'Italia è più grande della California perché è una lunga penisola.	____	____
2. Anche la gente che abita in Toscana si trova vicino al mare come alle montagne.	____	____
3. Pietro non sa che tempo farà perché non ha ascoltato la radio.	____	____
4. Secondo le previsioni del tempo, pioverà anche domani pomeriggio.	____	____
5. Giulia e Pietro andranno a Viareggio con l'autobus.	____	____
6. Pietro conosce bene Viareggio, ma Giulia non c'è mai stata.	____	____
7. Giulia e Pietro arriveranno a Viareggio dopo le sei.	____	____
8. Pietro preferisce l'autostrada perché è più veloce.	____	____
9. Giulia e il marito mangeranno in un ristorante di Viareggio.	____	____

10. A Giulia non piace affatto il pesce.   —— ——

11. Lunedì Giulia e Pietro non lavorano perché è festa
nazionale.   —— ——

(Answers, p. 243)

B. Match the two columns.

1. il binario   a. la festa
2. la sigaretta   b. l'autista
3. l'aeroplano   c. la banca
4. il pesce   d. l'ora
5. la scarpa   e. l'ombrello
6. l'albero   f. il vestito
7. il tassì   g. la porta
8. il cassiere   h. l'impiegato
9. il tramonto   i. il fruttivendolo
10. la chiave   l. il tabaccaio
11. la moglie   m. il mare
12. l'ufficio   n. il piede
13. la verdura   o. il pilota
14. il compleanno   p. il parco
15. il negozio di abbigliamento   q. la stazione
16. l'orologio   r. il sole
17. la pioggia   s. l'uomo
18. la donna   t. il marito

(Answers, p. 244)

GRAMMAR I   The Impersonal Construction

To render the English expressions formed by such words as *one, they,* and
people followed by a conjugated verb, Italian uses the pronoun **si** plus the
third-person singular of the verb.

A che ora *si mangia* in quel ristorante?
(At what time do people eat in that restaurant?)

Quando *si fa* tardi, *si perde* il treno.
(When one is late, one misses the train.)

***Si può* fumare qui?**
(Can one smoke here?)

Note that:

1. If the verb is reflexive, **ci** always precedes **si**.

Quando fuori fa freddo, *ci si mette* il cappello.
(When it's cold outside, one wears a hat.)

D'estate *ci si alza* sempre molto presto.
(During the summer, people always get up early.)

2. With a past action, the compound tense uses the auxiliary verb **essere**.

Non *si è saputo* nulla di lui.
(People knew nothing about him.)

Si è *mangiato* molto bene in quel ristorante.
(They ate very well in that restaurant.)

3. When the verb of the impersonal construction is **essere** followed by an adjective, the adjective must be in its plural masculine form, even though the verb is singular.

Quando *si lavora* molto, *si è stanchi*.
(When one works hard, one is tired.)

È vero che se *si è ricchi*, la vita è facile?
(Is it true that if you are rich, life is easy?)

EXERCISE

Restate each sentence using the impersonal construction.

Example: Mangiamo soltanto quando abbiamo fame. **Si mangia soltanto quando si ha fame.**

1. Per andare in centro loro prendono l'autobus.
2. Ieri sera abbiamo parlato per due ore.
3. Dicono che voi andrete in vacanza.
4. Possiamo fare una telefonata interurbana?
5. La settimana scorsa abbiamo dormito in albergo.
6. Faremo colazione quando ci alzeremo.
7. Quando vinciamo, siamo felici.
8. Loro si preoccupano sempre di ogni cosa.
9. Che cosa vogliono da me?
10. Qui non conosciamo nessuno perché siamo stranieri.
11. Prima ci vestiamo e poi usciamo.
12. Arriveranno in treno.

(Answers, p. 244)

GRAMMAR II   The Comparative: Formation and Use

Italian has two kinds of comparison: unequal comparison and equal comparison.

1. Unequal Comparison

To form unequal comparisons, Italian uses the words **più** (more) and **meno** (less).

The English *than* is expressed by the preposition **di** or by the conjunction **che**.

Use of **di**:

The preposition **di** (either alone or with the definite article) is used when a noun or a pronoun is being compared to another noun or pronoun.

Mio fratello è *più* alto *di* Antonio.
(My brother is taller than Antonio.)

La geografia è *meno* difficile *della* matemạtica.
(Geography is less difficult / easier than mathematics.)

Loro guadạgnano *più* denaro *di* noi.
(They earn more money than we do.)

The preposition **di** is also required when a numeral is used to express a quantity.

Quella nuova mạcchina sportiva costa *più di* trenta milioni.
(That new sport car costs more than thirty million lira.)

In questa scuola ci sono *meno di* duemila studenti.
(In this school there are less than two thousand students.)

Use of **che**:

The conjunction **che** is used when what is being compared (nouns, adjectives, verbs, prepositional phrases of place, and adverbs) relates directly to the same subject.

Quel ristorante ha *più* camerieri *che* clienti.
(That restaurant has more waiters than customers.)

Tuo cugino è *più* forte *che* intelligente.
(Your cousin is stronger than he is intelligent.)

A quei ragazzi piace *più* giocare *che* studiare.
(Those boys like playing more than studying.)

Ci sono *meno* stranieri a Bologna *che* a Firenze.
(There are fewer foreigners in Bologna than in Florence.)

Andiamo al mare! È *più* caldo lì *che* qui.
(Let's go to the beach! It's warmer there than here.)

Note that when the second term of comparison is a conjugated verb, the phrase **di quel che** (or **di quello che**) is required.

Marietta era *più* giovane *di quel che (di quello che)* io pensavo.
(Marietta was younger than I thought.)

2. Equal Comparisons

To express comparisons of equality, Italian uses the adverbs **così. . .come**
(as. . .as) and **tanto. . .quanto** (as. . .as). While **così** and **tanto** come before the
adjective, **come** and **quanto** follow it.

Italians commonly omit **così** and **tanto** when comparing two nouns or two
pronouns.

Il pranzo è buono *come (quanto)* **la cena.**
(The dinner is as good as the supper.)

Tu non sei gentile *come (quanto)* **me.**
(You are not as kind as I am.)

Note that after **come** and **quanto** the personal object pronouns **me, te, lui,
lei, noi, voi,** and **loro** must be used.

In the comparison of two adjectives or two verbs, the forms **così. . .come**
and **tanto. . .quanto** are normally used.

Angela è una ragazza *tanto* **bella** *quanto* **intelligente.**
(Angela is as beautiful a girl as she is intelligent.)

Mi piace *così* **scrivere** *come* **leggere.**
(I like writing as much as reading.)

The English expression *as much (many) + noun + as* is rendered in Italian by **tanto** + noun + **quanto**. Since, however, **tanto** is here used as an
adjective, it must agree in gender and number with the noun.

Luisa compra *tanta* **frutta** *quanto* **Elisabetta.**
(Luisa buys as much fruit as Elisabetta.)

Io ho letto *tanti* **libri** *quanto* **te.**
(I have read as many books as you have.)

Some adjectives have irregular comparative forms in addition to the regular formation with **più**. The two adjectives whose irregular forms are more
commonly used are **buono** and **cattivo**.

buono	(good)	**più buono**		**migliore**	(better)
cattivo	(bad)	**più cattivo**		**peggiore**	(worse)

Migliore and **peggiore** replace the regular comparative forms **più buono**
and **più cattivo** when one wishes to emphasize a person's professional abilities
and/or individual skills.

Quel giovane medico è bravo, ma il dottor Carli è *migliore* **di lui.**
(That young doctor is good, but Dr. Carli is a better physician than he is.)

Gino e Leo sono cattivi insegnanti; Leo, però, è *peggiore* **di Gino.**
(Gino and Leo are bad teachers; Leo, however, is worse than Gino.)

When **migliore** and **peggiore** refer to things, they emphasize material
qualities.

> **È vero che la tua camicia costa poco, ma è *peggiore* della mia!**
> (It's true that your shirt does not cost much, but it's of a worse quality than mine!)

EXERCISES

A. Complete the sentences to form comparatives expressing more.

1. La bistecca di manzo è _____ buona _____ carne tritata.
2. Il mio padrone di casa ha _____ figli _____ figlie.
3. In questa città ci sono _____ alberghi _____ ristoranti.
4. A Anna piace _____ lavorare _____ studiare.
5. Quella studentessa era _____ alta _____ sua insegnante.
6. Ieri il cassiere della banca ha incassato _____ trecentoventi assegni.
7. Loro hanno _____ nemici _____ amici.
8. La nostra macchina e _____ vecchia _____ voi pensate.
9. In quel negozio di abbigliamento ci sono _____ commesse _____ commessi.
10. È _____ facile telefonarsi _____ scriversi.

(Answers, p. 244)

B. Complete the sentences to form comparatives expressing less.

1. Quello stadio è _____ grande _____ questa piazza.
2. Giuseppe è stato _____ intelligente _____ noi tutti.
3. Forse Luciana era _____ bella _____ sua sorella.
4. Adriana legge _____ romanzi _____ dite.
5. Generalmente i giovani hanno _____ denaro _____ vecchi.
6. È vero che a loro piace _____ viaggiare _____ rimanere a casa?
7. Oggi il postino ci ha portato _____ tre lettere.
8. La mia vita è sempre stata _____ interessante _____ vostra.
9. Giogio compra sempre _____ camicie _____ cravatte.
10. Quelle medicine costano _____ trentamila lire.

(Answers, p. 244)

C. Change the following sentences from the comparative of inequality to the comparative of equality.

Example: Lui mangia più di me. **Lui mangia *come/quanto* me.**

1. Loro avevano più amici che parenti.
2. Alcuni clienti amano più parlare che comprare.
3. Le strade di Ferrara sono meno lunghe di quelle di Roma.
4. In questa casa ci sono più porte che camere.
5. Quel ragazzo è più buono che intelligente.
6. Nella classe c'erano più ragazze bionde che brune.
7. Spesso i poveri sono meno felici dei ricchi.
8. I treni non sono sempre più veloci delle automobili.
9. Tu eri meno grasso di me.
10. C'erano più stranieri al mare che sul lago.

(Answers, p. 244)

D. Select the more appropriate comparative form to complete the sentence.

1. Il mio insegnante di francese spiega molto bene la lezione e piace a tutti gli studenti. Quando, invece, il professore di matematica spiega la lezione, nessuno capisce nulla. Il professore di francese è (**migliore, più buono**) _____ del professore di matematica.
2. I signori Ghetti hanno due figli, Luca e Matteo. Né Luca né Matteo sono molto buoni. Generalmente, però, Luca è (**peggiore, più cattivo**) _____ di suo fratello.
3. Sabato scorso abbiamo comprato una bottiglia di vino rosso e una di vino bianco. Il vino rosso era buono, quello bianco era eccellente. Possiamo dire che il vino bianco era (**migliore, più buono**) _____ del vino rosso.
4. Tu ieri non hai voluto dare nulla a quella povera vecchia. Oggi le hai dato cinquemila lire. Oggi tu sei (**più buono, migliore**) _____ di ieri.
5. I nostri zii si chiamano Renato e Augusto. Mentre lo zio Renato ci porta sempre dei dolci, lo zio Augusto non ci porta mai niente. Lo zio Renato è certamente (**più buono, migliore**) _____ dello zio Augusto.
6. Sergio e Alberto sono commessi in un negozio di abbigliamento. Sergio parla molto, ma lavora poco. Alberto conosce tanti clienti e riesce sempre a vendere molti vestiti. Come commesso Sergio è (**più cattivo, peggiore**) _____ di Alberto.

(Answers, p. 245)

GRAMMAR III   The Superlative

Italian has two superlative forms; they are called **superlativo relativo** and **superlativo assoluto**.

1. The **superlativo relativo**, which corresponds to the English superlative (such as *most difficult, easiest)*, is obtained by placing the definite article before the comparatives formed with **più** or **meno** or before **migliore** and **peggiore**.

   Rosa è *la più bella* di tutte.   (Rosa is the most beautiful of all.)
   Lui è *il migliore studente* della classe.   (He is the best student in the class.)

   Note the following points:

   a.   Italian uses **di** (alone or with the definite article), while English normally uses *in*.

   Ecco la più lunga via *del* paese!   (Here is the longest street in the town!)

   Questo è il più grande stadio *d'*Italia.   (This is the largest stadium in Italy.)

   b.   The irregular comparative forms **migliore** and **peggiore** may drop their final **e** before words beginning with a vowel or a consonant (except **s** + consonant or **z**).

   Abbiamo dormito nel *miglior* albergo di Roma.
   (We slept in the best hotel in Rome.)

   È stata la *peggior* settimana della mia vita.
   (It has been the worst week of my life.)

   c.   When the superlative follows the noun, the definite article is not repeated before **più, meno** or **migliore, peggiore**.

   Ho parlato *all'*uomo *più forte* del mondo.
   (I spoke to the strongest man in the world.)

   Questo è *il* negozio *meno caro* della città.
   (This is the least expensive store in town.)

   d.   The second term of the comparison is at times omitted.

   Il locale è *il treno meno veloce*.
   (The *locale* is the slowest train.)

   Queste mele sono *le peggiori*!
   (These are the worst apples!)

2. The **superlativo assoluto** corresponds to the English expressions formed with the adverbs *very, extremely,* and *exceedingly* + the adjective. There are two ways to form the **superlativo assoluto**:

a.   by combining the adverb **molto** with the adjective

Giovanni è *molto* gentile con tutti.	(Giovanni is very kind with everyone.)
Sara è una bambina *molto* buona.	(Sara is an extremely good child.)
Ho visto degli alberi *molto* alti.	(I saw some very tall trees.)

b.   by dropping the last vowel of the adjective and adding in its place **issimo** or **issima**.

Lei è una *bravissima* mamma.	(She is an excellent mother.)
Questa lezione è *difficilissima*.	(This lesson is exceedingly difficult.)
Abbiamo dei vestiti *carissimi*.	(We have some very expensive clothes.)
Hanno comprato delle macchine *velocissime*.	(They bought some very fast cars.)

Note that:

Adjectives ending in **co/ca** and **go/ga** add an **h** before **issimo/issima**.

ricco, a	***ricchissimo, ricchissima***
largo, a	***larghissimo, larghissima***

Le mani di Elisabetta sono *bianchissime*.
(Elizabeth has extremely white hands.)

Ho viaggiato su un *lunghissimo treno*.
(I travelled on a very long train.)

The adjective **vecchio, a** (like all other adjectives ending in unstressed **io/ia**) drop these endings before adding **issimo** and **issima**.

Abito in una *vecchissima* casa.
(I live in a very old house.)

Il professore ha dei libri *vecchissimi*.
(The professor has some extremely old books.)

The adjectives **buono** and **cattivo** have the following regular and irregular superlative forms:

buono, a	**molto buono, a / buonissimo, a**	and	**ọttimo, a**
cattivo, a	**molto cattivo, a / cattivissimo, a**	and	**pẹssimo, a**

The irregular superlative forms **ọttimo** and **pẹssimo** are used mostly to emphasize professional qualities, individual skills, and the material qualities of things and objects.

Luigi è un bambino *molto buono*, ma un *pẹssimo* studente.
(Luigi is a very good child, but a very bad student.)

> **Non sarà una donna molto gentile, ma è un'*ottima* pianista!**
> (She may not be a very kind woman, but she is an excellent pianist!)
>
> **In quel piccolo ristorante abbiamo mangiato un *ottimo* arrosto di vitello.**
> (In that small restaurant we ate an excellent roast of veal.)

EXERCISES

A. Complete the following sentences with the appropriate form of the *superlativo relativo*.

1. Il rapido è (*the fastest*) _____ treno italiano.
2. Abbiamo comprato (*the most expensive*) _____ automobile francese.
3. La nostra casa era (*the smallest one*) _____ del paese.
4. Lucia è (*the youngest*) _____ delle nostre bambine.
5. Enrico era (*the worst*) _____ studente della scuola.
6. Il *Grand Hotel* è (*the most elegant*) _____ albergo di Firenze.
7. Hanno visto (*the best*) _____ film dell'anno.
8. Voi non avete ancora letto (*the most interesting*) _____ romanzo di quello scrittore.
9. Il signor Bastiani è sempre stato (*the least generous*) _____ cliente che noi abbiamo.
10. Molti anni fa Olga era (*the richest*) _____ farmacista di tutta la regione.
11. Questo è (*the easiest problem*) _____ che dobbiamo fare.
12. Ora voglio studiare (*the longest*) _____ dialogo del libro.

(Answers, p. 245)

B. Translate the following sentences.

1. He was the smartest kid in the family.
2. That skirt was the least beautiful one in the store.
3. This is the worst storm of the year.
4. She has always been the kindest of them all.
5. Renata is the smallest girl in her class.

(Answers, p. 245)

C. Give all possible forms of the *superlativo assoluto* for the following adjectives.

Example: bello = **molto bello, bellissimo**

1. alto
2. ricca
3. divertente
4. basso
5. leggiero
6. moderno
7. pesante
8. normale
9. vecchia
10. buona
11. regolare
12. difficile
13. nuova
14. felice
15. pronto
16. vera
17. importante
18. bionda
19. magro
20. brutta

(Answers, p. 245)

D. Complete the following sentences with the superlative ending in
issimo/issima.

1. Questo cameriere è sempre (**occupato**) _____ .
2. Domani leggerò un libro (**interessante**) _____ .
3. La mia nonna è una (**bella**) _____ donna.
4. Quel signore sembrava (**gentile**) _____ .
5. Questa macchina è (**veloce**) _____ .
6. Robert studia molto e il suo italiano è (**buono**) _____ .
7. Giovanna Bellini è una violinista (**conosciuta**) _____ .
8. Stefano spesso non va a scuola; è un (**cattivo**) _____ studente.
9. La cattedrale di questa città è (**grande**) _____ .
10. Ieri un amico ci ha portato una (**bella**) _____ notizia.
11. Giorgio ora ha un buon lavoro e così è (**felice**)

    _____ .

12. È veramente una persona intelligente anche se ancora (**giovane**)

    _____ .

(Answers, p. 245)

GRAMMAR IV   Verbs Used in the Third-Person Singular

Verbs expressing atmospheric changes and other natural phenomena are normally used in the third-person singular or in the infinitive. In the **passato prossimo** (as in other compound tenses) they are normally conjugated with **essere**.

albeggiare	to dawn	**piovere**	to rain
diluviare	to pour	**tirare vento**	to blow (wind)
lampeggiare	to lightning	**tuonare**	to thunder
nevicare	to snow	**tramontare**	to set, go down

Non sono uscito perchè *diluviava*.
(I didn't go out because it was pouring.)

Che brutto tempo! *Tuona e lampeggia*.
(What a bad weather! It's lightening and thundering.)

Quando mi sono alzato, *albeggiava*.
(When I got up, dawn was breaking.)

Si dice che domani *nevicherà*.
(They say that it will snow tomorrow.)

When the above verbs (except for **tramontare**) express a continuous action, they prefer the auxiliary verb **avere**.

Ieri *è piovuto*, ma subito dopo è tornato il sole.
(Yesterday it rained, but immediately afterward the sun came back.)

Lunedì *ha piovuto* per molte ore.
(On Monday it rained for many hours.)

EXERCISE

Complete the sentences, translating the words in parentheses.

1. Domani andremo al mare, se (*it will not rain*) _____ .
2. Ieri ci siamo messi il cappotto perchè (*the wind was blowing*)

   _____ .
3. Dobbiamo prendere l'ombrello! Fuori (*it's pouring*) _____ .
4. Tornano sempre a casa quando il sole (*is going down*) _____ .
5. L'inverno scorso (*it snowed*) _____ quasi tutti i giorni.
6. Nelle strade ora non c'è nessuno perchè (*it's thundering and lightening*)

   _____ .

(Answers, p. 246)

GRAMMAR V   Idiomatic Use of the **Imperfetto** with the Preposition **da**

To express the continuity of a past action, English uses the pluperfect indicative with the preposition *for*. Italian renders this construction with the **imperfetto + da**.

Quando Giovanni è tornato in ufficio, *pioveva da* due ore.
(When Giovanni returned to the office, it had been raining for two hours.)

Quando sono entrato in classe, l'insegnante *spiegava* la lezione *da* dieci minuti.
(When I entered the room, the teacher had been explaining the lesson for ten minutes.)

EXERCISE

Complete the sentences, translating the words in parentheses.

1. I bambini erano stanchi perché (*they had been playing*) _____ da tre ore.

2. (*She had been resting*) _____ da mezzora quando ha squillato il telefono.

3. Ieri siamo andati tutti al mare perché (*it had been hot*) _____ da due settimane.

4. Quando il treno si è fermato alla stazione di Taranto, (*I had been traveling*) _____ da parecchie ore.

5. Ieri faceva molto freddo perché (*it had been snowing*) _____ da tre giorni.

6. Quando loro ci hanno scritto (*we had been*) _____ all'estero da due mesi.

(Answers, p. 246)

GRAMMAR VI   Formation and Use of the Present Conditional of **-are, -ere,** and **-ire** Verbs; Present Conditional of **avere** and **essere**

Whereas English forms the conditional with the auxiliary **would**, Italian forms the present conditional by adding appropriate conditional endings to the stem of the infinitive.

-are/-ere Verbs	**-ire** Verbs
-erei	**-irei**
-eresti	**-iresti**
-erebbe	**-irebbe**
-eremmo	**-iremmo**
-ereste	**-ireste**
-erębbero	**-irębbero**

Guadagnare	Vincere	Seguire
Guadagn*erei* (I would earn)	**Vinc*erei*** (I would win)	**Segu*irei*** (I would follow)
guadagn*eresti*	**vinc*eresti***	**segu*iresti***
guadagn*erebbe*	**vinc*erebbe***	**segu*irebbe***
guadagn*eremmo*	**vinc*eremmo***	**segu*iremmo***
guadagn*ereste*	**vinc*ereste***	**segu*ireste***
guadagn*erębbero*	**vinc*erębbero***	**segu*irębbero***

Note that:

1. Verbs whose infinitives end in **ciare** and **giare**, drop the **i** of the stem before adding all conditional endings (comin**cerei**, comin**ceresti**, etc., and mang**erei**, mang**eresti**, etc.)

2. Verbs whose infinitives end in **care** and **gare** add an **h** before all conditional endings (dimenti**cherei**, dimenti**cheresti**, etc., and pag**herei**, pag**heresti**, etc.)

3. The verbs **capire, finire, preferire**, and **uscire** form the conditional exactly as any other **ire** verbs do. **Piacere** is regular in the formation of the conditional.

4. All direct and indirect object pronouns, **ne** included, precede the conditional.

Present Conditional of **avere** *and* **essere**

avrei	(I would have)	**sarei**	(I would be)
avresti		**saresti**	
avrebbe		**sarebbe**	
avremmo		**saremmo**	
avreste		**sareste**	
avrẹbbero		**sarẹbbero**	

Use of the Conditional

In Italian, as in English, the conditional is normally used to express an action that depends on another fact or action expressed or implied, or to express a future hypothetical situation.

Comprerei quella macchina sportiva, ma costa troppo!
(I would buy that sports car, but it costs too much!)

Per dire la verità, oggi preferirei rimanere a casa.
(To tell the truth, today I would prefer to stay home.)

In Italian, the conditional is required when expressing what is reported as rumor or hearsay.

Dicono che suo padre gli regalerebbe una nuova moto.
(They say that his father is going to give him a new motorcycle.)

Secondo voi, chi sarebbe la migliore cliente di questo negozio?)
(According to you, who is this store's best customer?)

EXERCISES

A. Change the verbs in the following phrases to the conditional form.

1. Loro amavano studiare.

2. Io le ho regalato un libro.

3. Noi vendiamo la macchina al cliente.

4. Alberto mi ha parlato.

5. Tu tornerai alle sei.

6. I ragazzi hanno finito il compito.

7. Voi preferite fare una passeggiata.

8. Luigi le telefonava spesso.

9. Loro erano stranieri.

10. Voi avete avuto ragione.

11. Noi porteremo del pane.

12. Tu hai trovato del denaro.

13. Io metto la giacca sul letto.

14. Noi siamo usciti presto.

15. Abbiamo guadagnato due milioni.

16. Mia madre cucina molto bene.

17. Domani nevicherà.

18. Che cosa desiderate?

19. Con chi parlavano loro?

20. Non tira vento.

21. Quando mi chiamerai?

22. Abbiamo speso troppo.

(Answers, p. 246)

B. Supply the appropriate form of the conditional.

1. Quello straniero (**desiderare**) _____ incassare degli assegni, ma la banca è chiusa.

2. È vero che voi (**essere**) _____ pronti alle due?

3. Loro (**ascoltare**) _____ la radio, ma non ne hanno una.

4. Vittorio (**vendere**) _____ il negozio, ma sua moglie non vuole.

5. Secondo le previsioni del tempo, nel pomeriggio (**nevicare**) _____ .

6. Ti (**spedire**) _____ ora quella lettera, ma non ho francobolli.

7. Signora (**avere**) _____ la bontà di darmi quell'ombrello?

8. Lei (**cucinare**) _____ molto bene, ma preferisce mangiare al ristorante.

9. Secondo il mio insegnante, io non (**essere**) _____ molto intelligente.

10. Mario, ti (**dare**) _____ subito il libro, ma voglio prima finire di leggerlo.

(Answers, p. 246)

ALL'AGENZIA DI VIAGGI

At a Travel Agency

WORDS TO REMEMBER

abbastanza	enough	**la nave**	ship
l'aereo	plane	**peggio** (adv.)	worse
l'aeroporto	airport	**il posto**	place
l'aviogetto	jetplane	**la prenotazione**	reservation
l'avvocato[1]	lawyer, attorney	**seguente**	following
l'Africa	Africa	**senza**	without
africano, a	African	**volentieri**	willingly, gladly
l'agenzia	agency	**il volo**	flight
l'agenzia di viaggi	travel agency	**accompagnare**	to accompany
l'Australia	Australia	**avere paura (di)**	to fear, be afraid (of)
australiano, a	Australian	**credere**	to believe
il capoufficio	office manager	**decidere**[2]	to decide
(pl. **i capiufficio**)		**iniziare**	to begin, start
l'Europa	Europe	**insegnare**	to teach
europeo, a	European	**lasciare**	to leave, leave
giornaliero, a	daily		behind
la Grecia	Greece	**mettersi a** (+ inf.)	to start (doing
il giro	tour		something)
incantevole	charming	**noleggiare**	to rent (a car)
invece (di)	instead (of)	**piangere**[2]	to cry
l'isola	island	**salpare**	to sail
lontano (adv.)	far	**sbagliare**	to make a mistake
lontano, a	far	**smettere (di)**	to stop, cease
Londra	London	+ inf.	
meglio (adv.)	better	**temere (di)** + inf.	to fear, be afraid (of)
l'opuscolo	brochure, pamphlet	**vivere**[2]	to live

147

volare	to fly	**fare un giro**	to take a tour
fare il biglietto	to purchase a ticket	**a presto**	see you soon

[1]*Avvocato, like **professore** and **dottore**, is a title and can be used alone in addressing a person who has the right to such a title (**Buon giorno, avvocato; come sta?**)*
    [2]*Also note that the verbs **decidere, piangere,** and **vivere** have irregular past participles: deciso, pianto, vissuto.*

DIALOGO *All'agenzia di viaggi*

L'avvocato Rosi e la moglie vorrebbero passare le vacanze all'estero. Non avendo ancora deciso quale posto visitare, vanno a trovare un amico, direttore d'un'agenzia di viaggi.

Direttore	Dove volete andare, in America, in Australia, in Africa. . .?
Avvocato Rosi	A me piacerebbe visitare gli Stati Uniti.
Signora Rosi	Anche a me, ma l'America è troppo lontana. Preferirei restare in Europa.
Direttore	Siete stati in Inghilterra, in Spagna?
Avvocato Rosi	Sì, l'anno scorso. Ci è piaciuta molto Londra. . .ma ha piovuto sempre!
Direttore	Allora perché non andate in Grecia. Lì troverete certo bel tempo. Passate qualche giorno ad Atene e poi fate un bel giro delle isole. Sono veramente incantevoli.
Avvocato Rosi	Non è una cattiva idea. E come ci si va?
Direttore	Con l'aereo. Ci sono voli giornalieri dall'aeroporto di Roma. Oppure potreste prendere la nave e portarvi dietro la macchina. . .invece di noleggiarne una in Grecia.
Signora Rosi	Sì, è meglio così. E da dove salpa la nave?
Direttore	Da Brindisi, tutti i giorni. Lascia l'Italia di sera e arriva in Grecia nel pomeriggio del giorno seguente.
Avvocato Rosi	Dobbiamo fare i biglietti adesso?
Direttore	No, leggete prima questi opuscoli e tornate da me fra due o tre giorni. Faremo allora le prenotazioni per gli alberghi e vi darò i biglietti per la nave. Va bene?
Avvocato Rosi	Benissimo. . .grazie mille e a presto!

Dialog *At a travel agency*

Mr. Rosi, an attorney, and his wife would like to spend their vacations abroad. Since they haven't decided yet what place to visit, they go to see a friend, the manager of a travel agency.

Manager	Where do you wish to go, to America, Australia, Africa. . .?
Mr. Rosi	I would like to visit the United States.

Mrs. Rosi	Me too, but America is too far. I would prefer to stay in Europe.
Manager	Have you been to England, to Spain?
Mr. Rosi	Yes, last year. We liked London a lot. . .but it rained all the time!
Manager	Why don't you go to Greece then? You'll find good weather there. Spend a few days in Athens, and then take a nice tour of the islands. They are really charming.
Mr. Rosi	It's not a bad idea. And how does one get there?
Manager	By plane. There are daily flights from the Rome airport. Or you can take a ship and bring along your car. . .instead of renting one in Greece.
Mrs. Rosi	Yes, it's better that way. And where does the ship sail from?
Manager	From Brindisi, every day. It leaves Italy at night and gets to Greece the afternoon of the following day.
Mr. Rosi	Should we purchase the tickets now?
Manager	No, first read these brochures and then come back to see me in two or three days. We'll then make the hotel reservations, and I will issue you your ship tickets. O.K.?
Mr. Rosi	Fine, thanks a lot and see you soon.

EXERCISES

A. Read the following statements; then check the true or false blank.

	T	F
1. I signori Rosi vorrebbero passare le vacanze all'estero.	___	___
2. Non conoscono affatto il direttore dell'agenzia di viaggi.	___	___
3. L'avvocato Rosi e la moglie si recano all'agenzia per comprare dei biglietti.	___	___
4. L'anno scorso loro hanno visitato gli Stati Uniti.	___	___
5. Non vogliono andare a Londra perché in questa città piove sempre.	___	___
6. I signori Rosi non sono mai stati in Grecia.	___	___
7. In Grecia vogliono visitare soltanto Atene.	___	___
8. Per andare da Roma ad Atene si può prendere ogni giorno l'aereo.	___	___
9. La nave per la Grecia parte da Brindisi solo tre volte alla settimana.	___	___
10. La nave parte il lunedì e arriva ad Atene il giovedì seguente.	___	___
11. Il direttore dell'agenzia dà ai signori Rosi degli opuscoli da leggere.	___	___

12. L'avvocato e sua moglie torneranno fra pochi giorni
    all'agenzia.

                                                            ____ ____

(Answers, p. 246)

B. Write the correct definite article before the following nouns.

1. _____ bicchiere		13. _____ ospedale
2. _____ sangue		14. _____ fiore
3. _____ direttrice		15. _____ esame
4. _____ piatto		16. _____ salute
5. _____ maniche		17. _____ piede
6. _____ fabbrica		18. _____ pantaloni
7. _____ sport		19. _____ bar
8. _____ bontà		20. _____ ufficio
9. _____ negozi		21. _____ sindaci
10. _____ baffi		22. _____ clima
11. _____ congratulazioni		23. _____ mani
12. _____ scelta		24. _____ poeta

(Answers, p. 246)

GRAMMAR I   Present Conditional of Stem-Changing Verbs

All verbs that are irregular in the future are also irregular in the conditional.
To form the conditional of these verbs, add the endings, **ei, esti, ebbe, emmo,
este, ebbero** to the stem of the future.
    The verbs listed below have an irregular future and conditional.

Verbs	Future	Stem of the Future	Conditional
andare	**andrò**	**andr-**	*andrei*
bere	**berrò**	**berr-**	*berrei*
dare	**darò**	**dar-**	*darei*
dire	**dirò**	**dir-**	*direi*
dovere	**dovrò**	**dovr-**	*dovrei*
fare	**farò**	**far-**	*farei*
rimanere	**rimarrò**	**rimarr-**	*rimarrei*
potere	**potrò**	**potr-**	*potrei*
sapere	**saprò**	**sapr-**	*saprei*
stare	**starò**	**star-**	*starei*
tenere	**terrò**	**terr-**	*terrei*
vedere	**vedrò**	**vedr-**	*vedrei*
venire	**verrò**	**verr-**	*verrei*
volere	**vorrò**	**vorr-**	*vorrei*

The verb **vivere** (to live), whose past participle is **vissuto** is also irregular in the future and the conditional.

future: **vivrò, vivrai, vivrà, vivremo, vivrete, vivranno**
conditional: **vivrei, vivresti, vivrebbe, vivremmo, vivreste, vivrębbero**

Glielo *direi*, ma ora non posso.	I would tell it to him, but I can't now.
Loro *verrębbero*, ma non hanno la macchina.	They would come, but they have no car.
Mi *daresti* l'ombrello, per favore?	Would you give me the umbrella, please?
Signor Brown, *vivrebbe* in Italia, Lei?	Would you live in Italy, Mr. Brown?

*Use and Meaning of the Conditional of the Verbs **dovere, potere, volere***

The conditional of the verbs **dovere, potere,** and **volere** is used to express intention or desire (*would like to, would want to*), possibility (*could, would be able to*), and obligation (*should, ought to, would have to*).

English	Italian
would + verb	conditional of the verb
I would study	**studierei**
would like + verb	conditional of **volere** + infinitive of the verb
I would like to study	**vorrei studiare**
could + verb	conditional of **potere** + infinitive of the verb
I could study	**potrei studiare**
should + verb	conditional of **dovere** + infinitive of the verb
I should study	**dovrei studiare**

When the conditional **dovere, potere, and volere** is followed by an infinitive, direct/indirect object pronouns, **ne** included, either precede **dovere/potere/volere** or are attached to the infinitive. The same rule applies if the infinitive is a reflexive verb.

Vorrei dirglielo.	*Glielo vorrei dire.*
Potresti mandarmene due?	*Me ne potresti mandare due?*
Dovrębbero darceli.	*Ce li dovrębbero dare.*
Potremmo vestirci.	*Ci potremmo vestire.*

EXERCISES

A. Supply the appropriate form of the conditional.

1. Lui (**tenere**) _____ spesso la macchina davanti alla banca.
2. Loro (**mettersi**) _____ sempre gli stessi abiti.

3. Lucia, tu (**venire**) _____ da me domani sera?

4. Dottore, Lei a Milano in quale albergo (**stare**) _____ ?

5. Luisa, a che ora tu (**alzarsi**) _____ domenica?

6. Voi (**fare**) _____ una gita in macchina con me?

7. Loro (**bere**) _____ volentieri dell'acqua, ma questa è caldissima!

8. Leo e Rita, che cosa (**dare**) _____ ai vostri genitori per Natale?

9. Scusi, Lei (**sapere**) _____ come si va alla stazione?

10. Mi domandi come io (**andare**) _____ a Atene. Perché vuoi saperlo?

11. Oggi Gino (**vedere**) _____ quel film, ma sua moglie non vuole uscire.

12. È vero che lei (**rimanere**) _____ in ufficio anche il sabato?

13. Ma chi mai (**vivere**) _____ in quella città! La vita lì è carissima!

14. Angela, (**avere**) _____ un po' di zucchero, per favore? Io non ne ho più.

(Answers, p. 247)

B. For each sentence, first give the conditional, then give the forms used in Italian to express intention, possibility, and obligation.

    Example: io parlo = **parlerei, vorrei parlare, potrei parlare, dovrei parlare**

1. Giovanni ora si riposa.

2. Loro ascoltano la radio.

3. Voi partite a mezzanotte.

4. Noi paghiamo il conto.

5. Tu spedisci il pacco.

6. Margherita non beve nulla.

7. I nostri amici fanno colazione.

8. Chi mi regala quel paio di scarpe?

9. Tu decidi di partire.

10. La mamma li accompagna a scuola.

11. Noi noleggiamo un autobus.

12. Glielo porto subito.

13. Chi piange adesso?

14. Il commesso ne vende tre.

15. Tu ti alzi presto.

(Answers, p. 247)

C. Complete the following sentences, giving the Italian equivalent of the words in parentheses.

1. (*We would like to remain*) _____ in Australia per un altro mese.

2. Signorina Betti, (*you shouldn't bring him*) _____ nulla perché è stato cattivo!

3. (*They could phone us*) _____ almeno una volta al mese.

4. (*He would do it*) _____ , ma non glielo voglio chiedere.

5. Tutti i vostri amici (*should celebrate*) _____ il compleanno di Giorgio.

6. (*We could come there*) _____ , ma non prima delle diciannove e trenta.

(*Answers, p. 247*)

GRAMMAR II Formation and Use of the Future Perfect and Conditional Perfect Tense

To form the future perfect and the conditional perfect of any verb, Italian uses the future and the present conditional of **avere** and **essere** plus the past participle of the verb.

1. Transitive Verbs

future perfect — **avrò, avrai, avrà, avremo, avrete, avranno** + past participle

conditional perfect — **avrei, avresti, avrebbe, avremmo, avreste, avrebbero** + past participle

Ieri sera *avranno mangiato* troppo! — Last night they must have eaten too much.
Cosa *avresti comprato* a Roma? — What would you have bought in Rome?

2. Intransitive Verbs

future perfect — **sarò, sarai, sarà, saremo, sarete, saranno** + past participle

conditional perfect — **sarei, saresti, sarebbe, saremmo, sareste, sarebbero** + past participle

Io *sarei andato* in centro. — I would have gone downtown.
Lei *sarà rimasta* a casa. — She will have remained home.

Note that:

a. The verbs **dormire** and **viaggiare**, though intransitive, require the auxiliary **avere**.

Mario *avrà dormito* sul treno. — Mario will have slept on the train.
Chi *avrebbe viaggiato* con lui? — Who would have traveled with him?

b.   All reflexive verbs are conjugated with **essere**.

Si saranno alzati **presto.**	They will have gotten up early.
Mi sarei rilassato **per un'ora.**	I would have relaxed for one hour.

c.   When **dovere, potere,** and **volere** are conjugated in a compound tense followed by an intransitive verb, they take the auxiliary that is required by the intransitive verb.

Sono *voluti rimanere* in ufficio.	They wanted to remain in the office.
Oggi lei *sarebbe dovuta andare* a scuola.	She should have gone to school today.
Avrei potuto viaggiare* in autobus.	I could have traveled by bus.

*Future Perfect and Conditional Perfect of **avere** and **essere***

Avere

avrò	avuto	avrei	avuto
avrai	avuto	avresti	avuto
avrà	avuto	avrebbe	avuto
avremo	avuto	avremmo	avuto
avrete	avuto	avreste	avuto
avranno	avuto	avrebbero	avuto

Essere

sarò	stato, a	sarei	stato, a
sarai	stato, a	saresti	stato, a
sarà	stato, a	sarebbe	stato, a
saremo	stati, e	saremmo	stati, e
sarete	stati, e	sareste	stati, e
saranno	stati, e	sarebbero	stati, e

Use of the Future Perfect

In Italian the future perfect is used to express an action that will already have happened when the action of the main clause takes place.

Faremo colazione dopo che *ci saremo fatti la barba*.
(We'll have breakfast after we have shaved.)

Gli telefonerò quando *avrò letto* il giornale.
(I'll call him when I have read the newspaper.)

The future perfect, like the future present, is also used to express conjecture, probability, or possibility, though in the past. It corresponds to the English expressions *it must have been, it probably was*.

In casa non c'è nessuno. *Saranno* già *usciti*.
(There is no one home. They must have already gone out.)

Non mi ha mai scritto. *Si sarà dimenticata* di me!
(She never wrote me. She has probably forgotten me.)

Use of the Conditional Perfect

The conditional perfect is required:

1. When expressing what is reported by rumor, hearsay, supposition, or speculation

   Secondo loro, tu *saresti* sempre *stato* malato.
   (According to them, you have always been sick.)

2. In indirect discourse, normally after verbs of saying or knowing in the past where English uses the conditional present

   Sapevo che lui *sarebbe partito* per gli Stati Uniti.
   (I knew he would leave for the United States.)

   Ha telefonato per dire che *avrebbe fatto tardi*.
   (She called to say that she would be late.)

*Conditional Perfect of **dovere, potere, volere** + infinitive*

Italian	English
cond. perf. of the verb **l'avrei comprato**	*would have* + past participle I would have bought it.
cond. perf. of **volere** + infinitive **l'avrei voluto comprare/avrei voluto comprar**lo	*would have liked* + infinitive I would have liked to buy it.
cond. perf. of **potere** + infinitive **l'avrei potuto comprare/avrei potuto comprar**lo	*could have* + past participle I could have bought it.
cond. perf. of **dovere** + infinitive **l'avrei dovuto comprare/avrei dovuto comprar**lo	*should have* + past participle I should have bought it.

EXERCISES

A. Give the compound form of the verbs in the following sentences.

Example: verrò = **sarò venuto**; verrei = **sarei venuto**.

1. Faremo un esame difficilissimo.
2. Chi chiuderà quella porta?
3. Tu ti divertiresti molto a Venezia.
4. Non potrei dirvi niente.
5. Il bambino nascerà oggi.

6. Olga preferirebbe un bicchiere di latte.

7. Dovrebbero stare qui con noi.

8. Potremmo volare invece di prendere il treno.

9. Non vorranno invitarti a pranzo.

10. Io ci ritornerei volentieri.

11. Dovreste avere pazienza.

12. Saremo più felici in montagna.

(Answers, pp. 247–248)

B. Complete the sentences, giving the Italian equivalent of the words in parentheses.

1. Ugo, invece di scrivere, *(you should have called)* _____ !

2. Oggi Lucia non ha salutato il professore. *(She probably didn't see him)* _____ .

3. *(I would have rented)* _____ una macchina, ma costava troppo.

4. Non pensavo che Giovanni *(would cash)* _____ subito il mio assegno.

5. Adesso è troppo tardi! *(You, boys, should have gotten up)* _____ tre ore fa.

6. Secondo il direttore della scuola, quegli studenti *(did not learn)* _____ nulla!

7. Potrai comprarti quella bella moto giapponese quando *(you have earned)* _____ un po' di denaro.

8. Per dire la verità, non sapevo che *(she would like me)* _____ .

9. Farò i compiti dopo che *(I have studied)* _____ la lezione.

10. Il capoufficio *(could have taken)* _____ il rapido delle ventidue, ma non ha voluto.

(Answers, p. 248)

GRAMMAR III   The **Trapassato Prossimo**: Formation and Use

The **trapassato prossimo** or past perfect tense is formed with the **imperfetto** of **avere** or **essere** plus the past participle of the verb.

1. Transitive Verbs

   avevo, avevi, aveva, avevamo, avevate, avevano + past participle

2. Intransitive Verbs

   ero, eri, era, eravamo, eravate, erano + past participle

Remember that some intransitive verbs, such as **dormire** and **viaggiare**, require **avere** as their auxiliary. Reflexive verbs, as usual, are conjugated with **essere**.

Examples

Loro *avevano imparato* **l'italiano all'Università per Stranieri di Perugia.**
(They had learned Italian at the University for Foreigners in Perugia.)

Gina *era rimasta* **in classe dopo la lezione per studiare i verbi.**
(Gina had stayed in class after the lesson to study the verbs.)

Noi *avevamo dormito* **benissimo per tutta la notte.**
(We had slept very well all night long.)

Si erano coricate **presto e** *si erano addormentate* **subito.**
(They had gone to bed early and they had fallen asleep right away.)

Trapassato Prossimo of **avere** and **essere**

ero stato, a	(I had been)	avevo avuto	(I had had)
eri stato, a		avevai avuto	
era stato, a		aveva avuto	
eravamo stati, e		avevamo avuto	
eravate stati, e		avevate avuto	
erano stati, e		avevano avuto	

Use of the Past Perfect Tense

The **trapassato prossimo** is used in conjunction with other past tenses, such as the **imperfetto**, the **passato prossimo**, the conditional perfect, and the **passato remoto** (*past absolute*, to be presented later). The **trapassato prossimo** indicates an action that took place prior to that expressed by another past tense.

Rosa *faceva* **la spesa, come sua madre le** *aveva chiesto.*
(Rosa was grocery shopping, as her mother had asked her to.)

Quando il direttore è *arrivato, noi eravamo usciti.*
(When the director arrived, we had gone out.)

Lino *aveva detto* **che mi** *avrebbe accompagnato* **alla stazione.**
(Lino said that he would accompany me at the station.)

EXERCISES

A. Give the forms of the *trapassato prossimo* for the verbs in italics, making all required changes in agreement.

1. Le *vediamo* spesso al caffè.

2. Chi *ci sveglierà*?

3. Gli *spediremo* tre pacchi.

4. Con chi *escono* Marisa e Silvia?

5. Che cosa *farà* la signora Boschi?

6. Lei *rimarrà* al mare fino ad agosto.

7. Noi lo *sapevamo* già.

8. Marianna *farà* un bel giro dell'isola.

9. Mi *piaceva* molto tuo fratello.

10. Dove *andrete* a Natale?

11. Le ragazze *si sono lavate* le mani.

12. Non *guadagniamo* mai abbastanza denaro.

13. Mi *dirà* certo di sì.

14. *Ho pensato* spesso a te.

(Answers, p. 248)

B. Translate the following sentences.

1. When I was 7 years old, I had already been to Greece.

2. Michele had already had breakfast when I got up.

3. I did not want to go to the movies with Pietro because I had already seen that film.

4. It was cold because it had snowed for several hours.

5. She was unhappy because I had not called her.

6. They wanted to go to Rome because they had never seen the Pope.

7. She did not want to tell me why she had not answered my letters.

8. Maria wasn't eating because she had already had dinner.

9. I had bought two tickets at the travel agency, but then I did not feel well and I didn't go to Spain.

10. I had already seen those islands but did not remember how beautiful they were.

(Answers, p. 248)

GRAMMAR IV   The **Gerundio**: Formation and Use

In Italian the **gerundio** is one of the verb forms that corresponds to the *ing* form of the English verb. The Italian **gerundio** has two tenses: present and past.

Gerundio Present

-are verbs:	add the ending **ando** to the stem of the infinitive [**mangiando**, **dimenticando**, **pagando**, **amando**]
-ere/-ire verbs:	add the endings **endo** to the stem of the infinitive [**temendo**, **ricevendo**, **finendo**, **dormendo**]

Note that:

1. **avendo** and **essendo** are **gerundio** forms of **avere** and **essere**.

2. **bere, dire**, and **fare** also have irregular **gerundio** forms: **bevendo, dicendo, facendo**. All other irregular verbs studied so far form the **gerundio** according to the rule given above (for example, **andando, dando, potendo, uscendo, volendo,** etc.).

3. Reflexive verbs form the **gerundio** like any other **-are, -ere**, and **-ire** verb. The reflexive pronoun **si** follows the verb and is attached to it. (svegli**andosi**, ripos**andosi**, ved**endosi**, vest**endosi**).

Gerundio Past:

1. transitive verbs = **avendo** + past participle of the verb

   avendo viaggiato, avendo detto, avendo dormito, avendo finito

2. intransitive verbs = **essendo** + past participle of the verb

   essendo andato, a—essendo venuto, a—essendo nato, a

3. The past **gerundio** forms of **avere** and **essere** are:

   avendo avuto   essendo stato, a

Meaning and Use of the **Gerundio**

The **gerundio present** expresses a secondary action that takes place at the same time as that of the verb in the main clause. The subject of the **gerundio**, though not expressed, and the subject of the main verb must be the same.

Andando **a casa, ho incontrato**   Going home, I met my father.
  mio padre.

The **gerundio past** expresses a secondary action that occurred prior to that indicated by the main verb. Also, in this instance, the subjects are the same.

Avendo mangiato **troppo ieri, oggi lui non si sente bene.**
(Having eaten too much yesterday, today he doesn't feel well.)

Note that both gerund forms are used to express time, cause, condition, and, at times, the manner in which an action takes place. English equivalents of the Italian **gerundio** are often introduced by *while* and *after* (time), *because* and *since* (cause), and *if* (condition).

Essendo **malata, Silvia oggi non lavora.**
(Because she is sick, Silvia will not work today.)

Aprendo **la porta, lui mi ha visto.**
(While opening the door, he saw me.)

Avendo guadagnato **molto, siamo potuti andare all'estero.**
(Because we earned a lot, we were able to go abroad.)

Essendo stati buoni, hanno giocato tutto il pomeriggio.
(Because they were good, they played the whole afternoon.)

Sbagliando, s'impara.
(One learns by making mistakes.)

Elisabetta è tornata a casa *piangendo*.
(Elisabetta went back home crying.)

Position of Direct, Indirect, and Reflexive Pronouns with the Gerund

Gerundio Present: all pronouns, **ne** included, follow the **gerundio** and are attached to the verb.

Vedendolo, salutalo!	If you see him, greet him!
Dandomeli, lei piangeva.	While giving them to me, she was crying.

Gerundio Past: all pronouns are attached to **avendo** or **essendo**.

Essendomi vestita, sono uscita.	After getting dressed, I went out.
Avendomene parlato, era felice.	After talking to me about it, he was happy.

EXERCISES

A. Provide the gerundio present for the following verbs.

1. sapere	14. arrivare
2. capire	15. smettere
3. vedere	16. seguire
4. accompagnare	17. aiutare
5. fare	18. entrare
6. credere	19. potere
7. dire	20. vincere
8. pensare	21. piangere
9. salpare	22. volere
10. uscire	23. sentire
11. festeggiare	24. aprire
12. dare	25. noleggiare
13. venire	

(Answers, pp. 248–249)

B. Provide the gerundio past for the following conjugated verbs.

Example: abbiamo detto = **avendo detto;** arriverò = **essendo arrivato**

1. lasciamo
2. ho spiegato
3. saluteremo
4. si sono pettinate
5. studio
6. pagherei
7. avremo guardato
8. sarebbe stata
9. hanno letto
10. si è messo
11. desideravano
12. viaggiano
13. ritorneranno
14. esco
15. dimenticherai

(Answers, p. 249)

C. Make one sentence, substituting the gerundio present for the verb in italics.

Example: Devo studiare. Ora non posso giocare. = **Dovendo studiare, ora non posso giocare.**

1. *Andiamo* spesso al cinema. Vediamo parecchi film.
2. *Prendo* l'aereo. Arrivo prima a Londra.
3. *Dormite* fino alle nove. Farete tardi.
4. *Ascoltate* la radio. Saprete se farà bel tempo.
5. Non *vi riposate* abbastanza. Sarete stanchi.

(Answers, p. 249)

D. Make one sentence, substituting the gerundio past for the verbs in italics.

Example: Ho fatto le prenotazioni. Avremo certamente una camera in quell'albergo. = **Avendo fatto le prenotazioni, avremo certamente una camera in quell'albergo.**

1. *Siamo uscite* all'alba. Abbiamo fatto colazione al bar.
2. *Ho telefonato* a Lucia. Ho saputo che lei è in Francia.
3. *Siete arrivati* tardi alla stazione. Avete perso il treno.
4. *Hai speso* poco. Hai ancora molto denaro.
5. *Si sono parlati.* Si sono detti molte cose.

(Answers, p. 249)

E. Give the appropriate form of the gerundio present or past.

1. *(Having spoken to her)* _____ ho capito che aveva ragione.
2. Questo libro è molto interssante; *(if you read it)* _____ , imparerai molte cose.

3. (*While shaving*) ———————— Marco ascoltava la radio.

4. (*When they saw them*) ———————— , si sono fermati a parlargli.

5. (*Since she rested*) ———————— tutto il pomeriggio, ieri sera lei si è coricata molto tardi.

(Answers, p. 249)

GRAMMAR V   Special Construction of **stare** Plus the **Gerundio** Present

The verb **stare** followed by the gerundio present of another verb is used to express *an action in progress*. This construction, however, is much less common in Italian than it is in English.

Francesco, che cosa *stai facendo* **adesso?**	Francesco, what are you doing now?
Quando le ho telefonato, lei *stava cucinando*.	When I called her, she was cooking.
Mi *stai dicendo* **la verità, Maria?**	Mary, are you telling me the truth?
Ora loro *staranno arrivando*.	They must be arriving now.

EXERCISE

Change the verb in italics to express an action in progress.

Example: Io *andavo* al cinema quando ho visto Antonio. = **Stavo andando al cinema quando ho visto Antonio.**

1. Cosa fate al supermercato? *Facciamo* la spesa.

2. Quando Stefano ha telefonato, *io dormivo*.

3. Mentre il marito leggeva il giornale, sua moglie *preparava* da mangiare.

4. Rosa mi ha fermato mentre io *entravo* in casa.

5. Quando loro si riposeranno, noi *lavoreremo* ancora.

6. Lei è tornata proprio quando io *facevo* il bagno.

(Answers, p. 249)

GRAMMAR VI   The Infinitive

In Italian, the infinitive is sometimes used as the subject of a sentence without the article. When this occurs, its English equivalent is the *ing* form of the verb.

Lavorare **è necessario quasi per tutti.**	Working is necessary for almost everyone.
Guardare **non costa nulla.**	Watching doesn't cost anything.

When a direct or an indirect object pronoun follows the infinitive, it is attached to it.

Vederlo adesso è la cosa migliore.	Seeing it now is the best thing.
Andarci in macchina era più facile.	Going there by car was easier.

An infinitive, as seen in the preceding lessons, may also be the complement (or object) of a verb, either alone or after a preposition.

Dovete *avere* pazienza.	You must be patient.
Loro desiderano *tornare* a casa.	They wish to return home.
Lei comincia *a scrivere*.	She is beginning to write.
Noi pensiamo *di partire* domani.	We are thinking of leaving tomorrow.

The infinitive may also be used after the words **invece di** (instead), **prima di** (before), and **senza** (without).

È partito *senza salutare* nessuno!	He left without saying goodbye!
Gioca sempre *invece di studiare*.	He is always playing instead of studying.
Telefonami *prima di uscire*.	Call me before going out.

Note that the following verbs require a preposition before an infinitive:

1. The preposition **di**

avere paura	(to fear)	**offrire**	(to offer)
cercare	(to try, attempt, to look for)	**pensare**	(to think)
		preoccuparsi	(to worry)
chiędere	(to ask)	**ricordare**	(to remember)
crędere	(to believe)	**scrivere**	(to write)
dimenticare	(to forget)	**smęttere**	(to stop)
dire	(to say, tell)	**temere**	(to fear)
finire	(to finish)		

2. The preposition **a**

aiutare	(to help)	**invitare**	(to invite)
andare	(to go)	**męttersi**	(to start, set out)
cominciare	(to begin)	**prepararsi**	(to get ready)
continuare	(to continue)	**riuscire**	(to succeed)
divertirsi	(to amuse oneself)	**tornare**	(to come back, return)
imparare	(to learn)		
iniziare	(to start)	**venire**	(to come)
insegnare	(to teach)		

EXERCISES

A. Complete the following sentences, giving the Italian equivalent for the words in parentheses.

1. (*Grocery shopping*) _____ è una cosa che fanno anche gli uomini.

2. (*Going to the movies*) _____ con lei sarà molto divertente.

3. (*Speaking to him*) _____ non sarà facile; non è mai a casa!

4. (*Having a lot of money*) _____ non vuol dire essere felici.

5. (*Buying it* [f.]) _____ adesso costerà meno.

6. (*Writing*) _____ in una lingua straniera è sempre stato facilissimo per lui.

(Answers, p. 249)

B. Complete the sentences with the appropriate preposition.

1. Quei ragazzi non riescono _____ fare i compiti.

2. Carlo, non dimenticare _____ comprare il pane!

3. Elena si è messa _____ cucinare alle undici e ha finito _____ preparare il pranzo all'una.

4. Loro si preoccupavano _____ fare tardi.

5. Lei mi ha detto _____ non parlarti.

6. Michelina ha finalmente imparato _____ leggere.

7. Anche voi cominciate _____ capire qualcosa.

8. Franco torna _____ parlare sempre delle stesse cose.

9. Perchè voi cercate _____ lavorare così poco?

10. Loro continuerebbero _____ scriverle anche all'estero.

11. Sono andato _____ incassare un assegno.

12. Li abbiamo invitati _____ pranzare con noi.

13. Signora Mattia, non abbia paura _____ dire quello che pensa.

14. Ragazzi miei, cosa credete _____ fare adesso?

15. Gli abbiamo offerto _____ tornare a casa in macchina con noi.

16. Tu hai smesso _____ lavorare sabato scorso.

17. Ogni giorno quei ragazzi imparano _____ leggere e _____ scrivere meglio.

18. A che ora si comincia _____ lavorare in questo negozio?

19. Lei teme sempre _____ sbagliare.

20. Marco, ricorda _____ spedire quel pacco!

(Answers, p. 250)

ALL'UFFICIO POSTALE

At the Post Office

WORDS TO REMEMBER

adagio	slowly	**lento, a**	slow
un attimo	a moment, an instant	**male**	badly
		malissimo	very badly
la buca delle lettere	mail box, slot	**il mittente**	sender
		la Posta Centrale	main post office
la busta	envelope	**postale**	postal
la casella postale	post office box	**principale**	principal
la cassetta delle lettere	mail box	**la raccomandata**	registered letter
		raccomandato, a	by registered mail
centrale	central	**rapido, a**	fast, quick
comodo, a	comfortable, convenient	**la ricevuta**	receipt
la corrispondenza	correspondence	**la ricevuta pagata di ritorno**	paid return receipt
la data	date		
dentro	inside	**il rione**	city ward
il destinatario	addressee	**solo, a**	alone
il documento	document	**lo sportello**	office window
dolce	sweet	**tranquillo, a**	peaceful
l'espresso	special delivery letter	**l'ufficio postale**	post office
finale	final	**(per) via aerea**	(by) air mail)
l'impiegato (a) dell'ufficio postale	postal clerk	**(per) via mare**	(by) sea
		assicurare	to insure
		bisognare	to be necessary
l'indirizzo	address	**camminare**	to walk

consigliare	to suggest, advise	**inviare**	to send
imbucare	to mail	**sorrịdere** (past	to smile
impostare	to post, mail	participle, **sorriso**	

Note that **bisognare** is normally used in the third-person singular.

The second-person singular of the present indicative of **inviare** is **invịi**; the formal **Lei** and **Loro** forms of the imperative are **invịi** and **invịino** (because the **i** is stressed).

DIALOGO *All'ufficio postale*

In Italia, per fare un vaglia, spedire una raccomandata o inviare un tele-gramma si deve andare all'ufficio postale. Sebbene ci sịano uffici postali nei principali rioni delle città in cui lei abita, la signora Melli preferisce recarsi alla Posta Centrale dove ci sono più sportelli e impiegati.

Signora Melli   Vorrei spedire questa lẹttera raccomandata. Ci sono dentro dei documenti molto importanti.

Impiegata   Allora è meglio che Lei l'assicuri, con ricevuta pagata di ritorno.

Signora Melli   Va bene. Quant'è?

Impiegata   Un ạttimo, signora, Bisogna che pesi la lettera. 4500 lire.

Signora Melli   Avrei anche bisogno di chiẹderLe una cosa.

Impiegata   Prego, signora, dica pure.

Signora Melli   Devo mandare un pacco a degli amici americani. Pensa che sia meglio spedirlo via aerea o via mare?

Impiegata   Se il pacco è leggiero e Lei vuole che arrivi presto, sarà bene spedirlo per via aerea. Se invece è pesante, Le consiglio di mandarlo via mare. Costa molto meno.

Signora Melli   Se lo spedisco via mare, diciamo, domani, quando crede che i miei amici pọssano riceverlo?

Impiegata   Non prima di sei o otto settimane. Ci metterà forse anche di più.

Signora Melli   Va bene, farò così. Grazie, signorina, Lei è stata molto gentile.

Dialog *At the post office*

In Italy, to purchase a money order, mail a registered letter, or send a tele-gram, one needs to go to a post office. Even though there are post offices in the main wards of the city where she lives, Mrs. Melli prefers to go to the Central Post Office where there are more windows and clerks.

Mrs. Melli   I would like to send this as a registered letter. There are some important papers inside.

Post Office Clerk	Then it's better to insure it, with a paid return receipt.
Mrs. Melli	That's fine. How much is it?
Post Office Clerk	One moment, ma'am. I must weigh the letter. 4,500 lira.
Mrs. Melli	I also need to ask you something.
Post Office Clerk	Please go ahead, ma'am.
Mrs. Melli	I must send a package to some American friends of mine. Do you think it's better to send it by air mail or by sea?
Post Office Clerk	If the package is not heavy, and you want it to get there soon, it is well to send it air mail. If instead it's heavy, I suggest that you send it by sea. It costs much less.
Mrs. Melli	If I mail it by sea, let's say tomorrow, when do you think my friends may receive it?
Post Office Clerk	Not before six or eight weeks. Perhaps it will take even longer.
Mrs. Melli	Fine, I shall do it that way. Thanks, Miss, you have been very kind.

EXERCISES

A. Read the sentences and/or questions that follow; then either complete or answer them on the basis of the information provided in this or some of the preceding lessons.

1. In Italia per fare un vaglia è necessario andare _____.

2. Quando tutti gli uffici postali sono chiusi, dove si può andare a comprare dei francobolli? _____.

3. Dove si trovano generalmente gli uffici postali nelle città italiane?

   _____.

4. Perché la signora Melli va alla Posta Centrale? _____.

5. Con chi parla appena lei entra alla Posta Centrale?

   _____.

6. Quanto paga la signora Melli per spedire la raccomandata?

   _____.

7. Dove abitano gli amici ai quali lei desidera inviare un pacco?

   _____.

8. Se il pacco è leggiero, è meglio mandarlo per via aerea o per via mare?

   _____.

9. Quando si spedisce un pacco via mare dall'Italia agli Stati Uniti, dopo quante settimane di viaggio il pacco arriva in America?

   _____.

10. È vero che inviare un pacco per via aerea costa quanto spedirne uno per via mare? _____.

(Answers, p. 250)

B. Match the two columns.

1. Quanto viene al mese?

a. Please write the sender's address.

2. Ora vorrei fare il bagno.

b. They would like to, but can't.

3. Fuori diluvia e tira vento.

c. This car provides a fast and comfortable ride.

4. Posso incassare questo vaglia?

d. Here is your receipt.

5. Proprio davanti al mio sportello.

e. I suggest you say nothing.

6. Il pacco leggiero arriverà prima.

f. You must leave at once.

7. Ti consiglio di non dire nulla.

g. How much is it per month?

8. Ecco la mia casella postale.

h. I would like to take a bath now.

9. Scriva l'indirizzo del mittente.

i. It is pouring outside and the wind is blowing.

10. EccoLe la ricevuta!

l. Just in front of my window.

11. Sia gentile; Mi imposti queste cartoline illustrate.

m. May I cash this money order?

12. Vorrebbero, ma non possono.

n. This is my post office box.

13. In questa macchina si viaggia velocemente e comodamente.

o. Be kind; mail these picture postcards for me.

14. Bisogna che tu parta subito.

p. The light package will arrive sooner.

(Answers, p. 250)

GRAMMAR I   Adverbs

Adverbs are words that are normally used to modify the meaning of other adverbs, verbs, and adjectives.

Parlava *veramente* bene l'inglese.	He spoke English really well.
Marisa camminava *lentamente*.	Marisa was walking slowly.
Questo è un luogo *molto* tranquillo.	This is a very peaceful place.

Italian adverbs are formed by adding **mente** to:

1. The Feminine Singular Form of Adjectives Ending in **o**

certo	fem. certa + mente = **certamente**	certainly
pronto	fem. pronta + mente = **prontamente**	readily
vero	fem. vera + mente = **veramente**	really, truly

2. The Singular Form of Adjectives ending in **e**

breve + mente = **brevemente**	briefly
dolce + mente = **dolcemente**	sweetly, softly
intelligente + mente = **intelligentemente**	intelligently

Note that adjectives ending in **le** or **re** drop the final **e** before adding **mente**.

facile + mente = **facilmente**   easily
finale + mente = **finalmente**   finally
regolare + mente = **regolarmente**   regularly

Several Italian adverbs, however, do not end in **mente**. A few such adverbs are:

adagio	(slowly, gently)	**poco**	(little)
bene	(well)	**presto**	(early, soon)
male	(badly)	**spesso**	(often)
molto	(much)	**tardi**	(late)
piano	(slowly, softly)	**volentieri**	(willingly)

EXERCISE

Complete the following sentences by using the adverbial form of the adjectives in parentheses.

1. Quest'uomo vive (**povero**) _____ .
2. Il capoufficio ha parlato (**breve**) _____ a tutti gli impiegati.
3. Lo studente ha risposto (**pronto**) _____ alla domanda dell'insegnante.
4. Giuseppe scrive sempre (**veloce**) _____ .
5. Mia zia si veste (**elegante**) _____ .
6. Il telefono ha squillato (**forte**) _____ .
7. Renata sorrideva (**incantevole**) _____ .
8. Ogni giorno lui andava (**regolare**) _____ al bar.
9. Mio padre mi dava (**facile**) _____ del denaro.
10. Il professore di matematica pensava (**scientifico**) _____ a tutto.
11. Il nonno andava (**difficile**) _____ al cinema da solo.
12. Non tutti conoscono (**necessario**) _____ il dottor Bellini.

(Answers, p. 250)

GRAMMAR II   The Comparative and Superlative of Adverbs

The comparative of adverbs is formed with the words **più/meno...di** or **che**, **così...come**, or **tanto...quanto** as illustrated below. The same rules given in Lesson Eleven also apply here with regard to the use of **di** and **che** (than) after **più** or **meno**.

> **I telegrammi viaggiano** *più velocemente delle* **lettere.**
> (Telegrams travel more quickly than letters.)

Si viaggia *meno comodamente* in autobus *che* in treno.
(One travels less comfortably by bus than by train.)

Lei non risponde alle mie lettere *così prontamente come* suo zio.
(She doesn't answer my letters as promptly as her uncle.)

The **superlativo assoluto** of all adverbs is formed with **molto** plus the adverb.

Stefano mi scrive *molto brevemente*.	very briefly
Lo vediamo *molto spesso* allo stadio.	very often
Quella vecchia signora cammina *molto lentamente*.	very slowly

Note that the adverbs **bene, male, molto,** and **poco** have the following comparative and superlative forms:

bene	meglio	better	molto, bene, benissimo	very well
male	peggio	worse	molto male, malissimo	very badly
molto	più, di più	more	moltissimo	very much
poco	meno, di meno	less	pochissimo	very little

EXERCISES

A. Complete with the appropriate adverbs.

1. Giovanni lavora (*quickly*) _____ , ma io lavoro (*more quickly*) _____ di lui.
2. Laura parla francese (*worse than*) _____ Carlo.
3. A casa sua si mangia (*well*) _____ , ma da noi si mangia (*better*) _____ .
4. A Roberto piace (*a lot*) _____ andare al mare; a me, invece, piace (*more*) _____ andare in montagna.
5. Se quelle camicette cọstano (*little*) _____ , queste cọstano ancora (*less*) _____ .
6. Lei non si veste (*as elegantly as*) _____ sua sorella.
7. Noi andiamo a lezione all'università (*more often than*) _____ loro.

(Answers, p. 250)

B. Use adverbs of opposite meaning for those in italics.

1. I miei parenti hanno sempre vissuto *molto poveramente*.
2. Hai fatto *malissimo* a non dirci niente!
3. Quell'insegnante va sempre a scuola *molto presto*.
4. Sergio mi ha parlato *brevemente* anche di voi.
5. Quando lei è partita, ci siamo salutati *molto caldamente*.

(Answers, p. 251)

GRAMMAR III   The Subjunctive: Formation of the Present Subjunctive

Whereas the *indicative* states a fact, the *subjunctive* expresses an opinion, a doubt, a possibility, or a feeling of uncertainty. In Italian, the subjunctive has four tenses: present, imperfect, perfect, and pluperfect.

Formation of the Present Subjunctive

1. First-, Second-, and Third-Conjugation Verbs

	-are	-ere	-ire
first-, second-, third-person singular	-i	-a	-a
first-person plural	-iamo	-iamo	-iamo
second-person plural	-iate	-iate	-iate
third-person plural	-ino	-ano	-ano

> parlare = **parli, parli, parli, parliamo, parliate, parlino**
> ricevere = **riceva, riceva, riceva, riceviamo, riceviate, ricevano**
> dormire = **dorma, dorma, dorma, dormiamo, dormiate, dormano**

Note that:

a.   verbs ending in **iare**, drop the **i** of the stem before all endings of present subjunctive beginning with **i**.

consigliare = consigli, consigliamo, consigliate, consiglino

b.   verbs ending in **care** and **gare** add an **h** before all endings of the present subjunctive.

imbucare = imbuchi, imbuchiamo, imbuchiate, inbuchino
pagare = paghi, paghiamo, paghiate, paghino

c.   verbs like **capire, finire**, and **preferire** (and a few others encountered in the preceding lessons) form the present subjunctive by adding **isc** to the endings of the first-, second-, and third-person singular and of the third-person plural.

capire = capisca, capiamo, capiate, capiscano

d.   the present subjunctive of **inviare** is invii, inviamo, inviate, inviino.

e.   Because all singular persons of the present subjunctive have the same endings, the subject pronouns **io, tu, lui, lei**, and **Lei** are normally expressed to avoid confusion.

2. Present Subjunctive of **avere** and **essere**

avere = abbia, abbiamo, abbiate, abbiano
essere = sia, siamo, siate, siano

3. Present Subjunctive of Stem-Changing Verbs

Most stem-changing verbs form the present subjunctive with the same irregular stem used to form the present indicative.

bere (pres. ind.)   **bevo** (pres. subj.)   **beva**
dire   **dico**   **dica**
fare   **faccio**   **faccia**

andare	**vada, andiamo, andiate, vạdano**
bere	**beva, beviamo, beviate, bẹvano**
dare	**dia, diamo, diate, dịano**
dire	**dica, diciamo, diciate, dịcano**
dovere	**deva, dobbiamo, dobbiate, dẹvano**
fare	**faccia, facciamo, facciate, fạcciano**
morire	**muoia, moriamo, moriate, muọiano**
piacere	**piaccia, piacciamo, piacciate, piạcciano**
potere	**possa, possiamo, possiate, pọssano**
rimanere	**rimanga, rimaniamo, rimaniate, rimạngano**
sapere	**sappia, sappiamo, sappiate, sạppiano**
stare	**stia, stiamo, stiate, stịano**
tenere	**tenga, teniamo, teniate, tẹngano**
uscire	**esca, usciamo, usciate, ẹscano**
venire	**venga, veniamo, veniate, vẹngano**
volere	**voglia, vogliamo, vogliate, vọgliano**

EXERCISES

A. Give the present subjunctive of the following verbs.

1. rispọndere (**noi**)
2. vedere (**tu**)
3. guadagnare (**Bruno**)
4. vestirsi (**voi**)
5. amare (**io**)
6. sorrịdere (**voi**)
7. venire (**tu**)
8. camminare (**noi**)
9. imbucare (**lui**)
10. spedire (**Loro**)

11. assicurare (**voi**)
12. finire (**lei**)
13. sapere (**tu**)
14. vẹndere (**io**)
15. ritornare (**noi**)
16. nạscere (**loro**)
17. mẹttere (**voi**)
18. chiụdere (**tu**)
19. firmare (**voi**)
20. riposarsi (**le ragazze**)

(Answers, p. 251)

B. Change the following conjugated verbs to the present subjunctive.

Example: lui è partito = **lui parta**

1. potevi
2. chiamiamo

3. Maria vuole
4. i ragazzi studieranno

5. io ho viaggiato

6. i signori facẹvano

7. io piaccio

8. voi siete state

9. loro rimarranno

10. noi abbiamo dato

11. lei ha vinto

12. voi andrete

13. lui veniva

14. il professore sapeva

15. la mamma è uscita

16. noi beviamo

17. lei è morta

18. Ugo ha finito

19. l'amica dirà

20. voi siete andati

(Answers, p. 251)

GRAMMAR IV   The Subjunctive: Formation of the Perfect Subjunctive

The perfect subjunctive of all verbs is formed as shown below:

1. Transitive Verbs (including such intransitive verbs as **viaggiare** and **dormire**)

   Present Subjunctive of **avere** + Past Participle of the Verb

	Parlare	**Ricevere**	**Dormire**
first-, second-, and third-person singular	**abbia parlato**	**abbia ricevuto**	**abbia dormito**
first-person plural	**abbiamo parlato**	**abbiamo ricevuto**	**abbiamo dormito**
second-person plural	**abbiate parlato**	**abbiate ricevuto**	**abbiate dormito**
third-person plural	**ạbbiano parlato**	**ạbbiano ricevuto**	**ạbbiano dormito**

2. Intransitive Verbs

   Present Subjunctive of **essere** + Past Participle of the Verb

	Arrivare	**Rimanere**	**Partire**
first-, second, and third-person singular	**sia arrivato, a**	**sia rimasto, a**	**sia partito, a**
first-person plural	**siamo arrivati, e**	**siamo rimasti e**	**siamo partiti, e**
second-person plural	**siate arrivati, e**	**siate rimasti, e**	**siate partiti, e**
third-person plural	**sịano arrivati, e**	**sịano rimasti, e**	**sịano partiti, e**

3. Avere and Essere

	Avere	Essere
first-, second-, and third- person singular	abbia avuto	sia stato, a
first-person plural	abbiamo avuto	siamo stati, e
second-person plural	abbiate avuto	siate stati, e
third-person plural	abbiano avuto	siano stati, e

EXERCISE

Change the following verbs to the perfect subjunctive.

Example: capirai = **tu abbia capito**; andate = **siate andati, e**

1. Martino andava
2. dormite
3. hai veduto
4. finiamo
5. tengono
6. mi alzerò
7. Marisa si è vestita
8. il commesso è partito
9. io berrò
10. noi mettiamo
11. spedisci
12. chiamavate
13. i bambini escono

14. ho viaggiato
15. risponderanno
16. Luisa andrà
17. impariamo
18. hai voluto
19. lui ha preso
20. diciamo
21. ti sei lavata
22. il babbo sta bene
23. leggeremo
24. gli studenti scrivono
25. mia figlia è nata

(Answers, p. 251)

GRAMMAR V   The Subjunctive: Use (Part I)

Contrary to English use, in Italian the subjunctive is frequently used not only in writing, but also in speaking.

The subjunctive is normally used in a dependent clause and it may be introduced by:

1. Verbs expressing opinion, impression, hope, and doubt, such as:

credere	(to believe)	**sembrare**	(to seem)
pensare	(to think)	**sperare**	(to hope)

2. Verbs expressing command, demand, desire or will, such as:

chiedere	(to ask)	**ordinare**	(to command,
desiderare	(to wish)		to order)
		volere	(to want)

3. Verbs or phrases expressing preference, fear, and feelings of pleasure or displeasure, such as:

avere paura,	(to be afraid of,	**essere dispiaciuto**	(to be sorry)
temere	to fear)	**essere scontento**	(to be dis-
essere contento/	(to be happy)		pleased)
felice/ lieto		**preferire**	(to prefer)
essere infelice	(to be unhappy)		

Note that the verb of the main clause introducing the subjunctive is immediately followed by the conjunction **che**. The subject of the verb of the main clause and that of the verb of the dependent clause are different.

Io **voglio che** *tu* **rimanga qui.**	I want you to remain here.
Loro **temono che** *voi* **non veniate.**	They fear you are not coming.

If the subject of the verb in the main clause and the subject of the verb in the dependent clause are the same, the infinitive is used instead of the subjunctive.

Lui crede di partire domani.	He believes he is leaving tomorrow.
Teresa ha paura di volare.	Teresa is afraid of flying.

The *past infinitive* (which is formed by **avere** or **essere** + the past participle of the verb) must be used when it refers to an action that has already taken place.

Lei crede di *avere visto* **Mario.**	She believes she saw Mario.
Sono felice di *essere arrivato* **ora.**	I'm happy I arrived now.

The subjunctive can be introduced also by:

4. Several commonly used conjunctions, such as:

affinché, perché	(so that)	**a patto che,**	(provided that)
benché,	(although)	**purchè**	
quantunque,		**prima che**	(before)
sebbene		**qualora**	(in case)
a meno che non	(unless)	**senza che**	(without)

Note that **prima che** and **senza che** require the subjunctive only when both the main and the dependent clauses have different subjects.

Io **gli telefono prima che** *lui* **parta.**
(I call him before he leaves.)

Lui **parte senza che** *lei* **lo saluti.**
(He leaves without her saying good-bye to him.)

With all the other conjunctions listed above, the subjunctive is required whether the main and the dependent clauses have the same subjects or not.

Loro vogliono uscire sebbene siano stanchissimi.
(They want to go out although they are very tired.)

Glielo dirò qualora lui mi telefoni.
(I'll tell him in case he calls me.)

5. Numerous impersonal verbs and impersonal expressions (used positively and negatively), indicate emotion, necessity, impression, possibility, or doubt, such as:

occorre che, **bisogna che**	(it's necessary that)	**è importante che**	(it's important that)
basta che	(it's enough that)	**è meglio che**	(it's better/best that)
sembra che	(it seems that)		
può darsi che	(it may be that)	**è possibile/** **impossibile che**	(it's possible/ impossible that)
non importa che	(it doesn't matter that)		
è facile/ difficile **che**	(it's easy/difficult that)	**è probabile/** **improbabile che**	(it's probable/ improbable that)
è giusto che	(it's fair/right that)		

Note that the subjunctive is required after the above-listed impersonal verbs and expressions only when the subject of the verb in the dependent clause is clearly expressed.

Occorre che *lei* **parta ora.**	It's necessary for her to leave now.
Sembra che *loro* **non lo sappiano.**	It seems that they don't know it.
È possibile che *lui* **sia partito?**	Is it possible that he has left?

When the subject is not expressed, then the infinitive is used.

Non è piu facile vivere in questo paese!
(It's no longer easy to live in this town!)

Bisogna studiare di più e giocare di meno.
(It's necessary to study more and play less.)

EXERCISES

A. Restate each sentence, replacing the subject of the verb in the dependent clause with the new subjects given in parentheses and changing the verb accordingly.

Example: Lei crede che tu studi molto (*voi*). = **Lei crede che voi studiate molto.**

1. Marta spera che suo marito possa lavorare a Roma (**io, voi, i suoi cugini**).
2. Non credo che voi abbiate fame (**tu, Giorgio, i bambini**).
3. Desịderano che io rimanga qui per tre mesi (**voi, noi, tu**).
4. Hanno paura che noi non paghiamo il conto (**tu, il cliente, quei signori**).
5. Non è affatto importante che lui sappia tutto (**io, voi, Elisabetta**).
6. Sono contento che loro stịano bene (**tu, voi, la signorina Betti**).
7. Voglio che tu faccia sụbito i compiti (**gli studenti, Rosa, voi**).
8. Sergio preferisce che io vada a mangiare a casa sua (**noi, loro, tu**).
9. Lei è dispiaciuta che noi dobbiamo partire (**io, loro, voi**).
10. Occorre che io le parli sụbito di quel problema (**voi, tu, noi**).

(Answers, pp. 251–252)

B. Restate each sentence, replacing the subject of the verb in the dependent clause with the new subjects given in parentheses and changing the verbs accordingly.

Example: Non sono contenta che tu ti sia alzata tanto tardi. (**Rita**) = **Non sono contenta che Rita si sia alzata tanto tardi.**

1. Non è possịbile che tu abbia guadagnato così poco! (**io, voi, loro**)
2. Mi sembra che Massimo abbia bevuto troppo. (**i vostri amici, tu, loro**)
3. Temiamo che loro non sịano ancora ritornati. (**tu, Manuela, i nostri figlioli**)
4. Io credo che lei non abbia risposto alle domande dell'insegnante. (**Giovanni, voi, gli studenti**)
5. È fạcile che io non l'abbia visto alla stazione. (**noi, sua moglie, voi**)
6. Basta che Roberto le abbia scritto almeno una cartolina! (**tu, loro, voi**)
7. Non è possịbile che Giovanni abbia già spedito quel pacco in America. (**noi, tu, voi**)
8. Speriamo che loro ạbbiano imbucato l'espresso. (**tu, Luisa, voi**)
9. Non è giusto che noi abbiamo dovuto pagare il conto. (**io, voi, i miei suoceri**)
10. Può darsi che io mi sia dovuto preoccupato troppo. (**Lei, signora Bonetti; voi; tu, Alfredo**)

(Answers, p. 252)

C. Replace the subject of the dependent clause with the word/s given in parentheses, making all necessary changes.

Example: Sebbene Marco sia molto intelligente, non vuole affatto studiare. (voi) = **Sebbene voi siate molto intelligenti, non volete affatto studiare.**; Benché io mi sia riposato per molte ore, oggi sono ancora stanco. (**le ragazze**) = **Benché le ragazze si sịano riposate per molte ore, oggi sono ancora stanche.**

1. La mamma esce di casa prima che io mi sia alzato. (**Roberto e Anna**)
2. Oggi andiamo a fare la spesa purché tu ci accompagni con la macchina. (**voi**)
3. Teresa non è felice sebbene tu non abbia dimenticato il suo compleanno. (**i suoi genitori**)
4. Quantunque io sia abbastanza vecchio, sembro ancora giovane. (**Susanna**)
5. Voglio fare un telegramma senza che nessuno lo sappia. (**loro**)
6. Sebbene loro mangino spesso, hanno sempre fame. (**tu**)
7. Qualora voi dobbiate partire, telefonate a Salvatore! (**Lei**)
8. Verrò anch'io a patto che tu inviti i signori Rossetti. (**voi**)
9. Silvio compra tante cose benché suo padre non gli abbia dato molto denaro. (**noi**)
10. Il professore spiega due o tre volte la stessa lezione affinché noi capiamo bene tutto. (**gli studenti**)

(Answers, p. 252)

GRAMMAR VI   Tense Sequence: Indicative/Subjunctive (Part I)

When the subjunctive is required in a dependent clause, the tense to be used— present or perfect subjunctive— is determined by the verb in the main clause, which can be a present indicative, a future, and, at times, an imperative.

1. The *present subjunctive* is required when the action expressed by the verb in the main clause takes place at the same time as the action expressed by the verb in the dependent clause.

***Spero* che Carlo *sia* qui.** [present indicative] [present subjunctive]	I hope that Carlo is here.
***Bisogna* che tu lo *veda* subito.** [present indicative [present subjunctive]	It's necessary that you see him] right away.
Le *parlerò* benché io non la *conosca*. [future indicative] [present subjunctive]	I'll talk to her although I don't know her.
***Dammi* il denaro affinché io lo *compri*.** [imperative] [present subjunctive]	Give me the money so that I may buy it.

2. The *perfect subjunctive* is required when the action expressed by the verb of the dependent clause occurred before the action expressed by the verb of the main clause.

Credo che Gina *sia uscita*. [present indicative] [perfect subjunctive]	I believe Gina went out.
È bene che voi *siate stati* a casa. [present indicative] [perfect subjunctive]	It's good that you were at home.
Lei *penserà* che non mi *sia piaciuta*. [future indicative] [perfect subjunctive]	She will think that I did not like her.
Sii contento ch'io ti *abbia tele-fonato*. [imperative] [perfect subjunctive]	Be happy that I called you.

EXERCISES

A. Complete the following sentences, conjugating the verb in parentheses.

1. Non è necessario che Alberto e Stefano (**fare**) _____ i compiti.

2. Non penso che tuo cognato (**andare**) _____ in ufficio oggi.

3. Benché lei (**essere**) _____ povera, è molto generosa.

4. È meglio che voi (**dire**) _____ a me quello che sapete.

5. Bisogna che io (**guardare**) _____ i vostri documenti.

6. Loro hanno paura che voi stasera (**annoiarvi**) _____ .

7. Non è giusto che noi (**dovere**) _____ pagare per tutti!

8. È impossibile che loro (**conoscere**) _____ il mio indirizzo.

9. Qualora loro (**scrivere**) _____ al capoufficio, lui gli risponderà subito.

10. Datemi il libro affinché io (**potere**) _____ preparare la lezione.

(Answers, p. 252)

B. Complete the following sentences, translating the word/s in parentheses.

1. È probabile che Maria (**saw**) _____ Alfonso a Milano.

2. Quantunque lui (**learned**) _____ l'inglese a Londra, non lo parla molto bene.

3. È bene che Lei, signora, (**mailed**) _____ il pacco ieri mattina.

4. Mi sembra che loro (**spent**) _____ troppo denaro.

5. Non importa che tu (**took**) _____ il treno invece dell'autobus.

6. Dove credete che Vittoria (**bought**) _____ quel vestito?

7. Può darsi che anche loro (**left**) _____ alla stessa ora.

8. Non penso affatto che tu (**were wrong**) _____ !

9. Oggi loro riceveranno notizie di Francesco purché lui (**posted**) _____ la lettera due giorni fa.

10. Non ci sembra che il professore (**explained**) _____ molto chiaramente questo difficile problema.

(Answers, p. 252)

C. Translate into Italian.

1. We are happy that we went abroad last month.

2. She doesn't believe her husband is sick.

3. It's better not to smoke.

4. In case my friends call, tell (fam. pl.) them that I am at the office.

5. I'll give it (f.) to you (fam. sing.) unless you don't want it.

6. We can understand her provided that she speaks slowly.

7. It's possible that they saw each other last February.

8. They fear that I am not feeling well.

(Answers, pp. 252–253)

DAL MECCANICO

At the Mechanic's

WORDS TO REMEMBER

la benzina	gasoline	**il pedale**	gas pedal
il benzinaio	gas station attendant	**dell'acceleratore**	
la candela	spark plug, candle	**la portiera**	car door
il carburatore	carburetor	**la ruota**	wheel, tire
il carro attrezzi	tow truck	**seccante** (adj.)	annoying
il cofano	hood	**il semaforo**	traffic light
il cruscotto	dashboard	**il serbatoio**	tank
il faro	car headlight	**il tergicristallo**	windshield wiper
la finestra	window	(pl. **i tergicri-**	
il finestrino	car window	**stalli**)	
il freno	brake	**il traffico**	traffic
la frizione	clutch	(pl. **traffici,**	
il guasto	breakdown	**traffichi**)	
intenso, a	heavy, intense	**il volante**	steering wheel
lento, a	loose, slow	**a causa di**	because of
il meccanico	mechanic	**al massimo**	at the most
(pl. **meccanici**)		**a posto**	in order
il motore	motor, engine	**lungo** (prepos.)	along
l'olio	oil	**sotto** (prepos.)	under
il parabrezza	windshield	**verso** (prepos.)	around, about
(pl. **i parabrezza**)		**accendere**	to turn on, light
il parafango	fender	**aggiustare**	to fix, repair
(pl. **i parafanghi**)		**controllare**	to check, control
il paraurti	bumper	**funzionare**	to work, run
(pl. **i paraurti**)		**notare**	to note, notice
il pedale	pedal	**pulire**	to clean

riparare	to repair	essere a posto	to be in order, in
spegnere*	to turn off, put out		place
spegnersi	to die out, go out	fare il pieno	to fill up (the tank)
verificare	to check out, verify	stare tranquillo, a	not to worry
essere sicuro, a	to be sure		

*The verb **spegnere** has the following irregular forms: present indicative— **spengo, spegni, spegne, spegniamo, spegnete, spengono**; past participle—**spento**; imperative—**spegni, spenga, spegniamo, spegnete, spengano**; present subjunctive—**spenga, spegniamo, spegniate, spengano**.

DIALOGO *Dal meccanico*

Prima di partire per un lungo viaggio, il signor Longhi porta sempre l'auto dal meccanico per far controllare il motore. Questo perché lui vuole essere sicuro che tutto sia a posto sotto il cofano. È infatti molto seccante avere un guasto lungo l'autostrada, specialmente d'estate quando a causa del traffico intenso bisogna aspettare ore prima che arrivi un carro attrezzi.

Meccanico C'è qualcosa che non funziona bene, signor Longhi?

Signor Longhi Sì, credo che il pedale della frizione sia un po' lento.

Meccanico Nessun problema; l'aggiusto subito.

Signor Longhi Ho anche notato che in questi ultimi giorni il motore si spegne quando mi fermo a un semaforo.

Meccanico Controllerò il carburatore e pulirò le candele.

Signor Longhi Per favore, controlli anche i freni e, se necessario, cambi l'olio.

Meccanico Vuole che faccia lavare la macchina?

Signor Longhi Sì, grazie. E non dimentichi di verificare la pressione delle ruote.

Meccanico Stia tranquillo, signor Longhi. Penserò io a tutto.

Signor Longhi Quanto tempo ci vorrà?

Meccanico Un paio d'ore; tre al massimo. Oggi, non ho molto lavoro.

Signor Longhi Benissimo. Tornerò a prendere la macchina verso le cinque. Un'ultima cosa. . .

Meccanico Dica. . .

Signor Longhi Faccia anche il pieno, per favore.

Meccanico Certo. . . .A più tardi allora.

Dialog *At the mechanic's*

Before leaving on a long trip, Mr. Longhi always takes his car to a mechanic to have the engine checked. This is because he wants to make sure that everything is in order under the hood. It's in fact most annoying to have a breakdown along the highway, especially during the summer when, because of the heavy traffic, one must wait for hours before a tow truck arrives.

Mechanic	Is anything wrong with your car, Mr. Longhi? (Is there something that doesn't work right, Mr. Longhi?)
Mr. Longhi	Yes, I believe that the clutch pedal is a bit loose.
Mechanic	No problem; I'll fix it right away.
Mr. Longhi	I have also noticed that in the last few days the engine dies out when I stop at a traffic light.
Mechanic	I'll check the carburetor and clean the spark plugs.
Mr. Longhi	Please also check the brakes and change the oil, if necessary.
Mechanic	Do you want to have your car washed?
Mr. Longhi	Yes, thank you. And don't forget to check the tire pressure.
Mechanic	Don't worry, Mr. Longhi. I'll take care of everything.
Mr. Longhi	How long with it take?
Mechanic	A couple of hours; three at the most. I'm not very busy today.
Mr. Longhi	Very well, I'll come back to pick up the car around five. One last thing. . .
Mechanic	Go ahead. . .
Mr. Longhi	Fill it up, also, please.
Mechanic	Sure. . . . See you later then.

EXERCISES

A. Read the following statements; then select the answers that seem correct to you.

1. Che cosa si trova sotto il cofano di un'automobile (**le ruote—il motore—il paraurti**)?

2. Da chi bisogna portare la macchina per farla riparare? (**da un benzinaio—da un meccanico—da un autista**).

3. Se il motore si spegne, che cosa è bene controllare subito (**i freni—l'olio—il carburatore e le candele**)?

4. Per fermare l'auto, cosa bisogna usare (**il pedale dei freni—il pedale dell'acceleratore—il pedale della frizione**)?

5. Quand'è che bisogna far lavare la macchina (**quando è sporca—quando la macchina è nuova—quando si fa un lungo viaggio**)?

6. Avere un guasto lungo l'autostrada è cosa molto seccante perché (**costa molto—c'è molto traffico— bisogna aspettare il carro attrezzi**).

7. Per far funzionare l'automobile è necessario mettere nel serbatoio (**l'olio—la benzina—l'acqua**).

8. Per pulire il parabrezza, bisogna usare (**la frizione—il volante—i tergicristalli**).

(Answers, p. 253)

B. In Italian how do you say:

1. Quell'automobile sportiva ha (*a beautiful dashboard*) _____ .
2. (*I must rent a car*) _____ perché la mia è dal meccanico.
3. Bisogna fermare la macchina quando (*the traffic light is red*)

   _____ .

4. La sua macchina ha (*four doors*) _____ .
5. Lui non ha mai paura (*to make a mistake*) _____ .
6. Quando fuori diluvia, è necessario uscire (*with an umbrella*) _____ .
7. (*They decided*) _____ di fare un lungo viaggio.
8. Il sabato sera mi piace molto (*to listen to the radio*) _____ .
9. Loro verranno da noi (*the following week*) _____ .
10. (*We purchased the tickets*) _____ un mese fa.
11. Questo paese è (*very picturesque*) _____ .
12. Lei spedisce sempre tutto (*by air mail*) _____ .

(Answers, p. 253)

GRAMMAR I   The **Passato Remoto**: Formation and Use

The **passato remoto** (*remote past* or absolute past) is a past tense that does not use either of the auxiliary verbs **avere** or **essere**.

Formation

To form the past absolute of **-are**, **-ere**, and **-ire** verbs, add the following endings to the stem of the infinitive:

-are	-ere	-ire
-ai	-ei	-ii
-asti	-esti	-isti
-ò	-è	-ì
-ammo	-emmo	-immo
-aste	-este	-iste
-arono	-erono	- irono

parlare = **parl*ai*, parl*asti*, parl*ò*, parl*ammo*, parl*aste*, parl*arono***
temere = **tem*ei*, tem*esti*, tem*è*, tem*emmo*, tem*este*, tem*erono***
finire   = **fin*ii*, fin*isti*, fin*ì*, fin*immo*, fin*iste*, fin*irono***

Use

While the **passato prossimo** is a narrative tense used to express an action that took place in the not-too-distant past, the **passato remoto** is used to express actions that took place and were completed in the past and no longer have reference to the present. Though in modern Italian the **passato remoto** is seldom used in conversation (except for some areas of southern Italy and Sicily where it often replaces the **passato prossimo**), it is extensively used in writing or in reference to historical or past events.

Note that the **imperfetto**, or descriptive past tense, is used as much with the **passato remoto** as with the **passato prossimo**.

Quando Napoleone *partì* per l'Egitto, *era* ancora molto giovane.
(When Napoleon left for Egypt, he was still very young.)

Quando *comprai* la mia prima casa, *abitavo* vicino a Roma.
(When I bought my first house, I used to live near Rome.)

All direct and indirect object pronouns precede the **passato remoto**, just as they precede all other tenses of the indicative.

***Si incontrarono* a Londra nel 1926, e lui *se la portò* subito in Italia.**
(They met in London in 1926, and he took her immediately to Italy with him.)

EXERCISES

A. Give the past absolute forms of the following verbs.

1. vestirsi (**loro**)
2. vedere (**noi**)
3. provare (**io**)
4. lavorare (**voi**)
5. incassare (**tu**)
6. sentire (**Lucia**)
7. aprire (**io**)
8. aiutare (**noi**)
9. entrare (**loro**)
10. visitare (**Loro**)
11. pesare (**il macellaio**)
12. verificare (**il meccanico**)
13. pulire (**tu**)
14. pagare (**voi**)
15. svegliarsi (**noi**)
16. uscire (**Lei**)
17. riposarsi (**tu**)
18. aggiustare (**noi**)
19. riparare (**io**)
20. avere (**loro**)

(Answers, p. 253)

B. Complete conjugating the verbs in parentheses in the *passato prossimo* or *passato remoto* as required by context.

1. Noi (**visitare**) ＿＿＿＿＿＿ l'Egitto quando eravamo ancora bambini.
2. La settimana scorsa lei (**partire**) ＿＿＿＿＿＿ per la Francia; tornerà fra quindici giorni.
3. Suo nonno (**imparare**) ＿＿＿＿＿＿ l'italiano quasi trent'anni fa.
4. Ora sono solo perchè mia moglie (**andare**) ＿＿＿＿＿＿ dai suoi genitori per passare con loro il Natale.
5. Il primo romanzo di quel famoso scrittore (**uscire**) ＿＿＿＿＿＿ almeno cinquant'anni fa.
6. Ieri in banca voi (**incassare**) ＿＿＿＿＿＿ un assegno di venti milioni.

7. I vecchi dicono che quando Garibaldi (**passare**) _____ per questo paese, lui era stanco e malato.

8. Prima di partire per Milano, Giorgio (**fare**) _____ il pieno.

9. Durante la lezione di storia il professore domanda a uno studente: – "Chi (**essere**) _____ il primo re d'Italia?"

10. Renata non (**capire**) _____ una sola parola di quello che voi dicevate.

(Answers, p. 253)

GRAMMAR II **Passato Remoto** of Stem-Changing Verbs

Listed below are all the verbs presented in this text that are irregular in the formation of the **passato remoto**. Note that most of these verbs are really irregular in the first- and third-person singular and in the third-person plural. In the formation of the other persons, the endings of the **passato remoto** are added to the regular stem of the infinitive. Only **dare** and **stare** are completely irregular.

The irregular stem derives from an old Latin form of the verb.

accendere	accesi, accendesti, accese, accendemmo, accendeste, accesero
bere	bevvi, bevesti, bevve, bevemmo, beveste, bevvero
decidere	decisi, decidesti, decise, decidemmo, decideste, decisero
chiedere	chiesi, chiedesti, chiese, chiedemmo, chiedeste, chiesero
chiudere	chiusi, chiudesti, chiuse, chiudemmo, chiudeste, chiusero
correre	corsi, corresti, corse, corremmo, correste, corsero
conoscere	conobbi, conoscesti, conobbe, conoscemmo, conosceste, conobbero
dare	diedi, desti, diede, demmo, deste, diedero
dire	dissi, dicesti, disse, dicemmo, diceste, dissero
fare	feci, facesti, fece, facemmo, faceste, fecero
leggere	lessi, leggesti, lesse, leggemmo, leggeste, lessero
mettere	misi, mettesti, mise, mettemmo, metteste, misero
nascere	nacqui, nascesti, nacque, nascemmo, nasceste, nacquero
perdere	persi, perdesti, perse, perdemmo, perdeste, persero
piacere	piacqui, piacesti, piacque, piacemmo, piaceste, piacquero
piangere	piansi, piangesti, pianse, piangemmo, piangeste, piansero
piovere	piovve, piovvero, (the most commonly used forms)
prendere	presi, prendesti, prese, prendemmo, prendeste, presero
rimanere	rimasi, rimanesti, rimase, rimanemmo, rimaneste, rimasero
rispondere	risposi, rispondesti, rispose, rispondemmo, rispondeste, risposero
sapere	seppi, sapesti, seppe, sapemmo, sapeste, seppero
scrivere	scrissi, scrivesti, scrisse, scrivemmo, scriveste, scrissero
sorridere	sorrisi, sorridesti, sorrise, sorridemmo, sorrideste, sorrisero
spegnere	spensi, spegnesti, spense, spegnemmo, spegneste, spensero
stare	stetti, stesti, stette, stemmo, steste, stettero
tenere	tenni, tenesti, tenne, tenemmo, teneste, tennero

vedere	vidi, vedesti, vide, vedemmo, vedeste, videro
venire	venni, venisti, venne, venimmo, veniste, vennero
vincere	vinsi, vincesti, vinse, vincemmo, vinceste, vinsero
vivere	vissi, vivesti, visse, vivemmo, viveste, vissero
volere	volli, volesti, volle, volemmo, voleste, vollero

Note the following:

1. **Correre** (to run) has an irregular past participle, **corso**. Although it is normally conjugated with **essere**, it may also use **avere** as its auxiliary when used transitively.

   ***Sono corso* a casa appena ho saputo la notizia.**
   (I ran home as soon as I heard the news.)

   Mario Andretti *ha corso* molte volte la Indianapolis 500.
   (Mario Andretti has run many times in the Indianapolis 500.)

2. The present indicative of **morire** (to die) is **muoio, muori, muore, moriamo, morite, muoiono**. The present subjunctive is **muoia, moriamo, moriate, muoiano**; the imperative is **muori, muoia, moriamo, morite, muoiano**. The past participle is also rregular: **morto**.

3. **Ridere** (to laugh) conjugates exactly like **sorridere** (to smile). Its past participle is **riso**.

4. **Vivere** (to live) is conjugated with both **avere** (when used transitively) and **essere** (when used intransitively).

   Lui *ha vissuto* una vita lunga e interessante.
   (He lived a long and interesting life.)

   Io *sono vissuto* per molti anni in Inghilterra.
   (I lived in England for many years.)

EXERCISES

A. In the following sentences, substitute the infinitive with the *passato remoto*.

1. Giuseppe Garibaldi (**morire**) _____ nel 1882.

2. Francesco Petrarca, uno dei più grandi poeti italiani, (**scrivere**) _____ molti libri in italiano e in latino.

3. Per il suo compleanno noi gli (**spedire**) _____ un lungo telegramma.

4. Io (**rispondere**) _____ al capoufficio di non sapere nulla.

5. Perché loro non (**rimanere**) _____ in America e invece (**ritornare**) _____ in Italia?

6. Mio padre (**conoscere**) _____ i suoi suoceri quando loro abitavano a Genova.

7. Il rapido (**fermarsi**) _____ sul binario.

8. Quando lei (**andare**) _____ in Inghilterra, le (**piacere**) _____ molto Londra.

9. Durante i mesi estivi del 1908 (**piovere**) _____ un giorno sì e uno no.

10. Noi (**leggere**) _____ la brutta notizia sul giornale.

(Answers, p. 254)

B. Change the verbs in italics to the *passato remoto*.

1. *Hanno messo* molti alberi in quel parco.

2. Lui *è nato* a Parigi.

3. Quando *hanno saputo* che tu eri tornato, io ero già partito.

4. Chi *ha vinto*, l'Inghilterra o la Francia?

5. Loro *ridevano* perchè erano felicissimi.

6. Dante *è nato* a Firenze nel 1265.

7. I miei cugini *sono andati* nel Canadà e ci *sono rimasti* vent'anni.

8. Noi *abbiamo visto* quel film molti anni fa.

9. Quella famosa scrittrice *è vissuta* ed *è morta* in Africa.

10. Mio nonno *ha fatto* molte cose interessanti durante la sua lunga vita.

11. I nostri parenti australiani *sono venuti* a trovarci dieci anni fa.

12. Voi *avete deciso* di non tornare più qui.

13. Quando Leo *è partito, ha preso* la nave e non *abbiamo saputo* più nulla di lui.

14. Anch'io *ho pianto* quando *ho letto* quel dramma di Shakespeare.

15. Quando lui *mi ha chiesto* del denaro, gli *ho risposto* di non potergli dare nemmeno mille lire.

(Answers, p. 254)

GRAMMAR III   The **Trapassato Remoto**: Formation and Use

The **trapassato remoto**, or past perfect absolute, is a past tense used to express an action that occurred prior to that indicated by the **passato remoto**. This tense is therefore used mostly in conjunction with the **passato remoto**.

Formation

1. Transitive Verbs

passato remoto of **avere** + past participle of the verb

Impostare	**Sorridere**	**Dormire**
ebbi impostato	*ebbi* sorriso	*ebbi* dormito
(I had mailed)	(I had smiled)	(I had slept)

avesti impostato	*avesti* sorriso	*avesti* dormito
ebbe impostato	*ebbe* sorriso	*ebbe* dormito
avemmo impostato	*avemmo* sorriso	*avemmo* dormito
aveste impostato	*aveste* sorriso	*aveste* dormito
ẹbbero impostato	*ẹbbero* sorriso	*ẹbbero* dormito

2. Intransitive Verbs

   passato remoto of **essere** + past participle of the verb

Andare		**Partire**	
fui andato, a	(I had gone)	**fui partito, a**	(I had left)
fosti	andato, a	**fosti**	partito, a
fu	andato, a	**fu**	partito, a
fummo	andati, e	**fummo**	partiti, e
foste	andati, e	**foste**	partiti, e
fụrono	andati, e	**fụrono**	partiti, e

   Use

   The **trapassato remoto** is used only in a dependent clause after the words **quando, appena,** and **dopo che**; the tense of the verb in the main clause is the **passato remoto**.

   Quando loro *fụrono arrivati,* noi li salutammo.
   (When they had arrived, we greeted them.)

   Appena ebbe finito il compito, *andò* subito a giocare.
   (As soon as he had finished the homework, he went to play right away.)

   Dopo che noi *avemmo scritto* la lettera, la *impostammo.*
   (After we had written the letter, we mailed it.)

EXERCISES

A. Change the verbs to the *trapassato remoto*.

1. viaggiai
2. dịssero
3. facemmo
4. deste
5. perdemmo
6. usciste
7. mangiate!
8. portava
9. verrete
10. siamo rimasti
11. parlạvano
12. mangerò
13. chiederanno
14. rịsero
15. hanno controllato
16. dovremo
17. eravate tornati
18. avevi detto
19. siamo usciti
20. pulirete
21. avevamo aggiustato
22. vivẹvano

(Answers, p. 254)

B. Complete the following sentences with the correct form of the _trapassato remoto_.

1. (**parlare**) Dopo che io gli _____ , mi disse che avevo ragione.

2. (**spiegare**) Dopo che l'insegnante _____ la lezione, gli studenti fęcero gli esercizi.

3. (**fare**) Quando tu, Marco, _____ il bagno, ti vėstisti.

4. (**vedere**) Dopo che loro _____ quel nuovo film americano, decįsero di imparare l'inglese.

5. (**nascere**) Appena il nostro bambino _____ , noi telefonammo ai nostri gentori per dargli la bella notizia.

6. (**prendere**) Quando l'impiegata _____ il caffè, cominciò finalmente a lavorare.

7. (**entrare**) Appena Roberto _____ in casa, chiuse subito la porta.

8. (**morire**) Dopo che lui _____ , tutti pįansero per molto tempo.

9. (**conoscere**) Appena Giorgio _____ Anna, volle subito uscire con lei.

10. (**riparare**) Dopo che il meccanico _____ il guasto, lavò la macchina.

(Answers, p. 254)

GRAMMAR IV   The Subjunctive: Formation of the Imperfect Subjunctive

1. The imperfect subjunctive of **-are, - ere**, and **-ire** verbs is formed by adding the following endings to the stem of the infinitive.

-are	-ere	-ire
-assi	-essi	-issi
-assi	-essi	-issi
-asse	-esse	-isse
-assimo	-essimo	-issimo
-aste	-este	-iste
-ąssero	-ęssero	-įssero

parlare = **parlassi, parlassi, parlasse, parlassimo, parlaste, parląssero**

ricevere = **ricevessi, ricevessi, ricevesse, ricevessimo, riceveste, ricevęssero**

dormire = **dormissi, dormissi, dormisse, dormissimo, dormiste, dormįssero**

2. The imperfect subjunctive of **avere** and **essere**

avere = **avessi, avessi, avesse, avessimo, aveste, avęssero**

essere = **fossi, fossi, fosse, fossimo, foste, fǫssero**

3. The imperfect subjunctive of stem-changing verbs

bere = **bevessi, bevessi, bevesse, bevessimo, beveste, bevessero**

dare = **dessi, dessi, desse, dessimo, deste, dessero**

dire = **dicessi, dicessi, dicesse, dicessimo, diceste, dicessero**

fare = **facessi, facessi, facesse, facessimo, faceste, facessero**

stare = **stessi, stessi, stesse, stessimo, steste, stessero**

EXERCISES

A. Give the imperfect subjunctive of the following verbs.

1. recarsi (**noi**)
2. volere (**lei**)
3. imbucare (**tu**)
4. riparare (**loro**)
5. potere (**io**)
6. fare (**loro**)
7. inviare (**io**)
8. verificare (**voi**)
9. tornare (**noi**)
10. coricarsi (**lui**)
11. vincere (**io**)
12. finire (**tu**)
13. pulire (**lei**)
14. alzarsi (**Marisa**)
15. mettere (**Aldo**)
16. stare (**voi**)
17. pettinarsi (**io**)
18. uscire (**loro**)
19. sapere (**noi**)
20. rimanere (**lei**)

(Answers, p. 254)

B. Change the following verbs from the present to the imperfect subjunctive

1. io muoia
2. tu dica
3. Lei faccia
4. noi rispondiamo
5. voi siate
6. tu venga
7. io vada
8. lui capisca
9. voi beviate
10. loro giochino
11. lei si vesta
12. tu metta
13. il meccanicho verifichi
14. voi diciate
15. noi vendiamo
16. Leo nasca
17. voi chiudiate
18. io prenda
19. noi cambiamo
20. tu pesi
21. loro aggiustino
22. voi vi rechiate

(Answers, p. 255)

GRAMMAR V   The Subjunctive: Formation of the Pluperfect
Subjunctive

1. Transitive Verbs (including such intransitive verbs such as **viaggiare** and
   dormire)

   imperfect subjunctive of **avere** + the past participle of the verb

Parlare	Ricevere	Dormire
avessi parlato	*avessi* ricevuto	*avessi* dormito
avessi parlato	*avessi* ricevuto	*avessi* dormito
avesse parlato	*avesse* ricevuto	*avesse* dormito
avessimo parlato	*avessimo* ricevuto	*avessimo* dormito
aveste parlato	*aveste* ricevuto	*aveste* dormito
avęssero parlato	*avęssero* ricevuto	*avęssero* dormito

2. Intransitive Verbs

   imperfect subjunctive of **essere** + the past participle of the verb

Arrivare	Rimanere	Partire
fossi arrivato, a	*fossi* rimasto, a	*fossi* partito, a
fossi arrivato, a	*fossi* rimasto, a	*fossi* partito, a
fosse arrivato, a	*fosse* rimasto, a	*fosse* partito, a
fossimo arrivati, e	*fossimo* rimasti, e	*fossimo* partiti, e
foste arrivati, e	*foste* rimasti, e	*foste* partiti, e
fǫssero arrivati, e	*fǫssero* rimasti, e	*fǫssero* partiti, e

3. **Avere** and **Essere**

Avere	Essere
avessi avuto	fossi stato, a
avessi avuto	fossi stato, a
avesse avuto	fosse stato, a
avessimo avuto	fossimo stati, e
aveste avuto	foste stati, e
avęssero avuto	fǫssero stati, e

EXERCISES

A. Conjugate the following verbs in the pluperfect subjunctive.

1. chiedere (**noi**)
2. spedire (**tu**)
3. correre (**lui**)
4. funzionare (**Loro**)
5. dire (**tu**)
6. sentire (**io**)
7. coricarsi (**Luisa**)
8. nascere (**Edoardo**)
9. bere (**noi**)
10. riparare (**tu**)
11. leggere (**voi**)
12. mandare (**io**)

13. morire (**Loro**)   17. guadagnare (**tu**)
14. dare (**io**)   18. capire (**voi**)
15. fare (**Lei**)   19. arrivare (**loro**)
16. essere (**Sergio**)   20. avere (**noi**)

(Answers, p. 255)

B. Change the following verbs to the pluperfect subjunctive.

1. andavamo   11. abbiamo pulito
2. preferirò   12. avevi scritto
3. dicevate   13. bevẹssero
4. moriva   14. siamo nate
5. scrịvono   15. penserete
6. leggeranno   16. verịficano
7. fate!   17. tu abbia viaggiato
8. io rimanessi   18. dẹssero
9. ci siamo lavati   19. hai offerto
10. partirai   20. si saluteranno

(Answers, p. 255)

GRAMMAR VI   Tense Sequence: Indicative/Subjunctive (Part II)

1. The imperfect subjunctive is required when the past action expressed by the verb in the main clause took place at the same time as the action expressed by the verb in the dependent clause.

   ***Speravo* che tu *rimanessi* con noi.**
   [imperfect indicative]
   [imperfect subjunctive]

   I hoped you would remain with us.

   ***Hai pensato* che lei *fosse* ancora in ufficio?**
   [*passato prossimo*]
   [imperfect subjunctive]

   Did you think she was still at the office?

   Mi *diẹdero* il giornale perché lo leggessi.
   [*passato remoto*]
   [imperfect subjunctive]

   They gave me the paper so that I would read it.

2. The pluperfect subjunctive is used when the past action expressed by the verb in the dependent clause occurred before the action expressed by the verb in the main clause.

   Antonio non *credeva* che voi *foste* già *usciti*.
   [imperfect indicative] [pluperfect subjunctive]
   (Antonio did not believe you had already gone out.)

È stato bene che tu *avessi telefonato* a tuo padre.
[passato prossimo] [pluperfect subjunctive]
(It was good that you had called your father.)

Mi *domandạrono* che cosa io le *avessi detto*.
[passato remoto] [pluperfect subjunctive]
(They asked me what I had told her.)

Avẹvano pensato che voi *vi foste sentiti* male.
[trapassato prossimo] [pluperfect subjunctive]
(They had thought you had not felt well.)

EXERCISES

A. Complete the following sentences with the appropriate form of the subjunctive imperfect or pluperfect.

Example: Ieri sera io pensavo che lei (**andare**) _____ a Napoli la settimana scorsa. = **Ieri sera io pensavo che lei *fosse andata* a Napoli la settimana scorsa.**; Sebbene lui (**guadagnare**) _____ molto, non aveva mai abbastanza denaro. = **Sebbene lui *guadagnasse* molto, non aveva mai abbastanza denaro.**

1. Ieri noi temevamo che i nostri parenti americani (**arrivare**) _____ in Italia tre giorni prima.

2. Tu pensavi che io (**essere**) _____ ancora all'università, non è vero?

3. Non era necessario che voi (**telefonare**) _____ a Renata proprio alle cinque.

4. Sebbene io (**portare**) _____ l'automobile dal meccạnico quindici giorni fa, ieri la macchina non era ancora pronta.

5. Era impossibile che noi (**potere**) _____ spendere tanto denaro in un'ora!

6. Dicemmo tutto a Eleonora affinché lei (**sapere**) _____ subito quello che tu pensavi di lei.

7. Martedì faceva caldo quantunque lunedì notte (**piovere**) _____ per molte ore.

8. Vẹnnero a casa nostra senza che noi li (**invitare**) _____ .

9. Non era giusto che voi (**dovere**) _____ lavorare anche per lui!

10. Bisognava che lui (**spedire**) _____ il telegramma lo scorso giovedì.

(Answers, p. 255)

B. Change the verb of the main clause from the present to the past; then rewrite each sentence, making all other necessary changes.

Example: Penso che lei sia malata. = **Pensavo che lei fosse malata.** Mi sembra che tu sia stata buona. = **Mi sembrava che tu fossi stata buona.**

1. Guadagna poco sebbene lavori moltissimo.
2. Sono stanchissimi quantunque abbiano dormito per diverse ore.
3. È facile che io non l'abbia mai incontrato prima.
4. Ha paura che voi non la capiate.
5. Glielo do qualora me lo chieda.
6. Il postino arriva davanti alla casa senza che nessuno si accorga di lui.
7. Sembra che fuori ci sia molta gente.
8. Laura pensa che noi abbiamo già cenato.
9. La signorina Melli può comprarsi un nuovo paio di scarpe purchè suo padre le abbia spedito il vaglia.
10. Il signor Longhi crede che il suo meccanico sia molto bravo.

(Answers, pp. 255–256)

C. Translate the following sentences.

1. I don't think he prefers to live in that small house along the highway.
2. He did not want to go home so early.
3. Although she likes me, she never calls me.
4. We will write that letter provided that you buy the stamps.
5. It was important that he had spoken to his landlord.
6. His friends were afraid he had already received the bad news.
7. I want my wife to go to the railway station to meet my parents.
8. Unless they take the bus, they will be late; it's already 8:15 A.M.

(Answers, p. 256)

IN CERCA DI LAVORO

Looking for a Job

WORDS TO REMEMBER

allegato, a	enclosed	la laurea	college, university degree
l'annuncio	announcement, ad	il lavoro	job
azzurro, a	light blue	il liceo	high school
cẹlibe	single (m.)	la mạcchina da scrivere	typewriter
la cittadina	citizen (f.)	materno, a	motherly, maternal
il cittadino	citizen (m.)	il mọdulo	form
il colloquio	interview	la nạscita	birth
il cognome	last name	nativo, a	native
la conoscenza	knowledge	la nazionalità	nationality
la contabilità	accounting	il nome	first name
il corso	course	nụbile	single (f.)
la data	date	numeroso, a	numerous
la dattilọgrafa	typist (f.)	l'opportunità	opportunity
il dattilọgrafo	typist (m.)	il peso	weight
dio	god	privato, a	private
la ditta	firm	richiesto, a	requested, demanded
divorziato, a	divorced	la segretaria	secretary (f.)
l'esperienza	experience	il segretario	secretary (m.)
esperto, a	experienced	separato, a	separated
l'esportazione (f.)	export	sposato, a	married
l'impiego	job, employment	lo stato di famiglia	family status
l'importazione (f.)	export	la statura	height
l'inserzione (f.)	add	il tipo	type, kind
l'intẹrprete (pl. gli, le intẹrpreti)	interpreter		

il tịtolo di studio	university degree	**avere pratica di**	to have experience
il traduttore	translator (m.)		with
la traduttrice	translator (f.)	**compilare**	to fill out
l'Ufficio Personale	Personnel	**frequentare**	to attend
	Department	**laurearsi**	to graduate from a
la vẹdova	widow		college or a
il vẹdovo	widower		university
in cerca di	looking for, in search	**presentarsi**	to present, intro-
	of		duce oneself
presso	at, with	**scrịvere a**	to type
avere luogo	to take place	**mạcchina**	
		trasferirsi	to move, relocate

Most Italian institutions of higher learning award only one degree, called **la laurea**, which gives the holder the right to bear the title of **dottore** or **dottoressa**. This degree (more or less the equivalent of an American Master of Arts or Master of Science degree) is usually earned after four, five, and even six years of study, depending on the field of specialization. Lately major universities have instituted a more advanced degree, the **dottorato di ricerca** or research doctorate.

Parte Narrativa: *In Cerca di Lavoro*

Susan Helen White vive da quattro anni in Italia, dove si è trasferita dopo essersi laureata presso un'università degli Stati Uniti. Ha studiato lingue straniere e, oltre all'inglese sua lingua nativa, parla benissimo l'italiano e abbastanza bene il francese. All'università ha anche frequentato numerosi corsi di contabilità e di "marketing" ed è un'esperta dattilọgrafa.

Qualche giorno fa ha trovato su un giornale di Roma l'inserzione di una ditta di importazioni/esportazioni in cerca di una segretaria che conoscesse due o più lingue straniere, fra cui l'inglese, sapesse scrịvere a mạcchina e avesse anche pratica di contabilità. Proprio il tipo di lavoro che lei desiderava!

Dopo aver letto l'annuncio, Susan ha scritto, come richiesto nell'inserzione, all'indirizzo dato nel giornale, per chiedere un colloquio. Ieri pomeriggio lei ha ricevuto una raccomandata in cui era scritto che il colloquio avrebbe avuto luogo il venti luglio alle undici di mattina e che prima di presentarsi al Capo dell'Ufficio Personale della ditta avrebbe dovuto compilare il mọdulo allegato.

Contenta che le sia stata offerta l'opportunità di trovare un buon impiego in Italia, Susan si affretta ora a compilare il mọdulo.

1. **Nome e cognome** Susan Helen White
2. **Data e luogo di nạscita** 11 aprile 1962, Indianapolis, Indiana
3. **Indirizzo/No. di telefono** Via Alessandro Manzoni, 39, Roma, 902-3687
4. **Stato di famiglia**   cẹlibe ___   nụbile _X_   sposato/sposata ___
   divorziato/divorziata ___   separato/separata ___   vẹdovo/vẹdova ___
5. **Colore degli occhi** azzurri   **6. Colore dei capelli** biondi
7. **Statura** 1,75 m.   **8. Peso** 52 kg.
9. **Scuole frequentate** liceo, università (dal 1979 al 1983)

10. **Tịtoli di studio** LAUREA in Lingue Straniere e in
    Contabilità, Indiana University, Bloomington, Indiana, maggio 1983

11. **Nazionalità** Cittadina degli Stati Uniti d'America

12. **Esperienza di lavoro** (a) insegnante d'inglese presso una scuola
    privata di Milano, settembre 1983– giugno 1984; Intẹrprete e
    traduttrice, giugno 1984 ad oggi; (c) Segretaria, Agenzia di Viaggi
    "Il Mondo" di Milano, gennaio 1986 ad oggi.

13. **Conoscenza lingue straniere** Inglese (lingua materna); ottima
    conoscenza dell'italiano scritto e parlato; buona conoscenza del
    francese.

Narrative   *Looking for a job*

For four years, Susan Helen White has been living in Italy, where she moved after graduation from a university in the United States. She studied foreign languages and, besides English, her native tongue, she speaks Italian very well and French fairly well. She also took numerous accounting and marketing courses and is an experienced typist.

A few days ago she found in a Roman newspaper the ad of an import/export firm that was looking for a secretary who knew two or more foreign languages, including English, knew how to type, and also had experience with accounting procedures. Exactly the type of work she wanted!

After having read the announcement, Susan wrote, as requested in the ad, to the address given in the paper, to ask for an interview. Yesterday afternoon she received a certified letter in which it was written that her interview would take place on July 20 at 11 A.M. and that before presenting herself to the Manager of the Personnel Department she should fill out the enclosed form.

Happy that she had been offered the opportunity of finding a good job in Italy, Susan hurried to fill out the form.

1. **First and Last Name** Susan Helen White

2. **Date and Place of Birth** April 11, 1962, Indianapolis, Indiana

3. **Address and Telephone No.** Via Alessandro Manzoni, 39 Roma,
   902-3687

4. **Family Status**   single X married ___ Divorced ___
   Separated ___ **Widow/Widower** ___

5. **Color of Eyes** Light Blue   6. **Color of Hair** Blonde

7. **Height** 5.7 ft.   8. **Weight** 113 pounds

9. **Education (institutions attended)** High School, College
   (from 1979 to 1983)

10. **Degrees Earned** B.A. in Foreign Languages and Accounting,
    Indiana University, Bloomington, Indiana, May 1983

11. **Nationality** Citizen of the United States of America

12. **Work Experience** (a) Teacher of English in a Milanese Private School, September 1983–June 1984; (b) Interpreter and Translator, June 1984 to present; (c) Secretary, "Il Mondo" Travel Agency, Milan January 1986 to present

13. **Knowledge of Foreign Languages** English (native tongue); Excellent knowledge of spoken and written Italian; good knowledge of French

EXERCISES

A. Answer the following question on the content of the narrative.

1. Come si chiama la persona che cerca lavoro?
2. Dove abita adesso questa ragazza?
3. È vero che parla bene anche il tedesco e lo spagnolo?
4. Che cosa ha studiato negli Stati Uniti?
5. Quale università ha frequentato e quando si è laureata?
6. Da quanto tempo abita in Italia?
7. È vero che lei non sa affatto scrivere a macchina e che non le piace la contabilità?
8. Che cosa ha letto su un giornale pochi giorni fa?
9. Il giornale era di Milano, di Bologna o di Roma?
10. È vero che è nata nel 1961 a Chicago?
11. Perché scrive subito all'indirizzo dato nel giornale?
12. In quale giorno dovrà presentarsi al Capo dell'Ufficio Personale?
13. Che cosa si affretta a compilare?
14. È vero che lei è molto bassa, grassa e che ha i capelli neri?

(Answers, p. 256)

B. Complete the sentences, giving the Italian equivalent of the words in parentheses.

1. Mio cugino Albert (*is graduating*) —————— quest'anno; lui studia (*accounting*) —————— all'università di Boston.
2. Mi piace viaggiare su questo treno perchè è (*very comfortable and fast*) —————— .
3. Bisogna aprire (*the car windows*) —————— perchè fa caldo.
4. Lei mi domanda: ("*What is the color of your eyes?*") ——————
5. Il dottor Bianchi è direttore (*of an important Italian firm*) —————— .
6. Giorgio ha studiato per molti anni e ha (*many university degrees*) —————— .
7. Vorrei spedire questa lettera (*with a paid return receipt*) —————— .

8. La mia segretaria (*types*) ———————— molto velocemente.

9. Roberto conosce molte lingue straniere ed è (*an experienced translator*)

———————— .

10. Quello era (*an excellent job*) ———————— .

(*Answers, p. 256*)

GRAMMAR I   The Subjunctive: Use (Part II)

The subjunctive may also be introduced by:

1. A relative superlative, as in:

   Elena è *la più bella* ragazza che io *conosca*.
   (Helen is the most beautiful girl I know.)

   Era *il più difficle* problema che Giulio *avesse* mai *avuto*.
   (It was the most difficult problem Giulio had ever had.)

2. The adjectives **ụnico, a** (pl. **ụnici, ụniche**), **solo, a; primo, a; ụltimo, a;** etc., when the dependent clause is preceded by the pronoun **che** (or another relative pronoun).

   Questa è *la sola* segretaria *che abbia* prạtica di contabilità.
   (This is the only secretary who has experience with accounting.)

   Quelli sono stati *gli ụnici* cittadini *che avẹssero compilato* quei moduli.
   (Those have been the only citizens who had filled out those forms.)

3. The pronoun **che** preceded by **niente, nulla,** and **nessuno** in the main clause.

   Mi dispiace, ma non c'è *nulla che* io *possa* fare per te.
   (I'm sorry, but there is nothing I can do for you.)

   Non conoscevamo *nessuno che avesse* tanto denaro quanto lui.
   (We didn't know anyone who had as much money as he did.)

4. The words **qualunque/qualunque cosa** (whatever), **chiunque** (whoever, whomever), and **dovunque** (wherever) in the dependent clause.

   Non crederemo a Mario *qualunque cosa* lui ci *dica*.
   (We shall not believe Mario whatever he tells us.)

   Sarò felice di conoscerlo *chiunque* lui *sia*.
   (I shall be happy to meet him whoever he is.)

   La seguiva sempre *dovunque* lei *andasse*.
   (He always followed her wherever she went.)

5. The verbs **chiędere, domandare, non capire,** and **non sapere** followed in the dependent clause by **chi, che cosa, dove, come, quando,** and **perché.**

Non sappiamo *che cosa* loro *vọgliano.*
(We don't know what they want.)

Mi domando *perché* voi *siate partiti* così in fretta.
(I ask myself why you left in such a hurry.)

6. The relative pronoun **che** having a specific meaning or expressing purpose.

Cercate una segretaria *che sappia* tre lingue?
(Are you looking for a secretary who knows three languages?)

Volevamo comprare una moto *che* non *costasse* troppo.
(We wanted to buy a motorcycle that did not cost too much.)

EXERCISES

A. Complete the sentences, translating the words in parentheses.

1. La mamma desidera comprare della carne (*which is not*)
   _____ troppo grassa.
2. Non capivo perchè (*she wanted*) _____ rimanere a casa a cucinare.
3. Qualunque treno (*you* [fam. sing.] *take*) _____ , non arriverai in tempo in Venezia.
4. Non sapevamo quando gli impiegati dell'ufficio postale (*opened*)
   _____ gli sportelli.
5. Le chiederò (*who came*) _____ ieri sera.
6. Giovanna era la migliore interprete (*who had worked*) _____ in quell'ufficio.
7. Voi non imparerete mai nulla (*whatever book you read*) _____ .
8. Questo è il primo vestito che quel commesso (*sold*) _____ stamattina.
9. È vero che il capoufficio non conosceva nessuno (*who could type*)
   _____ così bene come Marina Fabbri?
10. In quel negozio di abbigliamento non c'era niente (*that she liked*)
    _____ .

(Answers, p. 257)

B. Give the Italian equivalent of the following sentences.

1. She is not going to answer whoever calls her.
2. That surely was the most interesting foreign movie I had ever seen.

3. Not even his parents know where he went last night.

4. Although they attended that high school, they haven't learned much.

5. She often asks herself when they graduated.

(Answers, p. 257)

GRAMMAR II   *If* Clauses + the Subjunctive

The construction of *if* clause + subjunctive is used to express hypothetical, likely, or unlikely situations in the present or in the past.

1. Present Conditional + **Se** + Imperfect Subjunctive

When the action expressed by the verb in the main clause directly depends upon a simultaneous action expressed by the verb in the dependent clause.

Ti *darei* dello zucchero se ne *avessi* un po'.
(I would give you some sugar if I had any.)

Se ora non *piovesse, andremmo* a fare una passeggiata.
(If it weren't raining now, we would go for a walk.)

2. Present Conditional + **Se** + Pluperfect Subjunctive

When the action expressed by the verb in the main clause directly depends upon a previous action expressed by the verb in the dependent clause.

Stamattina *farebbe* caldo *se* non *avesse piovuto* per tutta la notte.
(It would be warm this morning had it not rained all night long.)

Ora *starei* meglio *se* martedì scorso *fossi andato* dal medico.
(I would feel better now had I gone to the doctor's last Tuesday.)

3. Perfect Conditional + **Se** + Pluperfect Subjunctive

This construction is used only to express purely imaginary and contrary-to-fact situations in the past.

Gliel'*avrei detto* se l'*avessi saputo*.
(I would have told it to him, had I known about it.)

Mi *sarei riposato* meglio *se avessi dormito* nel mio letto.
(I would have rested better if I had slept in my own bed.)

Note that if the condition expressed by the verb in the dependent clause is considered real or highly possible, the verbs in both the main and the dependent clauses are normally in the indicative (and at times in the imperative).

Se ora mangi, non hai più fame.
(If you eat now, you are no longer hungry.)

Se avete sete, bevete!
(If you are thirsty, drink!)

EXERCISES

A. Rewrite the following sentences, changing the verb in the main clause to the conditional and the verb in the dependent clause to the subjunctive as shown in the examples that follow.

> *Example:* Se desidero dormire, vado a letto. = **Se *desiderassi* dormire *andrei* a letto.**; Se lui è arrivato ora posso parlargli = **Se lui *fosse arrivato*, ora *potrei* parlargli.**

1. Se oggi fa freddo, noi rimaniamo a casa.
2. Se ieri sera hai parlato a Margherita, lei ora sa tutto.
3. Se Stefano beve troppo, si sente male.
4. Se hanno preso l'aviogetto, stamattina sono qui.
5. Se i bambini sono buoni, la mamma gli compra un bel gelato.
6. Se il compito non è difficile, lo facciamo subito.
7. Se la mia macchina ha un guasto, la porto da quel bravo meccanico.
8. Se Marisa ha finito di scrivere a macchina, alle cinque può uscire dall' ufficio.
9. Se vi consiglio di andare in vacanza in Francia, ci andate?
10. Se ti dicono quella cosa, sbagliano.

(Answers, p. 257)

B. Rewrite the following sentences, changing the verbs in the main and dependent clauses to express contrary-to-facts situations in the past.

> *Example:* Se tu l'hai vista, l'hai salutata. = **Se tu *l'avessi vista*, *l'avresti* salutata.**

1. Se tu hai viaggiato con il rapido, hai pagato di più.
2. Se il direttore ha ricevuto il tuo telegramma, ha capito tutto.
3. Se loro hanno aperto il pacco, ci hanno trovato quegli importanti documenti.
4. Se Roberto e Francesca sono andati al mare, hanno fatto il bagno.
5. Se io ti ho scritto, ti ho anche parlato di lei.
6. Se loro gli hanno creduto, non sono state molto intelligenti.
7. Se noi abbiamo chiuso la porta di casa, voi non siete potuti entrare.
8. Se non avete fatto la prenotazione, non avete trovato una camera libera.
9. Dottor Pucci, se Lei ha preso l'autostrada, ha notato che c'era molto traffico.
10. Se loro hanno fatto una gita in campagna, hanno mangiato in quel piccolo ristorante vicino a Siena.

(Answers, p. 257)

GRAMMAR III   Additional Uses of the Subjunctive

1. The imperfect subjunctive may at times be introduced by a present conditional followed by the conjunction **che** when the actions expressed by the two verbs take place at the same time.

   Lisa *vorrebbe che* io mi *alzassi* subito.
   (Lisa would like me to get up immediately.)

   Bisognerebbe ch'io *studiassi* di più.
   (It would be necessary for me to study more.)

2. The **present subjunctive**, often preceded by **che**, may also be used to express a blessing, a curse, or an exhortation.

   Che Dio ci *aiuti*!
   (May God help us!)

   Che lui *stia* bene!
   (May he feel fine!)

   Remember that the present conditional in English becomes a perfect conditional in Italian when the verb in the main clause is conjugated in a past tense.

   He told me he would be here at   **Mi ha detto che sarebbe stato**
     8 A.M.   **qui alle 8.**

   Note, whereas an *if* clause follows a present conditional introduced by a past tense in the main clause in English, Italian renders this construction with a perfect conditional followed by **se** and the pluperfect subjunctive.

   I said I would do it if I could.   **Ho detto che l'avrei fatto se**
                                            avessi potuto.

EXERCISE

Translate the following sentences.

1. It would be better for his secretary to fill out all those forms.
2. May your father return home soon!
3. They wrote they would prefer to rent a smaller car.
4. It would be necessary for us to learn how to type.
5. I would like my grandmother to come to visit us for Christmas.
6. I realized she would buy it if I liked it.
7. They would not want their children to play all afternoon.

8. May God listen to us!

9. The mechanic said he would clean the spark plugs if he did not have too
   many things to do.

10. It would be enough for Stefano to move from Napoli to Milano, where there
    are more jobs.

(Answers, pp. 257–258)

GRAMMAR IV   The Passive Construction

When the sentence *Mary is writing a letter* becomes *A letter is being written by
Mary*, the sentence has been changed from *active* to *passive*, with the subject
of the active construction becoming the agent or doer of the action.

Italian forms the passive exactly as English. The passive voice of any transitive verb is obtained with the conjugated forms of the auxiliary **essere** +
the past participle of the verb, followed by the preposition **da** if the agent is
expressed.

Formation of the Passive Voice

INDICATIVE		**comprare**	**ricevere**	**finire**
Present	**sono**			
Imperfect	**ero**			
Future	**sarò**			
Passato Remoto	**fui**			
Passato Prossimo	**sono stato, a**	+comprato, a	ricevuto, a	finito, a
Trapassato Prossimo	**ero stato, a**			
Trapassato Remoto	**fui stato, a**			
Future Perfect	**sarò stato, a**			

CONDITIONAL				
Present	**sarei**	+ comprato, a	ricevuto, a	finito, a
Perfect	**sarei stato, a**			

SUBJUNCTIVE				
Present	**sia**			
Imperfect	**fossi**	+comprato, a	ricevuto, a	finito, a
Perfect	**sia stato, a**			
Pluperfect	**fossi stato, a**			

GERUND				
Simple	**essendo**	+comprato, a	ricevuto, a	finito, a
Compound	**pessendo stato, a**			

INFINITIVE				
Present	**essere**	+comprato, a	ricevuto, a	finito, a
Past	**essere stato, a**			

Active Sentences	Passive Sentences
Noi compriamo il pane. (We are buying the bread.)	**Il pane** *è comprato* **da noi.** (The bread is been bought by us.)
Chi ha spedito la lettera? (Who mailed the letter?)	**Da chi** *à stata spedita* **la lettera?** (By whom has the letter been mailed?)
Luca diede il modulo a Rosa. (Luca gave the form to Rosa.)	**Il modulo** *fu dato* **a Rosa da Luca.** (The form was given to Rosa by Luca.)
Credeva che io conoscessi Gina. (He believed I knew Gina.)	**Credeva che Gina** *fosse conosciuta* **da me.** (He believed Gina was known by me.)
Noi avremmo scritto la lettera. (We would have written the letter.)	**La lettera** *sarebbe stata scritta* **da noi.** (The letter would have been written by us.)

Note that when the doer of an action is not clearly expressed, in Italian it is possible to use the impersonal pronoun **si** + the third-person singular of the verb (if the subject is singular) or the third-person plural (if the subject is plural). Even though the phrase may seem to be impersonal, its meaning is really passive.

In questo ristorante *si mangia* **un eccellente arrosto di vitello.**
(In this restaurant an excellent roast veal is eaten.)

Qui *si parlavano* **tre lingue straniere.**
(Three foreign languages used to be spoken here.)

EXERCISES

A. Change the following sentences from active to passive.

1. La mamma credeva che voi aveste mangiato tutta la frutta.
2. I miei amici bevono il caffè senza zucchero.
3. Marianna ha svegliato il marito alle sette.
4. Perché voi non controllate la pressione del sangue?
5. Loro direbbero molte cose.
6. Noi faremo gli esercizi più tardi.
7. Mia zia aveva cucinato un ottimo piatto di spaghetti.
8. L'impiegato della ditta mise la macchina del capoufficio nel garage.

9. Avendo noi finito il lavoro, siamo usciti.

10. Ieri sera tutti hanno ascoltato la radio.

(Answers, p. 258)

B. Complete the following sentences, translating the words in parentheses.

1. Marisa (*has been seen*) _____ in centro venerdì alle due di notte.

2. Hanno capito solo la lezione che (*has been explained*) _____ dal Professor Tonti.

3. (*It has been told to me*) _____ che tu eri partito tre giorni fa.

4. (*It would have been impossible*) _____ verificare la pressione delle ruote.

5. In quel negozio di abbigliamento (*one can buy*) _____ delle bellissime giacche italiane.

6. Stia tranquilla, signora. Il suo pacco (*will be mailed*) _____ domattina.

7. Ecco i documenti che (*have been signed*) _____ dal direttore della banca!

8. La notizia del nostro arrivo (*was received*) _____ con grande piacere da tutti.

9. Quella bellissima macchina sportiva (*has been rented*) _____ da quel ricchissimo signore australiano.

10. In quel ristorante francese (*one can order*) _____ degli ottimi piatti.

(Answers, p. 258)

GRAMMAR V   Nouns and Adjectives Combined with a Suffix

Many Italian nouns and some adjectives acquire different shades of meaning when combined with certain suffixes.

In the formation of these nouns and adjectives, the final vowel of the noun or adjective is dropped before a suffix is added. If the final vowel is preceded by a **c** or a **g**, an **h** must be added before a suffix beginning with a **i** or an **e**.

barca = **barc** + **h** + **etta** = **barchetta**
(boat)   (small boat)

The most commonly used suffixes are:

1. **ino/ina, etto/etta.** These suffixes indicate smallness of size, a sense of affection, or endearment.

   Noi abbiamo comprato una bella *casetta* al mare.
   (We bought a nice, little house by the sea.)

Mario è *piccolino* anche se ha già dodici anni.
(Mario is a bit small even though he is already 12 years old.)

2. **one** (masc.) and **ona** (fem.). These suffixes denote large size or quantity.

A casa del professor Berti ci sono tanti *libroni*.
(In Professor Berti's home there are many big books.)

Giovanna è una *ragazzona*! È alta due metri!
(Giovanna is a big girl! She is two meters tall!)

3. **accio/accia**. These suffixes denote strong disapproval or convey the idea of a bad or ugly quality.

Quel bambino dice sempre molte *parolacce*.
(That child always says many bad words.)

Fuori piove. Che *tempaccio*!
(It's raining outside. What ugly weather!)

Note that the word **uomo** has the following irregular forms: **omino** and **ometto** (little man); **omone** (big man); **omaccio** (bad, ugly man). Because not all Italian nouns and adjectives may combine with the above-listed suffixes, it is advisable to consult a good Italian dictionary.

EXERCISES

A. Add the suffixes *ino/ina* (small, little), *accio/accia* (bad, ugly), and *one/ona* (big) to the following words.

1. orologio	11. quaderno
2. penna	12. fratello
3. cravatta	13. sorella
4. cappello	14. macchina
5. ombrello	15. lettera
6. parola	16. libro
7. professore	17. treno
8. problema	18. gelato
9. vestito	19. piacere
10. camicia	

(Answers, p. 258)

B. Add the suffixes etto/etta (little and nice) to the following words.

1. borsa	4. scarpa
2. ragazzo	5. albergo
3. strada	6. amica

7. lungo	13. amico
8. bagno	14. isola
9. camera	15. lavoro
10. larga	16. donna
11. romanzo	17. casa
12. parola	18. piazza

(Answers, p. 259)

C. Give the Italian equivalent of the following phrases, using the appropriate suffixes.

1. a small hand
2. an ugly man
3. a nice, little island
4. a big child
5. a little restaurant
6. a big envelope

7. an ugly hat
8. a nice, little jacket
9. a little apple
10. a big doctor
11. an ugly house

(Answers, p. 259)

GRAMMAR VI   Special Constructions with **fare, lasciare, metterci,** and **volerci**

1. The Verb **Fare**

The construction formed with **fare** + an infinitive is quite commonly used in Italian. It renders the English expressions *to have something done* and *to make/have someone do something*.

Direct and indirect object pronouns precede **fare** except when **fare** is in the infinitive or is conjugated in the familiar forms of the imperative.

Il professore *fa parlare* gli studenti.	The professor is having the students talk.
(Il professore li fa parlare.)	(The professor makes them talk.)
Desidero *far lavare* la macchina.	I wish to have the car washed.
(Desidero farla lavare.)	(I wish to have it washed.)
***Fate alzare* i bambini!**	Have the children get up!
(Fateli alzare!)	(Make them get up!)
***Ho fatto partire* il treno.**	I had the train leave.
(L'ho fatto partire.)	(I had it leave.)

In Italian, when the person made to perform and the act performed are both expressed in a sentence, the result of the action is the direct object, and the performer is the indirect object.

Faccio scrivere **la lettera a Luigi.**	I'm having Luigi write the letter.
(Gliela faccio scrivere.)	(I'm having him write it.)
Mi *hai fatto* **mangiare troppa carne.**	You made me eat too much meat.
(Me ne hai fatta mangiare troppa.)	(You made me eat too much of it.)

Note that a sentence such as **Faccio scrivere a Maria una lettera a Antonio** may present a certain degree of ambiguity; to clarify what person is doing the writing, the preposition **a** preceding Maria is replaced by **da**. The sentence will then read:

Faccio scrivere da Maria una lettera a Antonio.
(I'm having a letter written by Maria to Antonio.)

The infinitive of **fare** may also follow a conjugated form of the same verb.

Lei *fa fare* **il compito a sua figlia.**	She is having her daughter do the homework.
(Lei glielo fa fare.)	(She is having her do it.)

Equally common is the expression formed with **farsi** + **fare** or the infinitive of another verb. The person performing the action is preceded here by the preposition **da**. The auxiliary used in compound tenses is **essere**.

Mi sono fatto fare **un vestito da Sergio.**	I had Sergio make me a suit.
Il babbo *si farà svegliare dalla* **mamma.**	Father will have mother wake him up.

2. The Verb **Lasciare**

When the verb **lasciare** is followed by an infinitive, it means *to let, allow, permit*. When this occurs, its construction is similar to that of **fare** + an infinitive. Direct and indirect object pronouns precede or follow **lasciare** just as they precede or follow **fare**.

Lasciate parlare **quel signore!**	Let that gentleman talk!
(Lasciatelo parlare!)	(Let him talk!)
Non mi *hanno lasciato* **giocare.**	They didn't let me play.
Si *era lasciato* **consigliare male.**	He allowed himself to be ill advised.

3. Special use and meaning of **mẹtterci** and **volerci**

The expressions formed with **ci** + **mẹttere** and **ci** + **volere** are mostly used with reference to time needed to do something or go somewhere. The following sentences illustrate the difference in use and meaning between these two verbs.

Quanto tempo *ci vuole* **per andare in centro?**
(How long does it take to go downtown?)

Tu, Francesco, quanto tempo *ci metti* per andare in centro in macchina?
(How long does it take you, Francesco, to go downtown by car?)

In autobus *ci vogliono* trenta minuti, ma il 22 *ci mette* soltanto un quarto d'ora.
(It takes thirty minutes by bus, but it takes bus No. 22 only fifteen minutes.)

Per scrivere quel romanzo *ci sono voluti* sei anni.
(It took six years to write that novel./Six years were needed to write that novel.)

Questo scrittore *ci ha messo* sei anni per scrivere quel romanzo.
(It took this writer six years to write that novel.)

The expression **metterci** is required when the subject of the sentence, be it a person or an object, is clearly indicated; otherwise **volerci** is used.

EXERCISES

A. Change the following sentences, using fare.

Example: Compro una penna. = **Faccio comprare una penna.**

1. Scriviamo molte lettere.
2. Perché leggi quel romanzo?
3. Quando avete aperto il negozio?
4. Le ragazze hanno fatto la spesa.
5. La mamma ha lavato tutte le mie camicie.
6. Io darò quei documenti al direttore.
7. Loro hanno messo le lettere nella casella postale.
8. È vero che tu assicureresti quel pacco?

(Answers, p. 259)

B. Rewrite the following sentences, replacing the words in italics with the appropriate direct/indirect object pronouns.

1. Faremo bere *un po' di latte a Pino*.
2. Ho fatto imbucare *quella lettera*.
3. *Mi* sono fatto fare *il conto*.
4. Perché non vuoi incassare *quest'assegno*?
5. Farei lavare *la macchina a mio nipote*, ma oggi lui non può.
6. *Le* facevano spesso cucinare *parecchie bistecche*.
7. Marisa si è fatta lavare *i capelli*.

(Answers, p. 259)

C. Translate the following sentences.

1. She had her father stay home all day.
2. They make her work too many hours.
3. I had my mother accompany me to the doctor's.
4. His grandmother used to make him drink milk every night.
5. She will have us listen to the radio for two hours.
6. I had the mailman bring you (fam. sing.) a registered letter.

(Answers, p. 259)

D. Give the English equivalent of the following sentences.

1. Perché li hai lasciati partire così tardi?
2. Loro lasciarono riposare tutti.
3. Giorgio aveva lasciato uscire i figli mentre fuori diluviava.
4. Non lasciare leggere quel romanzo a nessuno!
5. Scusi, signora, mi lascerebbe telefonare a sua figlia?
6. Lasciate la piangere!
7. Qualche volta mi lasciavo consigliare dall'avvocato Mattei.
8. Non ci lascia conoscere i nomi dei suoi amici.

(Answers, pp. 259–260)

E. Translate the following sentences.

1. She will not let him close the door.
2. My father allowed me to listen to the radio.
3. I let them do everything they want.
4. Mr. Macchi, please let us go home early, today!
5. Is it true that you (fam. pl.) will never allow me to pay that bill?

(Answers, p. 260)

F. Complete the following sentences.

1. (*It will take several years*) _____ per imparare a parlare bene questa lingua!
2. (*How many weeks does it take*) _____ per preparare tutti i documenti necessari?
3. (*It had taken us five years*) _____ per pagare quella macchina!
4. (*It took my uncle only three days*) _____ per rispondere alla mia ultima lettera.
5. (*It takes only a few minutes*) _____ per cucinare un piatto di spaghetti.

(Answers, p. 260)

Review Lesson Three

A. Translate the words in parentheses.

1. L'avvocato Rossi guadagna (as much money as) _____ il dottor Bianchi.
2. Massimo è (taller than) _____ suo zio.
3. Quando lei parla inglese, io la capisco (more easily than) _____ tutti i miei amici.
4. Molti anni fa quella signora era (the richest woman in) _____ quel paese.
5. Teresa non è soltanto (the best typist) _____ che noi abbiamo; lei è anche (an excellent translator) _____ .
6. Tu hai messo (less wine than water) _____ nel mio bicchiere!

B. Fill in the blanks, giving the italian equivalent of the words in parentheses.

1. Ciao, Elisabetta, dove (have you been) _____ in queste ultime settimane? (I have not seen you) _____ da più di due mesi!
2. (I travelled) _____ in Europa, dove (I visited) _____ Londra, Madrid e Parigi.
3. Quale di queste tre grandi città (did you like) _____ di più?
4. Parigi! Quando (I was in Paris I used to get up) _____ presto tutte le mattine così avevo più tempo per vedere chiese e musei.
5. Hai conosciuto (some interesting people) _____ ?
6. Certo. (I lived) _____ con due ragazze molto gentili (to whom) _____ scrivo spesso.

C. Complete, giving the correct forms of the *passato remoto* and the *trapassato remoto*, as appropriate, for the infinitives in parentheses.

1. Dopo che noi (cenare), _____ , (prendere) _____ il caffè al bar.

2. Quando Elena (studiare) _____ , (ascoltare) _____ la radio.

3. Quando loro (ritornare) _____ a casa da quel lungo viaggio, io (andare) _____ subito a trovarli.

4. Dopo che voi (fare) _____ un bel giro in macchina, (riposarsi) _____ per varie ore.

5. Appena noi (sentirsi meglio) _____ , (decidere) _____ di andare per una settimana in montagna.

6. Dopo che (piovere) _____ per molte ore, (fare) _____ nuovamente bel tempo.

D. Complete, giving the correct form of the simple or the compound gerund.

1. (Having phoned) _____ a mio fratello, ho saputo che il babbo non stava bene.

2. (If you take) _____ la macchina, arriverai prima.

3. (While he was talking to me) _____ , lui scriveva a macchina una lettera.

4. (While they were eating) _____ , loro fumavano.

5. (Having gone out) _____ presto, arrivarono in centro prima delle nove.

6. (If we buy her) _____ quel vestito, noi la faremo molto contenta.

E. Conjugate the infinitives in parentheses in the correct forms of the subjunctive.

1. Bisogna che loro le (inviare) _____ un espresso.

2. Era necessario che tu me lo (chiedere) _____ subito. Ora è troppo tardi!

3. Giuliana crede che Sandra (lavorare) _____ anche ieri sera.

4. Benchè Enrico (bere) _____ sempre molta acqua, lui ha sempre sete.

5. Mi dispiace molto che Lei, dottore, non (venire) _____ da noi lo scorso sabato.

6. Ieri noi pensavamo che Anna e Roberto (conoscersi) _____ l'anno scorso a Madrid.

F. Translate the following sentences.

1. Not all the Popes are Italian.
2. Sebastiano, do you know that man? He thinks he is a great artist.
3. Not many people like to remain home on Sunday.
4. Is it possible you (fam. pl.) never learn anything?
5. Mr. Battisti, phone her! It's possible that she hasn't left yet.
6. My physician believes that this new medicine is really fantastic!
7. She didn't know he drank so much.
8. It would have been necessary for us to have read some other books.
9. When they saw me in Naples last month, I had been working for six months in Italy for an American import/export firm.
10. I'll give her a new typewriter as a gift so that she may type faster.
11. They went out without her being able to talk to them.
12. She will buy me another suit, although I already have many.
13. He always makes me wash his car!
14. Carlo, let her do what she wants!
15. Silvia used to like that nice little house near the public park a lot.
16. It took at least one hour to go to the airport by bus.
17. He is certainly a big man. He must weight at least two hundred kilograms.
18. After having seen the movie, we went to eat a pizza.
19. It will take me only a few minutes.
20. As soon as she received my telegram, she went to a travel agency right away to purchase the tickets.

G. Read the following story; then answer the questions on its content.

Per andare all'estero non basta avere il denaro necessario per poter pagare tutte le spese del viaggio, ma bisogna anche avere il passaporto.

Umberto Velli, avendo deciso di passare un mese di vacanza negli Stati Uniti, dove non è mai stato, lunedì scorso si è recato all'Ufficio Passaporti di Genova.

Abitando in un paesino non molto vicino a questa città, quella mattina si è dovuto alzare molto presto perché il primo treno per Genova sarebbe partito alle sette e trenta.

Arrivato a Genova alle dieci meno un quarto, Umberto ha preso subito un autobus che dalla stazione ferroviaria lo ha portato in Piazza Garibaldi.

Quando Umberto è entrato nell'Ufficio Passaporti ha parlato con un impiegato il quale gli ha dato alcuni moduli da compilare e quindi gli ha detto che il passaporto sarebbe stato spedito a casa sua fra due settimane in un busta raccomandata.

Uscito dall'Ufficio Passaporti, Umberto è andato in un bar per mangiare qualche cosa perché prima di partire non aveva avuto il tempo di bere nemmeno un caffè.

Mentre Umberto beveva un cappuccino e mangiava una pasta, è entrata nel bar una signora bionda che, dopo averlo guardato un attimo, gli ha detto: - "Ma non sei Umberto Velli, tu? Io sono Renata Poggi. . .abbiamo studiato insieme all'università, ricordi?" -

- "Sì, certo che ti ricordo" - le ha risposto Umberto - "eravamo nella stessa classe di inglese con il Professor Zeppi. Ma che bella sorpresa incontrarti qui a Genova dopo tanti anni! Dimmi, posso offrirti qualcosa" -

- "Un espresso, e il piacere di parlare un poco con te," - ha detto sorridendo Renata.

Questions

1. Per andare in un paese straniero che cos'è necessario avere?
2. È vero che Umberto Velli ha vissuto per sei mesi a Chicago quand'era bambino?
3. In quale giorno della settimana lui è andato a Genova?
4. Umberto abita a Milano, a Venezia oppure a Firenze?
5. Quanto tempo ci ha messo il treno per arrivare a Genova?
6. Quando si è dovuto alzare Umberto per fare in tempo a prendere il treno delle sette e mezzo?
7. Che cosa ha fatto Umberto appena è arrivato alla stazione di Genova?
8. Che cosa ha dovuto compilare all'Ufficio Passaporti?
9. È vero che ci vorrà più d'un mese prima che Umberto possa avere il passaporto?
10. Umberto dovrà tornare a Genova quando il passaporto sarà pronto?
11. Per mangiare qualcosa Umberto è andato in un ristorante?
12. Chi riconosce Umberto mentre lui sta bevendo un cappuccino e mangiando una pasta?
13. È vero che Umberto e Renata hanno studiato insieme quand'erano al liceo?
14. Che cosa ordina Renata al bar?

(Answers, pp. 260–261)

APPENDIX A

Answers for Exercises and Review Exams

This section of the book provides answers for all exercises in Lessons 1–15. You should check each answer after you have done the exercise.

LESSON I

Exercise on the correct meaning and use of basic expressions (p. 2).

1. Buon giorno, signore.
2. Come sta?
3. Buona sera.
4. Ciao, come stai?
5. Sto bene, grazie. E Lei?
6. Mi chiamo Robert Smith.
7. Di dov'è Lei?
8. Arrivederci.
9. Non c'è male, grazie.
10. Signorina Bianchi, dove abita Lei?

Determine the gender of the following nouns; then form their plurals and give their English meanings (pp. 3–4).

anno: m., pl. anni (year, years)
matita: f., pl. matite (pencil, pencils)
nome: m., pl. nomi (noun, name, nouns, names)
città: f., pl. città (city, cities)
vacanza: f. pl. vacanze (vacation, vacations; holiday, holidays)
zucchero: m., pl. zuccheri (sugar, sugars)
via: f., pl. vie (street, road; streets, roads)
ragazza: f., pl. ragazze (girl, girls)
ristorante: m., pl. ristoranti (restaurant, restaurants)
signora: f., pl. signore (lady, married woman; ladies, married women)
automobile: f., pl. automobili (automobile, car; automobiles, cars)
sera: f., pl. sere (evening, evenings)
ragazzo: m., pl. ragazzi (boy, boys)

tassì: m., pl. tassì (taxi, taxis; cab, cabs)
stazione: f., pl. stazioni (station, stations)
università: f., pl. università (university, universities)
bar: m., pl. bar (bar, bars)
libro: m., pl. libri (book, books)
lezione: f., pl. lezioni (lesson, lessons)
piazza: f., pl. piazze (square, squares)
notte: f., pl. notti (night, nights)
film: m., pl. film (film, movie; films, movies)
aeroplano: m., pl. aeroplani (airplane, airplanes)
classe: f., pl. classi (class, classes)
professoressa: f., pl. professoresse (female professor, female professors)
autobus
vino: m., pl. vini (wine, wines)
bambina
sport: m., pl. sport (sport, sports)
hotel: m., pl. hotel (hotel, hotels)

Place the appropriate indefinite article before the following nouns (p. 4).

un'automobile	un signore
una stazione	un bar
una signorina	una sera
una borsa	uno zucchero
una casa	uno studente
un caffè	una madre
una stanza	un nome
un autobus	una studentessa
una settimana	un ristorante
un treno	un hotel
un giorno	una classe
un quaderno	una città
una virtù	un film
un piatto	una notte

A. (p. 5)

1. la	9. il
2. il	10. la
3. l'	11. il
4. la	12. la
5. il	13. la
6. la	14. lo
7. la	15. la
8. l'	16. il

B. (p. 6)

1. i quaderni	9. le università
2. le piazze	10. i film
3. i ristoranti	11. i professori
4. gli anni	12. i nomi
5. le settimane	13. gli hotel
6. le virtù	14. i treni
7. le lezioni	15. le classi
8. le bambine	

A. (pp. 6–7)

1. tu
2. loro means they; Loro means you, formal plural
3. essa
4. Loro
5. egli = he; ella = she
6. Voi

B. (p. 7)

1. noi
2. tu
3. lei
4. essa
5. loro
6. Lei

7. noi
8. voi
9. io
10. lui
11. essi
12. esse

Complete the following sentences, conjugating the verbs in parentheses (p. 8).

1. abbiamo
2. sei
3. sono
4. avete
5. ha
6. sono
7. ha

8. sono
9. sono
10. hai
11. abbiamo
12. è
13. hanno
14. sono

A. (p. 9)

1. cento
2. ventun
3. trecento quarantaquattro
4. quindici
5. trecento sessantacinque

6. cento ottantanove
7. sei
8. quarantadue
9. mille
10. tre

B. (p. 10)

1. Il dottor Belli ha settecento quindici libri.
2. Il libro ha quarantun lezioni.
3. Io ho una macchina, una casa e cinque ragazze.
4. Il professor Zatti ha undici studenti e diciannove studentesse.
5. A domani, signorina Alberti!

LESSON II

Complete the sentences based on the dialog, choosing the correct answers from those given in parentheses (p. 13).

1. spaghetti al pomodoro
2. una minestra di verdura
3. un'insalata verde
4. mezzo litro di vino bianco
5. due gelati

A. (p. 13)

lo, uno spumante

il, un formaggio

la, una fame

la, una frutta

il, un pomodoro

la, una pasta

il, un vitello

la, una sete

il, un centro

il, un dolce

B. (pp. 13–14)

le bottiglie

i vini

i camerieri

i cappuccini

i gelati

le acque

le verdure

i bicchieri

gli espressi

gli arrosti

i contorni

i piaceri

i favori

gli spumanti

Complete the sentences, conjugating the verbs in parentheses (pp. 15–16).

1. parliamo
2. incontro
3. domanda
4. offre
5. partono
6. desiderano
7. ordinate
8. ricevi
9. abita
10. vediamo

11. leggi
12. salutano
13. dormiamo
14. guardano
15. scriviamo
16. è
17. ricorda
18. abbiamo
19. comprate
20. arriva

Complete the sentences with the present indicative of the verbs in parentheses (pp. 16–17).

1. dimentica
2. studiano
3. mangiamo
4. spiega
5. cerchiamo

6. cominciate
7. dimenticate
8. paga
9. mangiate
10. cerca

A. Give the plural forms of the following words and/or sentences (p. 18).

1. le lezioni difficili
2. i ragazzi grassi
3. gli autobus gialli
4. le signorine francesi
5. i film divertenti

6. le ragazze brune
7. i piatti caldi
8. i ristoranti italiani
9. le patate fritte
10. le città inglesi

B. (p. 18)

1. Il padre e la madre sono bassi.
2. Mario e Antonio sono intelligenti.
3. La minestra di verdura è fredda.
4. L'autobus e l'automobile sono rossi.
5. Il ragazzo è bruno e la ragazza è bionda.
6. Le lezioni sono interessanti.

A. (p. 19)

1. Voi non siete spagnoli.
2. Giovanni non è forte.
3. Luciano non incontra due ragazze americane.
4. Noi non desideriamo vedere Milano.
5. Lo studente non legge un libro interessante.

B. (p. 19)

1. No, non mi chiamo Giuseppe.
2. No, l'arrosto di vitello non è freddo.
3. No, non guardiamo un film francese stasera.
4. No, Maria non ordina una bottiglia di acqua minerale.
5. No, non desidero un espresso.

Translate the following sentences (p. 20).

1. Domani è mercoledì.
2. La domenica loro mangiano in un ristorante del centro.
3. Venerdì lui compra della frutta e del formaggio.
4. L'acqua è fredda, ma il vino è caldo.
5. Il lunedì e il giovedì Giorgio incontra ventun(o) studenti canadesi.
6. Per contorno Rossana prende un'insalata verde.
7. Mi chiamo Antonella e desidero comprare una borsa.
8. Desideriamo una bottiglia di spumante.

LESSON III

Read the following statements on the content of the dialog; then check the true or false box (pp. 22–23).

1. F
2. F
3. F

4. F
5. T
6. F

In Italian how do you say (p. 23).

1. Mi scusi.
2. Buona notte.
3. Buon appetito.
4. Ecco il resto.
5. Dove abita Lei?
6. Prego.
7. Benino.
8. Come si chiama Lei?
9. Io ho sete.
10. Buon giorno.

11. A domani.
12. Sto bene.
13. Ciao.
14. Così, così.
15. Mi chiamo Roberto.
16. Io ho fame.
17. ArrivederLa.
18. Oggi.
19. Per primo piatto.
20. Io sono di Chicago.

A. (p. 26)

1. una brava studentessa.
2. le signore spagnole.
3. la bambina bruna.

4. un ragazzo canadese.
5. i ricchi signori.
6. i giovani studenti.

B. (p. 26)

1. i nuovi dottori.
2. le madri inglesi.
3. le brevi lezioni.
4. quegli sport difficili.
5. quei begli aeroplani.
6. quei grandi amici.
7. gli altri signori giapponesi.
8. le lunghe vacanze italiane.
9. le buone acque minerali.
10. questi cattivi formaggi.

C. (pp. 26–27)

1. Luisa compra tanta pasta e tanto zucchero.
2. Noi abbiamo poche penne.
3. In quella grande città ci sono molte automobili e molti tassì.
4. All'università ci sono centoquindici studenti francesi e contoquindici studentesse americane.
5. Luigi, tu mangi troppa frutta.
6. Quanta acqua desideri bere?

D. (p. 27)

1. Marco prende quell'autobus.
2. Desidero mangiare quest'arrosto di vitello.
3. Marisa compra questa borsa gialla.
4. Quelle ragazze inglesi partono stasera.
5. Quei giovani dottori abitano a Bologna.
6. Questi film italiani sono molto divertenti.
7. Quegli spaghetti sono freddi.
8. Questa stazione è nuova e molto grande.
9. Quei biglietti per New York costano troppo!
10. Quest'espresso parte alle due del pomeriggio.

E. (pp. 27–28)

1. bella/buona/grande/vacanza
2. belle/buone/grandi/automobili
3. bello/buono/grande sport,
   begli/buoni/ grandi sport
4. bei/buoni/grandi ristoranti
5. bel/buon/gran vino
6. bel/buon/gran piacere
7. bei/buoni/grandi bicchieri
8. bella/buona/grande sera
9. bella/buona/grande bottiglia
10. bell'/buon/grand' espresso
11. bel/buon/gran bar, bei/
    buoni/grandi bar
12. bello/buono/grande spumante
13. bel/buon/gran formaggio
14. bell'/buon/grand' arrosto
15. bei/buoni/grandi nomi

F. (p. 28)

1. una brava studentessa
2. molti ragazzi canadesi
3. Sant'Antonio
4. molto bassa
5. l'ultimo giorno
6. un buon espresso
7. molti piatti
8. quelle signorine spagnole
9. quelle belle penne
10. le stesse signore
11. quel bravo dottore
12. un gran gelato

Give the present tense form of the verbs in parentheses (pp. 28–29).

1. finiamo
2. capiscono
3. preferite
4. finiscono
5. capisce
6. preferisci

Complete the following sentences with sapere or conoscere, as appropriate (p. 29).

1. sa
2. conosce
3. sai

4. sanno
5. conosciamo

Complete the following sentences with c'e and ci sono (p. 30).

1. ci sono
2. c'è
3. ci sono

4. c'è. . .c'è
5. c'è
6. ci sono

A. (p. 31)

Sono le sette di mattina.
E mezzogiorno.
Sono le otto e sedici di sera.

Sono le cinque e cinquanta del mattino *or*
Sono le sei meno dieci del mattino.
E l'una e trenta del pomeriggio.

B. (p. 31)

Alle otto e cinquanta/Alle nove meno dieci di mattina
A mezzogiorno e otto (minuti)/ Alle dodici e otto
Alle undici e quindici/ Alle undici e un quarto di sera
Alle sei del pomeriggio
Alle due e quarantacinque/ Alle tre meno un quarto/ Alle due e tre quarti di notte
Alle quattro e dieci del pomeriggio

Spell out the numbers (p. 32).

1. quattrocento ottantamila
2. cinquemila seicento
3. tredicimila novecento
4. settecentoventi
5. trentaquattromila settecentocinquanta
6. undici milioni

LESSON IV

A. (pp. 34–35)

1. fra due giorni
2. quarant'anni
3. la sorella del babbo di Luca

4. i cugini di Luca
5. all'estero per affari
6. fuori

B. (p. 35)

1. to eat out
2. How much does it cost?
3. celebrate the birthday
4. second class
5. on business
6. is named / is called Antonio

7. abroad
8. Excuse me.
9. What a nice surprise!
10. Really?
11. And you, where are you from?
12. Here is the change!

A. (p. 36)

1. gli stadi pubblici
2. i lunghi viaggi
3. i ricchi medici
4. i bei laghi
5. i santi monaci
6. i nemici politici
7. i grandi orologi
8. le farmacie sporche
9. le piogge fredde
10. le lezioni scientifiche
11. gli orari ferroviari
12. le ciliegie greche
13. i vecchi cuochi
14. i primi biglietti
15. le lunghe barche
16. gli amici stanchi
17. le valigie necessarie
18. le stesse spiagge

B. (pp. 36–37)

1. Questi pomeriggi sono molto belli.
2. Quei cuochi francesi sono alti e magri.
3. Questi orologi hanno gli stessi orari.
4. Noi desideriamo quelle belle arance.
5. I nuovi sindaci sono molto ricchi.
6. Quegli esercizi sono troppo lunghi.
7. Non conosciamo quelle giovani signore tedesche.
8. Gli zii di quei ragazzi sono monaci.
9. Le paghe delle ragazze francesi sono molto buone.
10. Gli alberghi dove loro abitano sono nuovi.
11. Ecco i monaci cattolici.

A. (p. 38)

1. suo suocero
2. la tua casa
3. la loro università
4. il nostro figliolo
5. Suo marito
6. i suoi cugini
7. i suoi parenti
8. il mio compleanno
9. la loro cognata
10. la vostra automobile

B. (pp. 38–39)

1. sua moglie
2. le loro cugine americane Luisa e Anna.
3. La loro valigia, la nostra è rossa.
4. Suo marito
5. la tua bella sorella
6. Il genero di Alberto abita a Pisa, il mio abita a Genova.

C. (p. 39)

1. Ecco suo figlio.
2. La loro figliola è molto brava.
3. Quel monaco è nostro amico.
4. Io saluto la vostra nipote.
5. Maria vede la loro casa.
6. La tua zia abita a Roma.

Give the correct form of the verb in parentheses (pp. 39–40).

1. preferiscono
2. va
3. fa
4. sa
5. stanno
6. dà
7. uscite
8. facciamo
9. venite
10. vado
11. danno
12. sta
13. esce
14. festeggiano
15. paghi

Replace the underlined adjectives with the correct form of tutto (pp. 40–41).

1. tutti i libri
2. tutte le mie amiche
3. tutta l'acqua minerale
4. tutte le lezioni

5. tutte le ragazze
6. tutti i dolci
7. tutti i film spagnoli
8. tutte le automobili

Give the Italian equivalent of the following sentences (p. 41).

1. Quanti anni ha, dottor Bruni?/ Dottor Bruni, quanti anni ha Lei? Io ho cinquantadue anni.
2. Oggi Antonietta ha trentatrè anni.
3. Paolo e Luisa hanno due anni e otto mesi.
4. Questa signora è molto vecchia; (lei) ha novantasette anni.
5. Quella casa ha ventisette anni.
6. Sua zia ha sessantrè anni e suo zio ha sessantasei anni.
7. La signorina Bellini ha diciannove anni.
8. Domani è il mio compleanno; io ho sei anni.

Answer the question "Che giorno è oggi?" (p. 42).

1. il sette (di) maggio
2. il trentuno (di) dicembre/ il trentun dicembre
3. il primo (di) agosto
4. il quattordici (di) novembre
5. il due (di) marzo
6. il diciassette (di) febbraio
7. il ventidue (di) giugno
8. il ventitrè (di) settembre
9. il venticinque (di) aprile
10. il quattro (di) luglio
11. il dieci (di) maggio
12. il primo (di) gennaio

LESSON V

A. (p. 45)

1. T
2. F
3. F
4. T
5. F

6. T
7. F
8. T
9. T
10. T

B. (p. 46)

1. Che ora è?/Che ore sono?
2. Mille grazie./Molte grazie.
3. Buon viaggio
4. Arrivederci!
5. Sto bene.
6. Che bella sorpresa!
7. Come si chiama Lei, signorina?
8. Quando parte suo cugino?
9. Ecco una bella camera a due letti.
10. Noi viaggiamo sempre in prima classe.

11. Quanto costa questa macchina?
12. Giorgio, dove abiti?
13. Ecco i miei genitori.
14. Seimila novecentotrentasette studenti tedeschi.
15. Lui viene a casa il lunedì.
16. Loro vanno all'estero per affari.
17. A mezzogiorno abbiamo sempre fame.
18. C'è un bar vicino allo stadio?
19. Sono le undici e quaranta di mattina./È mezzogiorno meno venti.
20. Oggi è il primo (di) maggio.

A. (pp. 48–49)

1. su	11. a
2. per	12. in. . .per
3. a	13. in
4. da	14. di
5. con	15. con
6. in	16. a
7. in	17. di
8. fra	18. di
9. a	19. da
10. a	20. per

B. (p. 49)

1. Loro partono per gli Stati Uniti fra cinque settimane.
2. Lei va in Francia dall'Italia in autobus.
3. Oggi mangio in quel ristorante con il sindaco di Ferrara.
4. Io compro sempre molte bottiglie di acqua minerale per la mia famiglia.
5. Il diretto per Genova parte fra cinque minuti.
6. Io non conosco bene il marito di Lisetta.
7. Sua cognata viaggia su quel treno.
8. Fra Marisa e Roberta, io preferisco Marisa.
9. Sono le nove e io desidero andare da Mario.
10. Il mio babbo abita in Via Emerson.

A. (pp. 50–51)

1. dai loro nonni
2. la cognata della signora Bettini
3. della camera
4. dall'hotel/ dall'albergo
5. all'università
6. dal dottore/ dal medico
7. alla classe
8. dal binario numero ventitrè
9. Alla stazione
10. sulla porta
11. del cameriere
12. nel mio caffè
13. alla signorina Pucci
14. alle otto di sera
15. con il fratello di Anna
16. della mia vacanza
17. fra le nove e le dieci di mattina

18. nello stesso ristorante
19. al secondo piano
20. allo stadio

A. (p. 52)

1. degli
2. dello
3. delle
4. dei
5. dei
6. dell'
7. del

B. (p. 52)

1. alcune valigie, qualche valigia
2. alcune studentesse greche, qualche studentessa greca
3. ci sono alcuni autobus rossi, c'è qualche autobus rosso
4. alcune belle case, qualche bella casa
5. alcune nostre amiche, qualche nostra amica
6. alcuni pacchi, qualche pacco
7. Alcuni portieri parlano, Qualche portiere parla

C. (p. 52)

1. un po' di
2. un po' di
3. un po' di
4. un po' di
5. un po' d'insalata
6. un po' di
7. un po' di

Give the correct form of the verb in parentheses (p. 53).

1. dobbiamo
2. posso
3. vogliono
4. puoi
5. vuoi
6. devi
7. possiamo
8. devono
9. vuole
10. vogliono

Give the correct form of che, quale, quanto, and chi (p. 54).

1. Che/ quale
2. che/ quale
3. chi
4. che/ quale
5. che/ quale
6. Chi
7. Quanti
8. che/ quale
9. Chi
10. Quante
11. A chi
12. Quanti

A. (pp. 55–56)

1. domanderò
2. saranno
3. offrirà
4. scriverai
5. uscirà
6. saluteranno
7. capirà
8. finiranno
9. partirà
10. ricorderò
11. riceveremo
12. spenderai
13. incontrerà
14. desidereranno
15. preferirà
16. dormirete
17. leggerai
18. guarderete
19. finiremo
20. visiteranno

B. (p. 56)

1. Quando (lui) arriverà in Francia, visiterà molte città francesi.
2. Carlo, se sarai buono, riceverai un bel libro da tuo zio.
3. Appena (loro) entreranno nell'albergo, parleranno al portiere.
4. Uscirò quando lui partirà.
5. Appena incontreranno i loro amici in centro, prenderanno l'autobus per andare a Pisa.

REVIEW LESSON ONE

A. (p. 57)

1. gli sport
2. le patate
3. gli spumanti
4. gli espressi
5. le insalate
6. gli orologi
7. i bagni
8. le facce
9. le virtù
10. i cuochi
11. i viaggi
12. i bagni
13. le barche
14. le stagioni
15. le arance
16. le piogge
17. gli zii
18. i portieri
19. i tabaccai
20. gli alberghi

B. (p. 58)

1. il caffè freddo
2. lo studente greco
3. il monaco cattolico
4. il bar italiano
5. il bambino magro
6. la verdura fresca
7. la stazione ferroviaria
8. l'anno difficile
9. il formaggio francese
10. quello stadio
11. il buon dolce
12. quel numero
13. quella banca
14. la bella città
15. l'ultimo piano
16. quella bottiglia
17. il libro scientifico
18. la ciliegia rossa
19. il dialogo interessante
20. il parco pubblico

C. (p. 58)

1. offri, offre, offrono—offrirai, offrirà, offriranno
2. capisco, capisce, capite—capirò, capirà, capirete
3. spende, spendiamo, spendete—spenderà, spenderemo, spenderete
4. apri, apre, aprono—aprirai, aprirà, apriranno
5. sono, siamo, sono—sarò, saremo, saranno
6. aiuti, aiutate, aiutano—aiuterai, aiuterete, aiuteranno
7. ho, hai, ha—avrò, avrai, avrà
8. conosci, conosciamo, conoscono—conoscerai, conosceremo, conosceranno
9. finisco, finisce, finite—finirò, finirà, finirete
10. dormo, dormiamo, dormono—dormirò, dormiremo, dormiranno
11. ricevi, ricevete, riceviamo—riceverai, riceverete, riceveremo
12. sente, sentono, sento—sentirà, sentiranno, sentirò

D. (p. 59)

1. Queste camicie sono sporche e grandi.
2. Non parliamo con voi, parliamo con loro!
3. Quegli studenti scrivono gli esercizi sui quaderni.
4. Voi non potete comprare quelle borse; costano troppo!

5. Noi usciamo a mezzogiorno e andiamo in centro con le nostre cugine.
6. Voi date i biglietti a Carlo e le valigie a Luigi.
7. Ecco delle belle automobili rosse!
8. Qui ci sono i vostri amici tedeschi.
9. Al ristorante noi ordiniamo i pranzi e paghiamo i camerieri.
10. Loro aprono le porte delle camere con le chiavi.

E. (p. 59)

1. da. . .a
2. alla
3. in. . .in
4. negli
5. al

6. in
7. dal
8. a. . .alle
9. di
10. in

F. (p. 59)

1. vuole
2. partiremo. . .visiteremo
3. aspetta

4. mangerò
5. saremo. . .conosceremo

G. (pp. 59–60)

1. Che/Che cosa fai, Carla? Aspetto mio suocero.
2. Lei arriva qui alle sette e trenta di mattina e va a casa alle quattro e quarantacinque (alle quattro e tre quarti or alle cinque meno un quarto) del pomeriggio.
3. Per andare a Brindisi con il rapido voi dovete comprare un biglietto di prima classe.
4. In quell'albergo/in quell'hotel ci sono poche camere libere. Il nome dell'alberto è Bellosguardo (or L'albergo si chiamo Bellosguardo).
5. Appena arriveranno a casa, apriranno tutte le (loro) valigie.
6. Questo pomeriggio lei non può andare alla spiaggia (or al mare).
7. Chi viene al cinema con noi?
8. Un buon pranzo in quel ristorante costa quarantottomila lire.

H. (p. 60)

1. I signori Albertini hanno tre figli; un ragazzo e due bambine.
2. Rosa è la figlia dei signori Albertini; lei ha otto anni.
3. La famiglia Albertini abita a Roma in una vecchia casa del centro.
4. Il bar del signor Albertini è vicino all'università.
5. Gli studenti e i professori vanno nel bar di Sergio a prendere un espresso, un cappuccino o a mangiare una pasta dopo le lezioni.
6. No, il signor Albertini non parla spagnolo; parla l'inglese e il francese.
7. Maria, sua moglie, aiuta Sergio nel bar.
8. La domenica la famiglia Albertini va a mangiare in un buon ristorante fuori Roma con l'automobile nuova.

LESSON VI

A. (p. 63)

1. dal macellaio
2. due volte al mese
3. del burro e delle uova

4. trecento grammi
5. degli zucchini
6. delle mele e delle pere

B. (p. 64)

1. Adriana Arnoldi ha ventitrè anni.
2. No, non abita a Milano; lei abita a Firenze, in Via Vincenzo Bellini.
3. Lei va a fare la spesa tutti i martedì.
4. No, il supermercato non è in centro; è vicino a casa sua.
5. Adriana Arnoldi compra dodici uova.
6. Lei finisce di fare la spesa a mezzogiorno.
7. Lei compra una bottiglia di vino rosso.

A. (p. 65)

1. i drammi politici
2. i poeti cattolici
3. le ciliegie rosse
4. i vecchi papi
5. i begli alberghi
6. i problemi difficili
7. le auto italiane
8. i piloti biondi
9. le grandi valigie
10. i cinema francesi
11. gli uomini gentili
12. i piccoli laghi
13. le mogli magre
14. gli altri re
15. le uova fresche

B. (p. 65)

1. Vediamo un bel panorama.
2. I miei cugini ricevono tre vaglia.
3. Questo è un clima eccellente! (or Questo clima è eccellente!)
4. Voglio comprare una nuova moto giapponese.
5. Marta scrive un altro tema.
6. Non capiamo il suo telegramma.
7. Lui arriva (or arriverà) qui fra due mesi (or fra un paio di mesi).
8. Giorgio compra troppe uova.
9. Quelle radio sono molto piccole.
10. Le mani di mio nonno (or del mio nonno) sono molto forti.

Complete the following sentences, translating the words in parentheses (p. 66).

1. per te...noi
2. lui...lei
3. loro
4. te

Substitute the appropriate direct object pronouns for the words listed below (p. 67).

1. li
2. lo
3. le
4. ci
5. la
6. mi
7. lo
8. li
9. vi
10. La
11. le
12. le
13. Li
14. lo
15. ti
16. li
17. la
18. le
19. ci
20. la

A. (p. 68)

1. La preferisco.
2. Alberto lo saluta.
3. Non lo posso mangiare/ Non posso mangiarlo.

4. Le mangio tutti i sabati.
5. Chi li vuole spiegare?/ Chi vuole spiegarli?
6. Eccola!
7. Non la vogliamo sentire/ Non vogliamo sentirla
8. L'incontriamo dal fornaio.
9. Vanno a comprarle in centro.
10. Vi conosco bene.
11. Dove li aspettate?
12. Quando La posso vedere, signor Righi?/ Quando posso vederLa, signor Righi?
13. Non desideriamo pagarlo.
14. Finalmente eccolo!

B. (pp. 68–69)

1. No, non la faccio ora.
2. Sì, lo capisco.
3. Sì, li conosco.
4. No, non lo potete leggere./ No, non potete leggerlo.
5. Sì, lo vogliamo prendere./ Sì, vogliamo prenderlo.

C. (p. 69)

1. Loro mi salutano sempre quando mi vedono.
2. Questo pomeriggio Mirella studia la lezione, ma domani non la ricorderà molto bene.
3. Qualche volta lui ci vede dal fruttivendolo.
4. La posso aiutare, signorina Belli?/ Posso aiutarLa, signorina Belli?
5. Dove sono i bambini? Eccoli!

Give the future indicative of the verbs listed below (pp. 69–70).

1. dimenticheranno	7. passerà
2. cercherà	8. pagherà
3. comincerà	9. dormirai
4. peserà	10. viaggeranno
5. festeggeranno	11. riceverai
6. spiegheremo	12. mangeranno

A. (p. 71)

1. Noi non viaggiamo mai in autobus.
2. Giovanni non è ancora a casa sua.
3. Voi non avete più problemi.
4. Il dottore non spiega affatto tutto.
5. La mamma non fa più la spesa dal macellaio.
6. Lei non viene mai da me la domenica.

B. (p. 71)

1. Nessun problema è troppo difficile per lui!
2. Quel grande poeta non è affatto ricco.
3. In questa città non ci sono alberghi grandi.
4. Non vogliamo comprare nessun libro inglese.
5. Nessuno può uscire stasera.
6. Non ho nulla (niente) e non voglio nulla (niente)!
7. Non andiamo né a Bologna né a Venezia.
8. Lei non è una ragazza molto gentile; non aiuta nemmeno (neppure, neanche) sua madre!

9. Loro non ci parlano più (or Loro non parlano più) con noi.
10. Quel fornaio non fa mai molto pane.

Change the verbs to the future tense in the following sentences (p. 72).

1. darà	9. daremo
2. andrà	10. dovrai
3. dovremo partire	11. vorranno. . .potranno
4. potrà domandare	12. starò. . .mangerò
5. staranno	13. farò
6. andrete	14. vorranno
7. faranno	15. starai. . .andrai
8. vorrete	

LESSON VII

A. (p. 75)

1. F	5. F
2. F	6. F
3. T	7. T
4. T	8. F

B. (pp. 75–76)

1. in un bar	6. la chiave
2. al cinema	7. dal cassiere
3. un buon letto	8. dal fruttivendolo
4. una penna	9. l'orologio
5. il biglietto	10. alla stazione

A. (p. 76)

1. Quei giornalisti francesi parlano bene l'italiano.
2. Gli impiegati danno gli assegni ai cassieri.
3. Queste giovani violiniste sono molto brave.
4. Oggi le banche non aprono.
5. Compriamo le medicine dai farmacisti.
6. I portieri degli alberghi sono molto gentili.
7. Gli studenti non rispondono alle domande dei professori.
8. I camerieri chiudono i ristoranti a mezzanotte.
9. Le auto di quelle belle autiste sono nuove.
10. I postini mettono i francobolli sulle lettere.
11. I pianisti leggono i giornali.
12. Le farmacie di questi piccoli paesi non sono molto grandi.

B. (pp. 76–77)

1. Perché non lavori adesso (or ora) Giuseppe?
2. Oggi devo firmare tutte quelle lettere.
3. Quante lingue parla lei?
4. Il sabato la posta arriva alle undici.
5. Non ricordo il nome di quella violinista; ma so che lei sarà qui domani.
6. Il dottore (il medico) dà la medicina a Marisa perché lei non si sente bene.
7. Lui vuole (desidera) incassare due assegni per viaggiatori.
8. Quella bella moto giapponese costa molto.
9. Questo paese è molto interessante.
10. Il cambio di oggi è eccellente.

A. (pp. 77-78)

1. beviamo
2. so
3. spedisce
4. dite
5. vede
6. rimane
7. lavorano
8. bevo
9. viene
10. metti
11. dice
12. tengono
13. rimangono
14. tiene
15. rispondi
16. ritorna

B. (p. 78)

1. sapranno
2. farà
3. vedrà
4. potremo andare
5. saprà...verrai
6. tornerete
7. Spediremo
8. vedrete
9. Potrete ritirare...verrà
10. darà

A. (p. 79)

1. viaggiato
2. dovuto
3. pagato
4. dato
5. avuto
6. sentito
7. dormito
8. salutato
9. incontrato
10. uscito
11. partito
12. ritornato
13. potuto
14. lavorato
15. stato
16. preferito
17. detto
18. capito

B. (pp. 79–80)

1. conosciuta
2. fatte
3. mangiati
4. ricevuto
5. scritto
6. bevuti
7. ordinato
8. spiegata
9. veduto or visto
10. offerto
11. spedita
12. incassato

A. (p. 82)

1. ho dovuto, avete dovuto, hanno dovuto
2. hai guardato, ha guardato, abbiamo guardato
3. ha preferito, abbiamo preferito, avete preferito
4. ho messo, hanno messo, avete messo
5. hai sentito, ha sentito, abbiamo sentito
6. è entrato, è entrato, sono entrati
7. hanno firmato, ho firmato, avete firmato
8. è stata, è stato, sono state
9. ho avuto, ha avuto, hanno avuto
10. ho festeggiato, hanno festeggiato, ha festeggiato
11. ha chiuso, avete chiuso, hanno chiuso
12. hai viaggiato, ha viaggiato, abbiamo viaggiato
13. ho veduto (visto), ha veduto (visto), hanno veduto (visto)
14. hai dormito, ha dormito, avete dormito
15. ha letto, abbiamo letto, avete letto

B. (p. 82)

1. Siamo andati
2. ha fatto
3. è tornata
4. abbiamo pagato
5. avete preso

6. è stato
7. hai dovuto
8. ha offerto
9. sono usciti
10. avete speso

C. (pp. 82–83)

1. è rimasta. . .ha veduto (visto)
2. è entrato. . .ha chiuso
3. abbiamo mangiato. . .abbiamo bevuto
4. è arrivato. . .ha spiegato
5. è tornato. . .ha incontrato
6. ha potuto. . .ha lavorato
7. ha venduto. . .ha incassato
8. hanno capito. . .hanno risposto
9. è passato. . .ha preso
10. hanno avuto. . .sono rimasti

A. (p. 83)

1. Gli studenti le hanno finite in classe.
2. Tu l'hai dimenticato.
3. Il farmacista l'ha data al portiere dell'albergo.
4. Li abbiamo incassati in banca.
5. Perché non l'avete ancora spedito?
6. La mamma oggi li ha tenuti in casa.
7. Chi l'ha conosciuta?
8. Giuseppe l'ha già venduta.

B. (p. 83)

1. Mi hanno vista
2. noi ti abbiamo salutato
3. Vi abbiamo conosciuti or vi abbiamo incontrati
4. ci hanno dimenticati

Translate the following sentences (p. 84).

1. Mia figlia dorme da dieci ore.
2. Mario, da quanto tempo leggi quel giornale?
3. Aspetto la posta da due ore.
4. Che cosa ha detto Alberto quando l'ha vista (veduta)?
5. Il sindaco parla da molto tempo.
6. Quante città spagnole avete visitato l'anno scorso (or lo scorso anno)?
7. Lavoriamo nel ristorante del signor Porta da sei anni.
8. Nostra figlia è nata a Parma il venticinque (di) febbraio.

LESSON VIII

A. (pp. 87–88)

1. della salute di suo marito
2. al medico
3. un forte mal di testa
4. da qualche tempo
5. quando torna a casa la sera

6. in ufficio ha sempre molto da fare
7. normale
8. deve riposarsi un poco
9. fare delle analisi
10. per il mal di testa

B. (p. 88)

1. Lei è molto occupata.
2. La pressione del sangue.
3. Io ho un appuntamento.
4. Quante volte al giorno?
5. A giovedì.
6. Alle nove e trentacinque di mattina.
7. Lunedì mattina.
8. Lui abita qui vicino.
9. Prego, non c'è di che.
10. Subito.
11. La mia salute è eccellente.
12. Il medico di famiglia.
13. Ogni quattro ore.
14. Un mal di testa.
15. I suoi occhi.
16. Una lunga passeggiata.
17. I baffi di Mario.
18. Nel mio ufficio.
19. Una stoffa leggiera.
20. Al quarto piano.

Put the verbs in parentheses in the future tense (p. 89).

1. rimarrete
2. telefonerà
3. diranno
4. porterà
5. terrai
6. avremo
7. berrò
8. rimarrai
9. andrà
10. saprete
11. berranno
12. terranno

A. (p. 90)

1. in cui, nella quale
2. che, il quale
3. che
4. da cui, dal quale
5. su cui, sul quale
6. che
7. con cui, con la quale
8. che, il quale
9. che
10. che
11. per cui, per la quale
12. a cui, al quale
13. che
14. da cui, dal quale
15. che

B. (pp. 90–91)

1. La zia mangia il pane che fa il fornaio.
2. Giancarlo, a cui (al quale) daremo il nostro libro, ha dodici anni.
3. L'albergo in cui (nel quale) abbiamo dormito la settimana scorsa è in centro.
4. La moto con cui (con la quale) ieri sono andato a scuola adesso è sporca.
5. Il professore a cui (al quale) lei fa una domanda risponde subito.
6. Il supermercato in cui (nel quale) mia madre compra il latte, il burro e l'olio, è moderno.
7. L'aeroplano su cui (sul quale) loro spesso viaggiano, è grande e pesante.
8. Carla, con cui (con la quale) ogni giorno tu studi, è una ragazza molto intelligente.
9. L'insalata che il fruttivendolo vende è sempre fresca.
10. Il quaderno su cui (sul quale) lei scrive molte cose è piccolo e vecchio.

A. (p. 93)

1. ti alzi, si alza, vi alzate—ti alzerai, si alzerà, vi alzerete—ti sei alzato, si è alzata, vi siete alzati
2. si pettina, ci pettiniamo, si pettinano—si pettinerà, ci pettineremo, si pettineranno—si è pettinata, ci siamo pettinati, si sono pettinati
3. Ci sentiamo, vi sentite, si sentono—ci sentiremo, vi sentirete, si sentiranno—ci siamo sentiti, vi siete sentiti, si sono sentiti
4. mi vesto, si veste, si vestono—mi vestirò, si vestirà, si vestiranno—mi sono vestito, si è vestito, si sono vestite
5. ci accorgiamo, si accorge, vi accorgete—ci accorgeremo, si accorgerà, vi accorgerete—ci siamo accorti, si è accorto, vi siete accorti

6. si addormenta, mi addormento, si addormentano—si addormenterà, mi addormenterò, si addormenteranno—si è addormentata, mi sono addormentato, si sono addormentati
7. ti rilassi, ci rilassiamo, vi rilassate—ti rilasserai, ci rilasseremo, vi rilasserete—ti sei rilassato, ci siamo rilassati, vi siete rilassati
8. ti chiami, ci chiamiamo, si chiamano—ti chiamerai, ci chiameremo, si chiameranno—ti sei chiamato, ci siamo chiamati, si sono chiamati
9. si lava, si lava, si lavano—si laverà, si laverà, si laveranno—si è lavato, si è lavata, si sono lavati
10. mi guardo, ti guardi, si guarda—mi guarderò, ti guarderai, si guarderà—mi sono guardato, ti sei guardato, si è guardata

B. (pp. 93–94)

1. si riposa
2. mi metterò
3. si è svegliata
4. si fermeranno
5. mi alzo

6. si annoiano
7. ci divertiamo
8. si è messa
9. si chiama
10. si pettina

C. (p. 94)

1. Domattina (or domani mattina) voglio svegliarmi alle (or mi voglio svegliare) sei e trentacinque.
2. Mario deve prepararsi (or sie deve preparare) a uscire.
3. Si guarda davanti allo specchio.
4. Mi domando perché non viene al cinema con noi.
5. Ieri sua moglie si è accorta che Paolo non può mai rilassarsi.

Rewrite, substituting *ne* for the words in italics (p. 96).

1. Lei ne lava.
2. Loro ne hanno.
3. Le mie zie ne spediscono tanti a tutti.
4. Eccone!
5. Roberto ne ha molti da pagare.
6. Ieri ne ho vendute mille.
7. Desidero comprarne un metro.
8. I ragazzi ne hanno fatti pochi.
9. Tu ne hai alcune!
10. Devi metterne (or ne devi mettere) un po' nel caffè.
11. Ne ho visti dieci con la barba.
12. Lunedì Rita ne porterà una a sua cognata.
13. Siamo qui per mangiarne un piatto.
14. Quanti ne volete?
15. Chi ne ha parlato ieri sera?
16. È necessario impararne molte.
17. Perché ne avete speso tanto?
18. Loro ne hanno fatti cento in autobus.
19. A casa non ne abbiamo molto.
20. Teresa non ne parla mai.

In the following sentences, substitute tuttu and tutte with ogni (p. 97).

1. Qui non conosco nessuno; ogni mio parente abita a Palermo.
2. Vedono ogni film fatto in America.
3. Perché non hai comprato ogni giacca?
4. Ci sono ristoranti e alberghi in ogni paese.

5. Voi andate in vacanza ogni estate.
6. Non vogliamo lavare ogni calzone che avete.
7. Ci svegliamo presto ogni mattina.
8. Ecco ogni mio cappello.

Complete the sentences (pp. 97–98).

1. fa bel tempo
2. Faccio una passeggiata
3. ha fatto il bagno
4. faranno un esame

5. fa brutto tempo
6. fanno sempre tardi
7. faceva freddo. . .fa caldo
8. ha fatto tardi

LESSON IX

A. (pp. 101-102)

1. F
2. T
3. F
4. T
5. F

6. T
7. T
8. F
9. F
10. T

B. (p. 102)

1. m
2. q
3. p
4. n
5. o
6. l
7. a
8. c

9. b
10. d
11. e
12. f
13. g
14. h
15. i

Complete the following (p. 103).

1. con il cui padrone
2. i cui insegnanti
3. nelle cui camere
4. per il cui compleanno

5. il cui colore
6. nelle cui strade
7. la cui nipote
8. nei cui parchi pubblici

Complete the following sentences, translating the words in parentheses (p. 104).

1. noi ci vediamo
2. loro si aiutano
3. ci parleremo
4. si è comprato

5. si sono incontrati
6. si telefonano
7. si è spedita
8. voi vi capite

A. (p. 106)

1. È necessario parlargli subito.
2. Quando tornerete in città, vi offrirò un buon pranzo.
3. Riccardo le ha dato una camicetta di seta.
4. Chi gli ha mostrato quella lettera?
5. Desiderano portarci sei bottiglie del loro vino.
6. Non gli potete dire nulla? or Non potete dirgli nulla?
7. Le avete spiegato che io farò tardi domani sera?

8. Lui mi ha dovuto mandare tre pacchi or Lui ha dovuto mandarmi tre pacchi.
9. Guglielmo e Luigi, eccovi della frutta fresca!
10. Dottore, chi Le ha detto che io sono stato in vacanza?

B. (p. 106)

1. Sì,. . .le ha venduto le mele.
2. No,. . .non ci ha portato la lettera.
3. No, non gli abbiamo scritto.
4. Sì, Alberto mi ha telefonato.
5. Sì, gli ho parlato giovedì scorso.
6. Sì, vi diremo tutto.
7. Sì, vorrò mostrarti quel film.
8. No, non potrò spedirgli il pacco or non gli potrò spedire il pacco.

A. (p. 107)

1. Gli piaceranno.
2. Non mi sono piaciuti.
3. A Luisa piace.
4. Le piacerà.
5. Gli piace.
6. Ci piacciono.

B. (p. 108)

1. A Luisa piace una bella bistecca.
2. Ai miei zii piacciono i giornali francesi.
3. A lei piace una gonna celeste.
4. Vi piace la camicia di cotone.
5. Ti piace andare a fare la spesa.
6. Mi piacciono quei calzoni grigi.
7. Scusi, Le piace il vino bianco o quello rosso?
8. Ai ragazzi americani piace mangiare in quel ristorante.

C. (p. 108)

1. Elena, ti piaccio io?
2. Perché a Augusto non è piaciuta mia sorella?
3. Quando ci vedranno, noi gli piaceremo!
4. Lei non mi piace molto or Non mi piace molto lei.
5. Ai nostri figlioli piace spendere molto denaro.

Change the verbs from the present indicative to the imperative (positive and negative commands) (p. 110).

1. spediscano! non spediscano!
2. dimentica! non dimenticare!
3. passiamo! non passiamo!
4. spendano! non spendano!
5. ricorda! non ricordare!
6. ricevete! non ricevete!
7. paghi! non paghi!
8. lavoriamo! non lavoriamo!
9. leggano! non leggano!
10. cominciate! non cominciate!
11. viaggia! non viaggiare!
12. finisca! non finisca!
13. festeggino! non festeggino!
14. entrate! non entrate!
15. spiega! non spiegare!
16. spedisca! non spedisca!
17. desideriamo! non desideriamo!

Change the verbs from the future to the imperative (positive and negative commands) (p. 111).

1. fa', non fare
2. abbiate, non abbiate
3. siano, non siano
4. diciamo, non diciamo
5. stiano, non stiano
6. date, non date
7. sii, non essere
8. facciamo, non facciamo
9. diamo, non diamo
10. stia, non stia
11. dica, non dica
12. abbi, non avere
13. siate, non siate
14. stiamo, non stiamo
15. faccia, non faccia

LESSON X

A. (pp. 114–115)

1. la signora Benetti
2. vuole dirgli una cosa molto importante
3. una borsa di studio
4. una telefonata
5. poco meno di un anno
6. visiterà anche altre città
7. a pranzo
8. una bottiglia di vino

B. (p. 115)

1. Ho bisogno di
2. una camera a due letti
3. al terzo piano
4. Devo farmi la barba (or mi devo fare la barba)
5. avere pazienza
6. la sua misura di collo
7. molte interurbane
8. faremo colazione
9. Pronto? Chi parla?
10. una brutta notizia
11. in fretta e furia
12. Secondo me

Replace the words in italics with the adverbial pronoun ci (p. 116).

1. Gli studenti ci restano fino alle quattordici.
2. Perché non ci andate con noi?
3. Quando potrete venirci or quando ci potrete venire?
4. Silvia non ci è mai stata.
5. Loro ci abitano.
6. Adriana desidera rimanerci.
7. Preferisco andarci nel primo pomeriggio.
8. A mio moglie piace molto ritornarci.
9. A che ora dovete esserci or a che ora ci dovete essere?
10. Quella violinista ci ha dormito molte volte.

A. (p. 117)

1. Ruggiero, chiamalo!
2. Signor Cecchi, gli telefoni!
3. Cerchiamoli!
4. Susanna, non portargli il caffè!
5. Signorina Russo, ne offra alcune al professore!
6. Mostratelo agli studenti d'inglese!

7. Non parlargli! Deve lavorare.
8. Signore e signori, la salutino!
9. Speditene subito tre dalla fabbrica!
10. Dottor Bassi, non ne dia a suo figlio!

B. (pp. 117-118)

1. Datela al farmacista!
2. Ditegli di non uscire!
3. Fammi un vero piacere!
4. Signora, le dia il mio assegno!
5. Restateci fino a domenica!
6. Simone, dallo al commesso!
7. Adesso dilla a tutti!
8. Nonno, stalle vicino!
9. Marisa, falli per la professoressa di francese!
10. Zia, dille di preparare il pranzo!

Translate the imperatives in parentheses (p. 119).

1. guardati
2. non si preoccupi
3. rilassati
4. svestiamoci. . .corichiamoci
5. non addormentatevi

6. pettinati
7. si prepari
8. non annoiatevi
9. mettiti
10. si fermi

A. (pp. 119–120)

1. Martino, bevi tutto il latte!
2. Signorina Luzi, non esca troppo tardi!
3. Venite al cinema!
4. Signori Marchetti, fumino poco!
5. Non rimanete in centro questa sera!

B. (p. 120)

1. Veniamo al mare con voi!
2. Bevete troppo!
3. Diano la medicina a Silvio!
4. Signora Leoni, tenga l'automobile in piazza!
5. Luigi, va' dal fruttivendolo!
6. Dottor Mattei, non esca dall'ospedale alle undici!
7. Stasera rimaniamo all'università!
8. Professore, inviti una straniera a cena!
9. Bevano un cappuccino al bar!
10. Signorina, faccia un'interurbana!

A. (p. 122)

1. Loro se la sono comprata.
2. Chi gliel'ha dato?
3. Mamma, non fargliene tante!
4. L'insegnante te li ha spiegati.
5. Loro ce ne offriranno.
6. Gliele compriamo.
7. Noi ve la diciamo sempre.

8. Quella scrittrice ce ne parlerà.
9. Voi gliene dovete portare un po'.
10. Non sono riuscito a farglieli.
11. Dammela subito!
12. Desidero mandargliene.
13. Quante gliene avete scritte?
14. Cameriere, me ne faccia uno, per favore!
15. È vero che Maria gliel'ha lavata?

B. (pp. 122–123)

1. Antonio, portamela! Voglio vederla (or la voglio vedere) subito.
2. Lui le ha dato molti fiori per il suo compleanno.
3. Signora Luciani, non ce la dia! Noi abbiamo già troppe cose.
4. Non ve lo posso dire (or non posso dirvelo) fino a domani.
5. Gliene parlano da venticinque minuti.

A. (p. 124)

1. aprivamo	16. piacevo
2. dimenticavi	17. venivano
3. vincevano	18. potevamo
4. facevi	19. squillava
5. speravo	20. si divertivano
6. uscivi	21. avevamo
7. dicevano	22. finivano
8. mangiavano	23. erano
9. scrivevano	24. mi vestivo
10. perdevo	25. invitavo
11. pensavano	26. pranzavano
12. ci coricavamo	27. cenevamo
13. volevi	28. fumavano
14. vedevano	29. sembravi
15. giocavamo	30. restavano

B. (p. 125)

1. abitava. . .lavorava	4. studiavano. . .era
2. avevo	5. preparava. . .fumava
3. cenava	6. andavamo. . .imparavamo

C. (p. 125)

1. ci siamo incontrati. . .tornavo
2. è arrivata. . .partiva
3. si è messa. . .andava
4. dormivano. . .è andata a fare la spesa
5. Avevo vent'anni. . .ho fumato
6. mi ha telefonato. . .mi riposavo
7. sembrava. . .non si sentiva bene (or non stava bene)
8. Non siamo riusciti a. . .non era
9. cenava. . .squillava
10. giocavano. . .si lavava i capelli

REVIEW LESSON TWO

A. (p. 126)

1. quella bella donna
2. la famosa scrittrice
3. il vecchio direttore
4. il genero canadese
5. nostra sorella
6. la nipote bionda
7. la stessa dottoressa
8. il farmacista gentile
9. la giovane moglie
10. la nuova autista

B. (pp. 126–127)

1. I temi di quegli studenti sono troppo lunghi.
2. Le radio che loro comprano non costano molto.
3. Quei drammi sono certo interessanti, ma sono anche difficili!
4. I piloti di questi aeroplani sono molto bravi.
5. Noi dobbiamo fare i vaglia adesso.
6. Queste uova sono fresche e vogliamo mangiarle subito.
7. Non conosciamo le mogli di quei pianisti.
8. Gli espressi che arrivano su questi binari vengono da Torino.
9. Incontriamo spesso quegli uomini molto alti.

C. (p. 127)

1. Berrò. . .mangerò
2. potremo
3. saprà. . .andranno
4. Diremo. . .dovrà
5. rimarrete. . .farete. . .andremo
6. darà. . .avrà
7. vedremo. . .verrà
8. dirai. . .telefonerà
9. dimenticherete. . .farò
10. pagherà. . .sarò

D. (p. 127)

1. ha mangiato
2. hanno lavorato
3. abbiamo avuto
4. ha dormito
5. abbiamo visto (or veduto)
6. ha detto. . .sono partiti
7. sono rimasti
8. hai tenuto
9. avete saputo
10. ho voluto
11. abbiamo dovuto
12. è entrato. . .è uscita
13. hanno viaggiato
14. sei andata. . .hai speso
15. ha fatto
16. ha pesato. . .ho dato
17. abbiamo risposto
18. ho incassato
19. è tornato. . .ha parlato
20. è nato

E. (p. 128)

1. chi
2. che
3. cui
4. chi
5. cui
6. chi
7. cui
8. cui
9. chi
10. che

F. (p. 128)

1. mi alzo
2. si è coricata
3. si mette
4. si è accorto
5. si addormentano
6. si vedono
7. mi annoio
8. si sono telefonati
9. non si sente bene
10. preparati

G. (pp. 128–129)

1. Signorina, gli ha parlato ieri sera?
2. Perché desideri tornarci?
3. Mamma, le hai lavate?
4. Non ho potuto telefonarle *or* non le ho potuto telefonare.
5. Voglio mandarne tre negli Stati Uniti. Ne voglio mandare tre negli Stati Uniti.
6. Falli subito!
7. È vero che Olga ne vuole un po'?
8. Gli hai detto di venire da noi?
9. Dove li avete visti?
10. Ditele che io sono partita.

H. (p. 129)

1. Ti è piaciuto l'arrosto di vitello?
2. Ai miei cugini piace viaggiare in treno.
3. A lei piace il vino bianco.
4. Ci piaceva visitare la Spagna.
5. A chi piace rimanere al mare per altri due giorni?
6. È vero che a voi piace comprare delle mele?

I. (p. 129)

1. Luigi, dagliele!
2. Non ho potuto comprargliele or non gliele ho potute comprare.
3. Non portarmene! Io non fumo.
4. La commessa del negozio gliene ha venduta molta.
5. Perché non vuoi dirgliela or perché non gliela vuoi dire?
6. Chi deve darceli?/Ce li deve dare

L. (p. 129)

1. Mia cugina Rita abita a Napoli da tre mesi. Le piace molto quella città e spera di rimanerci fino alla prossima estate (or fino all'estate prossima).
2. Stamattina Gianfranco si è fatto in fretta la barba, poi ha fatto colazione, ha letto il giornale per dieci minuti e alle otto e mezzo (otto e trenta) è andato a lavorare.
3. Rosetta va a fare la spesa ogni martedì o quando lei ha bisogno di comprare uova, olio d'oliva, frutta fresca e verdura.
4. Io sono stanco e ho fame. Voglio andare a casa per mangiare e riposarmi (a mangiare e a riposarmi).
5. Io so che non le piaccio perché quando la vedo e dico: -Ciao, Lisa, come stai oggi? lei risponde soltanto: - Così, così.
6. Ieri mi sono comprato una nuova giacca. Mi piace molto e mi sta a pennello.

LESSON XI

A. (pp. 132–133)

1. F	7. F
2. T	8. F
3. T	9. T
4. F	10. F
5. F	11. T
6. F	

B. (p. 133)

1. q	10. g
2. l	11. t
3. o	12. h
4. m	13. i
5. n	14. a
6. p	15. f
7. b	16. d
8. c	17. e
9. r	18. s

Restate each sentence, using the impersonal construction (p. 134).

1. Per andare in centro si prende l'autobus.
2. Ieri sera si è parlato per due ore.
3. Si dice che voi andrete in vacanza.
4. Si può fare una telefonata interurbana?
5. La settimana scorsa si è dormito in albergo.
6. Si farà colazione quando ci si alzerà.
7. Quando si vince, si è felici.
8. Ci si preoccupa sempre di ogni cosa.
9. Che cosa si vuole da me?
10. Qui non si conosce nessuno perché si è stranieri.
11. Prima ci si veste e poi si esce.
12. Si arriverà in treno.

A. (p. 137)

1. più...della	6. più di
2. più...che	7. più...che
3. più...che	8. più...di quel che (or di quello che)
4. più...che	9. più...che
5. più...della	10. più...che

B. (p. 137)

1. meno...di	6. meno...che
2. meno...di	7. meno di
3. meno...di	8. meno...della
4. meno...di quel che (di quello che)	9. meno...che
5. meno...dei	10. meno di

C. (p. 138)

1. Loro avevano amici quanto (come) parenti.
2. Alcuni clienti amano così parlare come lavorare (tanto parlare quanto lavorare).
3. Le strade di Ferrara sono lunghe come (quanto) quelle di Roma.
4. In questa casa ci sono porte quanto (come) camere.
5. Quel ragazzo è così buono come intelligente (tanto buono quanto intelligente).
6. Nella classe c'erano ragazze bionde come (quanto) brune.
7. Spesso i poveri sono felici quanto (come) i ricchi.
8. I treni non sono sempre veloci come (quanto) le automobili.
9. Tu eri grasso come (quanto) me.
10. C'erano stranieri al mare come (quanto) sul lago.

D. (p. 138)

1. migliore
2. più cattivo
3. migliore

4. più buono
5. più buono
6. peggiore

A. (p. 141)

1. il più veloce
2. la più cara
3. la più piccola
4. la più giovane
5. il peggiore
6. il più elegante

7. il miglior(e)
8. il più interessante
9. il meno generoso
10. la più ricca
11. il problema più facile
12. il più lungo

B. (p. 141)

1. Era il ragazzo più intelligente della famiglia.
2. Quella gonna era la meno bella del negozio.
3. Questo è il peggior temporale dell'anno.
4. Lei è sempre stata la più gentile di tutti.
5. Renata è la più piccola ragazza della classe.

C. (pp. 141–142)

1. alto, molto alto, altissimo
2. ricca, molto ricca, ricchissima
3. divertente, molto divertente, divertentissimo
4. basso, molto basso, bassissimo
5. leggiero, molto leggiero, leggierissimo
6. moderno, molto moderno, modernissimo
7. pesante, molto pesante, pesantissimo
8. normale, molto normale, normalissimo
9. vecchia, molto vecchia, vecchissima
10. buona, molto buona, buonissima, ottima
11. regolare, molto regolare, regolarissimo
12. difficile, molto difficile, difficilissimo
13. nuova, molto nuova, nuovissima
14. felice, molto felice, felicissima
15. pronto, molto pronto, prontissimo
16. vera, molto vera, verissima
17. importante, molto importante, importantissimo
18. bionda, molto bionda, biondissima
19. magro, molto magro, magrissimo
20. brutta, molto brutta, bruttissima

D. (p. 142)

1. occupatissimo
2. interessantissimo
3. bellissima
4. gentilissimo
5. velocissima
6. buonissimo (ottimo)

7. conosciutissima
8. cattivissimo (pessimo)
9. grandissima
10. bellissima
11. felicissimo
12. giovanissima

Complete the following sentences, translating the words in parentheses (p. 143).

1. se non pioverà
2. tirava vento
3. diluvia

4. tramonta
5. nevicato ha nevicato, nevicava
6. tuona e lampeggia

Complete the sentences, translating the words in parentheses (p. 144).

1. giocavano
2. Si riposava
3. faceva caldo

4. viaggiavo
5. nevicava
6. eravamo

A. (pp. 145-146)

1. amerebbero
2. regalerei
3. venderemmo
4. parlerebbe
5. torneresti
6. finirebbero
7. preferireste
8. telefonerebbe
9. sarebbero
10. avreste
11. porteremmo

12. troveresti
13. metterei
14. usciremmo
15. guadagneremmo
16. cucinerebbe
17. nevicherebbe
18. desiderereste
19. parlerebbero
20. tirerebbe
21. chiameresti
22. spenderemmo

B. (p. 146)

1. desidererebbe
2. sareste
3. ascolterebbero
4. venderebbe
5. nevicherebbe

6. spedirei
7. avrebbe
8. cucinerebbe
9. sarei
10. darei

LESSON XII

A. (pp. 149–150)

1. T
2. F
3. F
4. F
5. F
6. T

7. F
8. T
9. F
10. F
11. T
12. T

B. (p. 150)

1. il
2. il
3. la
4. il
5. le
6. la
7. lo, gli
8. la
9. i
10. i
11. le
12. la

13. l'
14. il
15. l'
16. la
17. il
18. i
19. il
20. l'
21. i
22. il
23. le
24. il

A. (pp. 151–152)

1. terrebbe
2. si metterebbero
3. verresti
4. starebbe
5. ti alzeresti
6. fareste
7. berrebbero

8. dareste
9. saprebbe
10. andrei
11. vedrebbe
12. rimarrebbe
13. vivrebbe
14. avrebbe

B. (p. 152)

1. Giovanni ora si riposerebbe, si vorrebbe riposare, si dovrebbe riposare (vorrebbe riposarsi, dovrebbe riposarsi).
2. Loro ascolterebbero la radio, vorrebbero ascoltare la radio, dovrebbero ascoltare la radio.
3. Voi partireste a mezzanotte, voi vorreste partire a mezzanotte, voi dovreste partire a mezzanotte.
4. Noi pagheremmo il conto, vorremmo pagare il conto, dovremmo pagare il conto.
5. Tu spediresti il pacco, vorresti spedire il pacco, dovresti spedire il pacco.
6. Margherita non berrebbe nulla, non vorrebbe bere nulla, non dovrebbe bere nulla.
7. I nostri amici farebbero colazione, vorrebbero fare colazione, dovrebbero fare colazione.
8. Chi mi regalerebbe quel paio di scarpe, mi vorrebbe regalare quel paio di scarpe, mi dovrebbe regalare quel paio di scarpe (vorrebbe regalarmi, dovrebbe regalarmi).
9. Tu decideresti di partire, vorresti decidere di partire, dovresti decidere di partire.
10. La mamma li accompagnerebbe a scuola, li vorrebbe accompagnare a scuola, li dovrebbe accompagnare a scuola (vorrebbe accompagnarli, dovrebbe accompagnarli).
11. Noi noleggeremmo un autobus, vorremmo noleggiare un autobus, dovremmo noleggiare un autobus.
12. Glielo porterei subito, Glielo vorrei portare subito, Glielo dovrei portare subito (Vorrei portaglielo subito, Dovrei portaglielo subito).
13. Chi piangerebbe adesso, Chi vorrebbe piangere adesso, Chi dovrebbe piangere adesso
14. Il commesso ne venderebbe tre, ne vorrebbe vendere tre, ne dovrebbe vendere tre (vorrebbe venderne tre, dovrebbe venderne tre).
15. Tu ti alzeresti presto, ti vorresti alzare presto, ti dovresti alzare presto (vorresti alzarti, dovresti alzarti).

C. (pp. 152–153)

1. Vorremmo rimanere.
2. non dovrebbe portargli (non gli dovrebbe portare)
3. Potrebbero telefonarci (ci potrebbero telefonare).
4. Lo farebbe
5. dovrebbero festeggiare
6. Potremmo venirci (ci potremmo venire).

A. (pp. 155–156)

1. avremo fatto
2. avrà chiuso
3. ti saresti divertito
4. avrei potuto
5. sarà nato
6. avrebbe preferito
7. sarebbero dovuti stare
8. avremmo potuto volare

9. non avranno voluto invitarti (non ti avranno voluto invitare)
10. io ci sarei ritornato volentieri
11. avreste dovuto
12. saremo stati

B. (p. 156)

1. avresti dovuto telefonare (avresti dovuto chiamare)
2. Non l'avrà visto
3. Avrei noleggiato
4. avrebbe incassato
5. Voi, ragazzi, vi sareste dovuti alzare
6. non avrebbero imparato
7. avrai guadagnato
8. io le sarei piaciuto
9. io avrò studiato
10. avrebbe potuto prendere

A. (pp. 157–158)

1. Le avevamo viste spesso al caffè.
2. Chi ci aveva svegliati? (also, chi ci aveva svegliato).
3. Gli avevamo spedito tre pacchi.
4. Con chi erano uscite Marisa e Silvia?
5. Che cosa aveva fatto la signora Boschi?
6. Lei era rimasta al mare fino ad agosto.
7. Noi l'avevamo già saputo.
8. Marianna aveva fatto un bel giro dell'isola.
9. Mi era piaciuto molto tuo fratello.
10. Dove eravate andati a Natale?
11. Le ragazze si erano lavate le mani.
12. Non avevamo mai guadagnato abbastanza denaro.
13. Mi aveva detto certo di sì.
14. Avevo pensato spesso a te.

B. (p. 158)

1. Quando avevo sette anni, ero già stato in Grecia.
2. Michele aveva già fatto colazione quando io mi sono alzato.
3. Non sono voluto andare al cinema con Pietro perché avevo già visto quel film.
4. Faceva freddo perché aveva nevicato per parecchie ore.
5. Lei non era contenta (felice) perché io non le avevo telefonato (l'avevo chiamata).
6. Volevano andare a Roma perché non avevano mai visto (veduto) il papa.
7. Non ha voluto dirmi (non mi ha voluto dire) perché non aveva risposto alle mie lettere.
8. Maria non mangiava perché aveva già mangiato.
9. Avevo comprato due biglietti all'agenzia di viaggi, ma poi non mi sono sentito bene e non sono andato in Spagna.
10. Avevo già visto quelle isole, ma non ricordavo quanto (come) erano belle.

A. (p. 160)

1. sapendo	6. credendo
2. capendo	7. dicendo
3. vedendo	8. pensando
4. accompagnando	9. salpando
5. facendo	10. uscendo

11. festeggiando
12. dando
13. venendo
14. arrivando
15. smettendo
16. seguendo
17. aiutando
18. entrando

19. potendo
20. vincendo
21. piangendo
22. volendo
23. sentendo
24. aprendo
25. noleggiando

B. (p. 161)

1. avendo lasciato
2. avendo spiegato
3. avendo salutato
4. essendosi pettinate
5. avendo studiato
6. avendo pagato
7. avendo guardato
8. essendo stata

9. avendo letto
10. essendosi messo
11. avendo desiderato
12. avendo viaggiato
13. essendo ritornati
14. essendo uscito
15. avendo dimenticato

C. (p. 161)

1. Andando spesso al cinema, vediamo parecchi film.
2. Prendendo l'aereo, arrivo prima a Londra.
3. Dormendo fino alle nove, farete tardi.
4. Ascoltando la radio, saprete se farà bel tempo.
5. Non riposandovi abbastanza, sarete stanchi.

D. (p. 161)

1. Essendo uscite all'alba, abbiamo fatta colazione al bar.
2. Avendo telefonato a Lucia, ho saputo che lei è in Francia.
3. Essendo arrivati tardi alla stazione, avete perso il treno.
4. Avendo speso poco, hai ancora molto denaro.
5. Essendosi parlati, si sono detti molte cose.

E. (pp. 161–162)

1. Avendole parlato
2. leggendolo
3. facendosi la barba

4. Vedendoli
5. Essendosi riposata

Change the verb in italics to express an action in progress (p. 162).

1. Stiamo facendo la spesa.
2. io stavo dormendo.
3. stava preparando da mangiare.
4. io stavo entrando in casa.
5. staremo ancora lavorando
6. io stavo facendo il bagno.

A. (p. 164)

1. Fare la spesa
2. Andare al cinema
3. Parlargli
4. Avere molto denaro
5. Comprarla
6. Scrivere

B. (p. 164)

1. a	11. a
2. di	12. a
3. a...di	13. di
4. di	14. di
5. di	15. di
6. a	16. di
7. a	17. a...a
8. a	18. a
9. di	19. di
10. a	20. di

LESSON XIII

A. (p. 167)

1. all'ufficio postale
2. dal tabaccaio
3. nei principali rioni delle città
4. per spedire una lettera raccomandata
5. parla con un'impiegata
6. paga quattromila cinquecento lire
7. gli amici della signora Meli abitano negli Stati Uniti (or in America)
8. è meglio mandarlo per via aerea perché arriva prima
9. il pacco arriva in America dopo sei o otto settimane di viaggio
10. non è vero; inviare un pacco via mare costa molto meno

B. (p. 168)

1. g	8. n
2. h	9. a
3. i	10. d
4. m	11. o
5. l	12. b
6. p	13. c
7. e	14. f

Complete the following sentences by using the adverbial form of the adjectives in parentheses (p. 169).

1. poveramente	7. incantevolmente
2. brevemente	8. regolarmente
3. prontamente	9. facilmente
4. velocemente	10. scientificamente
5. elegantemente	11. difficilmente
6. fortemente	12. necessariamente

A. (p. 170)

1. rapidamente...più rapidamente
2. peggio di
3. bene...meglio
4. molto...di più
5. poco...meno (or di meno)
6. così elegante come (or tanto elegante quanto)
7. più spesso di

B. (p. 170)

1. molto riccamente
2. benissimo
3. molto tardi

4. lungamente
5. molto freddamente

A. (p. 172)

1. rispondiamo
2. veda
3. guadagni
4. vi vestiate
5. ami
6. sorridiate
7. venga
8. camminiamo
9. imbuchi
10. spediscano

11. assicuriate
12. finisca
13. sappia
14. venda
15. ritorniamo
16. nascano
17. mettiate
18. chiuda
19. firmiate
20. si riposino

B. (pp. 172–173)

1. possa
2. chiamiamo
3. voglia
4. studino
5. io viaggi
6. facciano
7. io piaccia
8. siate
9. rimangano
10. diamo

11. vinca
12. andiate
13. venga
14. sappia
15. esca
16. beviamo
17. muoia
18. finisca
19. dica
20. andiate

Change the following verbs to the perfect subjunctive (p. 174).

1. Martino sia andato
2. abbiate dormito
3. tu abbia veduto
4. abbiamo finito
5. abbiano tenuto
6. mi sia alzata
7. Marisa si sia vestita
8. il commesso sia partito
9. io abbia bevuto
10. abbiamo messo
11. tu abbia spedito
12. abbiate chiamato
13. i bambini siano usciti

14. io abbia viaggiato
15. abbiano risposto
16. Luisa sia andata
17. abbiamo imparato
18. tu abbia voluto
19. lui abbia preso
20. abbiamo detto
21. tu ti sia lavata
22. il babbo sia stato bene
23. abbiamo letto
24. abbiano scritto
25. mia figlia sia nata

A. (pp. 176–177)

1. io possa, voi possiate, i suoi cugini possano
2. tu abbia fame, Giorgio abbia fame, i bambini abbiano fame
3. voi rimaniate, noi rimaniamo, tu rimanga
4. tu non paghi, il cliente non paghi, quei signori non paghino
5. io sappia tutto, voi sappiate tutto, Elisabetta sappia tutto
6. tu stia bene, voi stiate bene, la signorina Betti stia bene

7. gli studenti facciano, Rosa faccia, voi facciate
8. noi andiamo, loro vadano, tu vada
9. io deva partire, loro devano partire, voi dobbiate partire
10. voi le parliate, tu le parli, noi le parliamo

B. (p. 177)

1. io abbia guadagnato, voi abbiate guadagnato, loro abbiano guadagnato
2. i vostri amici abbiano bevuto, tu abbia bevuto, loro abbiano bevuto
3. tu non sia ancora ritornato, Manuela non sia ancora ritornata, i nostri figlioli non siano ancora ritornati
4. Giovanni non abbia risposto, voi non abbiate risposto, gli studenti non abbiano risposto
5. noi non l'abbiamo visto, sua moglie non l'abbia visto, voi non l'abbiate visto
6. tu le abbia scritto, loro le abbiano scritto, voi le abbiate scritto
7. noi abbiamno già spedito, tu abbia già spedito, voi abbiate già spedito
8. tu abbia imbucato, Luisa abbia imbucato, voi abbiate imbucato
9. io abbia dovuto pagare, voi abbiate dovuto pagare, i miei suoceri abbiano dovuto pagare
10. Lei, signora Bonetti si sia dovuta preoccupare; voi vi siate dovuti preoccupare; tu, Alfredo ti sia dovuto preoccupare

C. (pp. 177–178)

1. prima che Roberto e Anna si siano alzati
2. purché voi ci accompagniate
3. i suoi genitori non abbiano dimenticato
4. Quantunque Susanna sia abbastanza vecchia
5. senza che loro lo sappiano
6. Sebbene tu mangi spesso
7. qualora Lei deva partire
8. a patto che voi invitiate
9. benché noi non gli abbiamo dato
10. affinché gli studenti capiscano

A. (p. 179)

1. facciano
2. vada
3. sia
4. diciate
5. guardi

6. vi annoiate
7. dobbiamo
8. conoscano
9. scrivano
10. possa

B. (pp. 179–180)

1. abbia visto
2. abbia imparato
3. abbia spedito
4. abbiano speso
5. abbia preso

6. abbia comprato
7. siano partiti
8. abbia avuto torto
9. abbia imbucato (abbia impostato)
10. abbia spiegato

C. (p. 180)

1. Siamo felici (siamo contenti) di essere andati all'estero il mese scorso (lo scorso mese).
2. Lei non crede che suo marito sia malato (non stia bene).
3. È meglio non fumare.
4. Qualora i miei amici telefonino (chiamino), diteglì che io sono in ufficio.
5. Te la darò a meno che tu non la voglia.

6. Possiamo capirla purché lei parli adagio (piano).
7. È possibile che loro si siano visti (veduti) lo scorso febbraio (il febbraio scorso).
8. Loro temono (hanno paura) che io non mi senta bene (non stia bene).

LESSON XIV

A. (p. 183)

1. il motore
2. da un meccanico
3. il carburatore e le candele
4. il pedale dei freni
5. quando è sporca
6. perché bisogna aspettare il carro attrezzi
7. la benzina
8. i tergicristalli

B. (p. 184)

1. un bel cruscotto
2. Devo noleggiare una macchina (un'automobile, un'auto)
3. il semaforo è rosso
4. quattro portiere
5. di sbagliare
6. con l'ombrello (con un ombrello)
7. Hanno deciso
8. ascoltare la radio
9. la settimana prossima
10. Abbiamo fatto abbiamo comprato i biglietti
11. molto pittoresco
12. per via aerea (or via aerea)

A. (p. 185)

1. si vestirono
2. vedemmo
3. provai
4. lavorammo
5. incassasti
6. sentì
7. aprii
8. aiutammo
9. entrarono
10. visitarono
11. pesò
12. verificò
13. pulisti
14. pagaste
15. ci svegliammo
16. uscì
17. ti riposasti
18. aggiustammo
19. riparai
20. ebbero

B. (pp. 185–186)

1. visitammo
2. è partita
3. imparò
4. è andata
5. uscì
6. avete incassato
7. passò
8. ha fatto
9. fu
10. ha capito

A. (pp. 187–188)

1. morì
2. scrisse
3. spedimmo
4. risposi
5. rimasero. . .ritornarono

6. conobbe
7. si fermò
8. andò. . .piacque
9. piovve
10. leggemmo

B. (p. 188)

1. Misero
2. nacque
3. seppero
4. vinse
5. risero
6. nacque
7. andarono. . .rimasero
8. vedemmo

9. visse. . .morì
10. fece
11. vennero
12. decideste
13. partì. . .prese. . .sapemmo
14. piansi. . .lessi
15. chiese. . .risposi

A. (p. 189)

1. ebbi viaggiato
2. ebbero detto
3. avemmo fatto
4. aveste dato
5. avemmo perso
6. foste usciti
7. aveste mangiato
8. ebbe portato
9. foste venuti
10. fummo rimasti

11. ebbero parlato
12. ebbi mangiato
13. ebbero chiesto
14. ebbero riso
15. ebbero controllato
16. avemmo dovuto
17. foste tornati
18. avesti detto
19. fummo usciti
20. aveste pulito
21. avemmo aggiustato
22. ebbero vissuto

B. (p. 190)

1. ebbi parlato
2. ebbe spiegato
3. avesti fatto
4. ebbero visto (ebbero veduto)
5. fu nato

6. ebbe preso
7. fu entrato
8. fu morto
9. ebbe conosciuto
10. ebbe riparato

A. (p. 191)

1. ci recassimo
2. volesse
3. tu imbucassi
4. riparassero
5. io potessi
6. facessero
7. io inviassi
8. verificaste
9. tornassimo
10. si coricasse

11. io vincessi
12. tu finissi
13. pulisse
14. si alzasse
15. mettesse
16. steste
17. io mi pettinassi
18. uscissero
19. sapessimo
20. rimanesse

B. (p. 191)

1. io morissi
2. tu dicessi
3. facesse
4. rispondessimo
5. foste
6. tu venissi
7. io andassi
8. capisse
9. beveste
10. giocassero
11. si vestisse
12. tu mettessi
13. verificasse
14. diceste
15. vendessimo
16. nascesse
17. chiudeste
18. io prendessi
19. cambiassimo
20. tu pesassi
21. aggiustassero
22. vi recaste

A. (pp. 192–193)

1. avessimo chiesto
2. tu avessi spedito
3. avesse corso (or fosse corso)
4. avessero funzionato
5. avessi detto
6. io avessi sentito
7. si fosse coricata
8. fosse nato
9. avessimo bevuto
10. tu avessi riparato
11. aveste letto
12. io avessi mandato
13. fossero morti
14. io avessi dato
15. avesse fatto
16. fosse stato
17. tu avessi guadagnato
18. aveste capito
19. fossero arrivati
20. avessimo avuto

B. (p. 193)

1. fossimo andati
2. io avessi preferito
3. aveste detto
4. fosse morto
5. avessero scritto
6. avessero letto
7. aveste fatto
8. io fossi rimasto
9. ci fossimo lavati
10. tu fossi partito
11. avessimo pulito
12. tu avessi scritto
13. avessero bevuto
14. fossimo nate
15. aveste pensato
16. avessero verificato
17. tu avessi viaggiato
18. avessero dato
19. tu avessi offerto
20. si fossero salutati

A. (p. 194)

1. fossero arrivati
2. fossi
3. telefonaste
4. avessi portato
5. potessimo
6. sapesse
7. avesse piovuto
8. avessimo invitati
9. doveste
10. avesse spedito

B. (p. 195)

1. Guadagnava poco sebbene lavorasse moltissimo.
2. Erano stanchissimi quantunque avessero dormito per diverse ore.
3. Era facile che io non l'avessi mai incontrato prima.
4. Aveva paura che voi non la capiste.
5. Glielo davo qualora me lo chiedesse.
6. Il postino arrivava davanti alla casa senza che nessuno si accorgesse di lui.

7. Sembrava che fuori ci fosse molta gente.
8. Laura pensava che noi avessimo già cenato.
9. La signorina Melli poteva comprarsi un nuovo paio di scarpe purché suo padre le avesse spedito il vaglia.
10. Il signor Longhi credeva che il suo meccanico fosse molto bravo.

C. (p. 195)

1. Non credo che lui preferisca vivere in quella piccola casa lungo l'autostrada.
2. Lui non voleva andare a casa così presto.
3. Benché (sebbene, quantunque) io le piaccia, lei non mi telefona (chiama) mai.
4. Scriveremo quella lettera purché tu compri (Lei compri, voi compriate) i francobolli.
5. Era importante che lui avesse parlato al suo padrone di casa.
6. I suoi amici temevano (avevano paura) che lui avesse già ricevuto la cattiva (brutta) notizia.
7. Voglio che mia moglie vada alla stazione a incontrare i miei genitori.
8. A meno che loro non prendano l'autobus, faranno tardi; sono già le otto e un quarto di mattina.

LESSON XV

A. (p. 199)

1. La persona che cerca lavoro si chiama Susan Helen White.
2. Questa ragazza adesso abita in Italia, a Roma, in Via Alessandro Manzoni, numero 39.
3. No, non è vero che parla bene anche il tedesco e lo spagnolo; lei parla bene l'italiano e il francese, oltre all'inglese, sua lingua materna.
4. Negli Stati Uniti lei ha studiato lingue straniere, contabilità e "marketing".
5. Ha frequentato Indiana University, a Bloomington, e si è laureata a maggio del 1983.
6. Lei abita in Italia da quattro anni.
7. No, non è vero; lei è un'esperta dattilografa e le piace la contabilità perché l'ha studiata all'università.
8. Ha letto l'inserzione di una ditta di importazioni/esportazioni.
9. Il giornale era di Roma.
10. No, non è vero; lei è nata l'undici aprile 1962 a Indianapolis.
11. Scrive subito per chiedere un colloquio.
12. Dovrà presentarsi al Capo dell'Ufficio Personale della ditta il venti luglio alle undici di mattina.
13. Si affretta a compilare il modulo allegato.
14. No, non è vero; Susan non è bassa, non è grassa e ha i capelli biondi; lei è alta un metro e settantacinque e pesa cinquantadue chilogrammi (chili).

B. (pp. 199–200)

1. si laurea. . .contabilità
2. molto comodo e veloce (rapido)
3. i finestrini della macchina
4. "Qual è il colore dei tuoi occhi?" or Di che colore sono i tuoi occhi?
5. di un'importante ditta italiana
6. molti titoli di studio, molte lauree
7. con ricevuta pagata di ritorno
8. scrive a macchina
9. un esperto traduttore
10. un eccellente (ottimo) lavoro (impiego)

A. (p. 201)

1. che non sia
2. lei volesse
3. tu prenda
4. aprissero
5. chi sia venuto
6. che avesse lavorato
7. qualunque libro leggiate
8. abbia venduto
9. che potesse scrivere a macchina
10. che le piacesse

B. (pp. 201–202)

1. Lei non risponderà chiunque la chiami (le telefoni).
2. Quello era certo il più interessante film straniero che io avessi mai visto (veduto).
3. Neppure (nemmeno, neanche) i suoi genitori sapevano dove lui fosse andato ieri notte (la notte scorsa).
4. Benché frequentassero quel liceo, non hanno imparato molto.
5. Si domanda spesso dove loro si siano laureati.

A. (p. 203)

1. Se oggi facesse freddo, rimarremmo a casa.
2. Se ieri sera tu avessi parlato a Margherita, lei ora saprebbe tutto.
3. Se stefano bevesse troppo, si sentirebbe male.
4. Se avessero preso l'aviogetto, stamattina sarebbero qui.
5. Se i bambini fossero buoni, la mamma gli comprerebbe un bel gelato.
6. Se il compito non fosse difficile, lo faremmo subito.
7. Se la mia macchina avesse un guasto, la porterei da quel bravo meccanico.
8. Se Marisa avesse finito di scrivere a macchina, alle cinque potrebbe uscire dall'ufficio.
9. Se vi consigliassi di andare in vacanza in Francia, ci andreste?
10. Se ti dicessero quella cosa, sbaglierebbero.

B. (p. 203)

1. Se tu avessi viaggiato con il rapido, avresti pagato di più.
2. Se il direttore avesse ricevuto il tuo telegramma, avrebbe capito tutto.
3. Se loro avessero aperto il pacco, ci avrebbero trovato quegli importanti documenti.
4. Se Roberto e Francesca fossero andati al mare, avrebbero fatto il bagno.
5. Se io ti avessi scritto, ti avrei anche parlato di lei.
6. Se loro gli avessero creduto, non sarebbero state molto intelligenti.
7. Se noi avessimo chiuso la porta di casa, voi non sareste potuti entrare.
8. Se non aveste fatto la prenotazione, non avreste trovato una camera libera.
9. Dottor Pucci, se Lei avesse preso l'autostrada, avrebbe notato che c'era molto traffico.
10. Se loro avessero fatto una gita in campagna, avrebbero mangiato in quel piccolo ristorante vicino a Siena.

Translate the following sentences (pp. 204–205).

1. Sarebbe meglio che la sua segretaria riempisse tutti quei moduli.
2. Che tuo (Suo, vostro) padre ritorni presto a casa!
3. Hanno scritto che avrebbero preferito noleggiare una macchina più piccola.

4. Sarebbe necessario che noi imparassimo a scrivere a macchina.
5. Vorrei che mia nonna (or la mia nonna) venisse a visitarci a Natale.
6. Mi sono accorto che lei l'avrebbe comprato se mi fosse piaciuto.
7. Non volevano che i loro bambini giocassero tutto il pomeriggio.
8. Che Dio ci ascolti!
9. Il meccanico ha detto che lui avrebbe pulito le candele se non avesse avuto troppe cose da fare.
10. Basterebbe che Stefano si trasferisse da Napoli a Milano, dove ci sono più lavori (impieghi).

A. (pp. 206–207)

1. La mamma credeva che tutta la frutta fosse stata mangiata da voi.
2. Il caffè senza zucchero è bevuto dai miei amici.
3. Il marito è stato svegliato da Marianna alle sette.
4. Perché la pressione del sangue non è controllata da voi?
5. Molte cose sarebbero dette da loro.
6. Gli esercizi sarebbero fatti da noi più tardi.
7. Un ottimo piatto di spaghetti era stato cucinato da mia zia.
8. La macchina del capoufficio fu messa nel garage dall'impiegato.
9. Essendo stato finito da noi il lavoro, siamo usciti.
10. Ieri sera la radio è stata ascoltata da tutti.

B. (p. 207)

1. è stata vista
2. è stata spiegata
3. Mi è stato detto
4. Sarebbe stato impossibile
5. si possono comprare
6. sarà spedito
7. sono stati firmati
8. è stata ricevuta
9. è stata noleggiata
10. si possono ordinare

A. (p. 208)

1. orologino, orologiaccio, orologione
2. pennina, pennaccia, pennona
3. cravattina, cravattaccia, cravattona
4. cappellino, cappellaccio, cappellone
5. ombrellino, ombrellaccio, ombrellone
6. parolina, parolaccia, parolona
7. professorino, professoraccio, professorone
8. problemino, problemaccio, problemone
9. vestitino, vestitaccio, vestitone
10. camicina, camiciaccia, camiciona
11. quadernino, quadernaccio, quadernone
12. fratellino, fratellaccio, fratellone
13. sorellina, sorellaccia, sorellona
14. macchinina, macchinaccia, macchinona
15. letterina, letteraccia, letterona
16. librino, libraccio, librone
17. trenino, trenaccio, trenone
18. gelatino, gelataccio, gelatone
19. piacerino, piaceraccio, piacerone

B. (pp. 208–209)

1. borsetta
2. ragazzetto
3. stradetta
4. scarpetta
5. alberghetto
6. amichetta
7. lunghetto
8. bagnetto
9. cameretta
10. larghetta
11. romanzetto
12. paroletta
13. amichetto
14. isoletta
15. lavoretto
16. donnetta
17. casetta
18. piazzetta

C. (p. 209)

1. una manina
2. un omaccio
3. una isoletta
4. un ragazzone
5. un ristorantino
6. una bustona
7. un cappellaccio
8. una giacchetta
9. una melina
10. un dottorone
11. una casaccia

A. (p. 211)

1. Facciamo scrivere molte lettere.
2. Perché fai leggere quel romanzo?
3. Quando avete fatto aprire quel negozio?
4. Le ragazze hanno fatto fare la spesa.
5. La mamma ha fatto lavare tutte le mie camicie.
6. Io farò dare quei documenti al direttore.
7. Loro hanno fatto mettere le lettere nella casella postale.
8. È vero che tu faresti assicurare quel pacco?

B. (p. 211)

1. Gliene faremo bere un po'.
2. L'ho fatta imbucare.
3. Me lo sono fatto fare.
4. Perché non lo vuoi incassare (non vuoi incassarlo)?
5. Gliela farei lavare, ma oggi lui non può.
6. Gliene facevano spesso cucinare molte.
7. Marisa se li è fatti lavare.

C. (p. 212)

1. Ha fatto rimanere a casa suo padre tutto il giorno.
2. La fanno lavorare troppe ore.
3. Mi sono fatto accompagnare dal dottore da mia madre.
4. Sua nonna (la sua nonna) gli faceva bere latte tutte le sere.
5. Ci faceva ascoltare la radio per due ore.
6. Ti ho fatto portare una raccomandata dal postino or ho fatto portare dal postino una raccomandata a te.

D. (p. 212)

1. Why did you let them leave so late?
2. They let everyone rest.
3. Giorgio had allowed his children to go out in the pouring rain.

4. Don't let anyone read that novel!
5. Excuse me, ma'am, would you let me phone your daughter?
6. Let her cry!
7. Sometimes I let Attorney Mattei advise me.
8. He did not let us know the names of his friends.

E. (p. 212)

1. Lei non gli lascerà chiudere la porta.
2. Mio padre mi ha lasciato ascoltare la radio.
3. Gli lascio fare quello che vogliono.
4. Signor Macchi, oggi ci lasci andare a casa presto, per favore!
5. È vero che voi non mi lascerete mai pagare quel conto?

F. (p. 212)
1. Ci vorranno parecchi anni.
2. Quante settimane ci vogliono?
3. Ci abbiamo messo cinque anni.
4. Mio zio ci ha messo solo (soltanto) tre giorni.
5. Ci vogliono solo (soltanto) pochi (alcuni) minuti.

REVIEW LESSON THREE

A. (p. 213)
1. tanto denaro quanto
2. più alto di
3. più facilmente di
4. la più ricca donna (*or* la donna più ricca) di
5. la migliore dattilografa. . .un'eccellente (un'ottima) traduttrice
6. meno vino che acqua

B. (p. 213)

1. sei stata. . .Non ti vedo
2. Ho viaggiato. . .ho visitato
3. ti è piaciuta
4. ero a Parigi mi alzavo
5. della gente interessante (delle persone interessanti)
6. Ho abitato. . .a cui/alle quoli)

C. (p. 214)

1. avemmo cenato. . .prendemmo
2. ebbe studiato. . .ascoltò
3. furono ritornati. . .andai
4. aveste fatto. . .vi riposaste
5. ci fummo sentiti meglio. . .decidemmo
6. ebbe piovuto. . .fece

D. (p. 214)

1. avendo telefonato
2. Prendendo
3. parlandomi
4. mangiando
5. essendo usciti
6. compradole

E. (p. 214)

1. inviino
2. chiedessi
3. abbia lavorato
4. beva
5. sia venuto
6. si fossero conosciuti

F. (p. 215)

1. Non tutti i papi sono italiani.
2. Sebastiano, conosci quell'uomo? Lui crede di essere una grand'artista.
3. Non a molta gente piace rimanere a casa la domenica.
4. E possibile che voi non impariate mai nulla (niente)?
5. Signor Battisti, le telefoni! E possibile che lei non sia ancora partita.
6. Il mio medico crede che questa nuova medicina sia veramente fantastica!
7. Non sapeva che lui bevesse tanto.
8. Sarebbe stato necessario che noi avessimo letto alcuni altri libri (qualche altro libro).
9. Quando loro mi hanno visto a Napoli il mese scorso (lo scorso mese), lavoravo in Italia da sei mesi per una ditta americana di importazioni/esportazioni.
10. Le regalerò una nuova macchina da scrivere affinché (perché) Lei possa scrivere a macchina più rapidamente (più velocemente).
11. Sono usciti senza che lei gli potesse parlare.
12. Mi comprerà un altro abito (vestito) benché (sebbene, quantunque) io ne abbia già molti.
13. Mi fa sempre lavare la sua macchina.
14. Carlo, lasciale fare quello che vuole! *or* lascia che lei faccia quello che vuole.
15. A Silvia piaceva molto quella casetta vicino al parco pubblico.
16. C'è voluta almeno un'ora per andare all'aeroporto in autobus (con l'autobus).
17. E certamente un omone. Deve pesare (*or* peserà) almeno duecento chili.
18. Visto il film (dopo aver visto il film, avendo visto il film) siamo andati (andammo) a mangiare una pizza.
19. Ci metterò solo pochi minuti.
20. Appena lei ebbe ricevuto il mio telegramma, andò subito a fare i biglietti in un'agenzia di viaggi.

G. (pp. 215–216)

1. Per andare in un paese straniero è necessario avere il passaporto.
2. No, il signor Velli non ha mai vissuto a Chicago perché non è mai stato negli Stati Uniti.
3. Il signor Velli è andato a Genova lunedí scorso (lo scorso lunedì).
4. Umberto non abita né a Milano, né a Venezia, né a Firenze; lui abita in un paesino non molto vicino a Genova.
5. Il treno ci ha messo due ore e un quarto (*or* due ore e quindici minuti).
6. Umberto si è dovuto alzare molto presto.
7. Appena è arrivato alla stazione di Genova, Umberto ha preso subito un autobus che lo ha portato in Piazza Garibaldi.
8. All'Ufficio Passaporti lui ha dovuto compilare alcuni moduli.
9. No, non è vero; Umberto riceverà il passaporto fra due settimane.
10. No, non dovrà tornare a Genova; riceverà il passaporto a casa in busta raccomandata.
11. No, è andato in un bar.
12. Una signora bionda che è entrata nel bar ha riconosciuto Umberto.
13. No, non è vero; Umberto e Renata hanno studiato insieme quand'erano all'Università.
14. Renata ordina soltanto un espresso.

APPENDIX B

Regular Verbs

AVERE

INDICATIVE

present	ho, hai, ha, abbiamo, avete, hanno
imperfetto	avevo, avevi, aveva, avevamo, avevate, avẹvano
passato prossimo	ho, hai, ha, abbiamo, avete, hanno + avuto
trapassato prossimo	avevo, avevi, aveva, avevamo, avevate, avẹvano + avuto
passato remoto	ebbi, avesti, ebbe, avemmo, aveste, ẹbbero
trapassato remoto	ebbi, avesti, ebbe, avemmo, aveste, ẹbbero + avuto
future	avrò, avrai, avrà, avremo, avrete, avranno
future perfect	avrò, avrai, avrà, avremo, avrete, avranno + avuto

SUBJUNCTIVE

present	abbia, abbia, abbia, abbiamo, abbiate, ạbbiano
imperfect	avessi, avessi, avesse, avessimo, aveste, avẹssero
perfect	abbia, abbia, abbia, abbiamo, abbiate, ạbbiano + avuto
pluperfect	avessi, avessi, avesse, avessimo, aveste, avẹssero + avuto

CONDITIONAL

present	avrei, avresti, avrebbe, avremmo, avreste, avrẹbbero
perfect	avrei, avresti, avrebbe, avremmo, avreste, avrẹbbero + avuto

IMPERATIVE — abbi, abbia, abbiamo, abbiate, ạbbiano

INFINITIVE

present	avere
past	avere avuto

PAST PARTICIPLE — avuto

GERUNDIO

present	avendo
past	avendo avuto

ẸSSERE

INDICATIVE

present	sono, sei, è, siamo siete, sono
imperfetto	ero, eri, era, eravamo, eravate, ẹrano
passato prossimo	sono, sei, è + stato—siamo, siete, sono + stati
trapassato prossimo	ero, eri, era + stato—eravamo, eravate, ẹrano + stati
passato remoto	fui, fosti, fu, fummo, foste, fụrono
trapassato remoto	fui, fosti, fu + stato—fummo, foste, fụrono + stati
future	sarò, sarai, sarà, saremo, sarete, sạranno
future perfect	sarò, sarai, sarà + stato—saremo, sarete, sạranno + stati

SUBJUNCTIVE

present	sia, sia, sia, siamo, siate, sịano
imperfect	fossi, fossi, fosse, fossimo, foste, fọssero
perfect	sia, sia, sia + stato—siamo, siate, sịano + stati
pluperfect	fossi, fossi, fosse + stato—fossimo, foste, fọssero + stati

CONDITIONAL

present	sarei saresti, sarebbe, saremmo, sareste, sarẹbbero
perfect	sarei, saresti sarebbe + stato—saremmo, sareste, sarẹbbero + stati

IMPERATIVE

sii, sia, siamo, siate, sịano

INFINITIVE

present	ẹssere
past	ẹssere stato

PAST PARTICIPLE

stato

GERUNDIO

present	essendo
past	essendo stato

CONJUGATION OF -ARE, -ERE, AND -IRE VERBS

INDICATIVE	COMPRARE	RICẸVERE	DORMIRE
present	compro	ricevo	dormo
	compri	ricevi	dormi
	compra	riceve	dorme
	compriamo	riceviamo	dormiamo
	comprate	ricevete	dormite
	cọmprano	ricẹvono	dọrmono
imperfetto	compravo	ricevevo	dormivo
	compravi	ricevevi	dormivi
	comprava	riceveva	dormiva
	compravamo	ricevevamo	dormivamo
	compravate	ricevevate	dormivate
	comprạvano	ricevẹvano	dormịvano
passato prossimo	ho comprato	ho ricevuto	ho dormito
	hai comprato	hai ricevuto	hai dormito
	ha comprato	ha ricevuto	ha dormito

	abbiamo comprato	abbiamo ricevuto	abbiamo dormito
	avete comprato	avete ricevuto	avete dormito
	hanno comprato	hanno ricevuto	hanno dormito
trapassato prossimo	avevo comprato	avevo ricevuto	avevo dormito
	avevi comprato	avevi ricevuto	avevi dormito
	aveva comprato	aveva ricevuto	aveva dormito
	avevamo comprato	avevamo ricevuto	avevamo dormito
	avevate comprato	avevate ricevuto	avevate dormito
	avevano comprato	avevano ricevuto	avevano dormito
passato remoto	comprai	ricevei	dormii
	comprasti	ricevesti	dormisti
	comprò	ricevè	dormì
	comprammo	ricevemmo	dormimmo
	compraste	riceveste	dormiste
	comprarono	riceverono	dormirono
trapassato remoto	ebbi comprato	ebbi ricevuto	ebbi dormito
	avesti comprato	avesti ricevuto	avesti dormito
	ebbe comprato	ebbe ricevuto	ebbe dormito
	avemmo comprato	avemmo ricevuto	avemmo dormito
	aveste comprato	aveste ricevuto	aveste dormito
	ebbero comprato	ebbero ricevuto	ebbero dormito
future	comprerò	riceverò	dormirò
	comprerai	riceverai	dormirai
	comprerà	riceverà	cormirà
	compreremo	riceveremo	dormiremo
	comprerete	riceverete	dormirete
	compreranno	riceveranno	dormiranno
future perfect	avrò comprato	avrò ricevuto	avrò dormito
	avrai comprato	avrai ricevuto	avrai dormito
	avrà comprato	avrà ricevuto	avbrà dormito
	avremo comprato	avremo ricevuto	avremo dormito
	avrete comprato	avrete ricevuto	avrete dormito
	avranno comprato	avranno ricevuto	avranno dormito

SUBJUNCTIVE

present	compri	riceva	dorma
	compri	riceva	dorma
	compri	riceva	dorma
	compriamo	riceviamo	dormiamo
	compriate	riceviate	dormiate
	comprino	ricevano	dormano
imperfect	comprassi	ricevessi	dormissi
	comprassi	ricevessi	dormissi
	comprasse	ricevesse	dormisse
	comprassimo	ricevessimo	dormissimo
	compraste	riceveste	dormiste
	comprassero	ricevessero	dormissero
perfect	abbia comprato	abbia ricevuto	abbia dormito
	abbia comprato	abbia ricevuto	abbia dormito
	abbia comprato	abbia ricevuto	abbia dormito
	abbiamo comprato	abbiamo ricevuto	abbiamo dormito

	abbiate comprato	abbiate ricevuto	abbiate dormito
	abbiano comprato	abbiano ricevuto	abbiano dormito
pluperfect	avessi comprato	avessi ricevuto	avessi dormito
	avessi comprato	avessi ricevuto	avessi dormito
	avesse comprato	avesse ricevuto	avesse dormito
	avessimo comprato	avessimo ricevuto	avessimo dormito
	aveste comprato	aveste ricevuto	aveste dormito
	avessero comprato	avessero ricevuto	avessero dormito

CONDITIONAL

present	comprerei	riceverei	dormirei
	compreresti	riceveresti	dormiresti
	comprerebbe	riceverebbe	dormirebbe
	compreremmo	riceveremmo	dormiremmo
	comprereste	ricevereste	dormireste
	comprerebbero	riceverebbero	dormirebbero

perfect	avrei comprato	avrei ricevuto	avrei dormito
	avresti comprato	avresti ricevuto	avresti dormito
	avrebbe comprato	avrebbe ricevuto	avrebbe dormito
	avremmo comprato	avremmo ricevuto	avremmo dormito
	avreste comprato	avreste ricevuto	avreste dormito
	avrebbero comprato	avrebbero ricevuto	avrebbero dormito

IMPERATIVE

	compra	ricevi	dormi
	compri	riceva	dorma
	compriamo	riceviamo	dormiamo
	comprate	ricevete	dormite
	comprino	ricevano	dormano

INFINITIVE

| present | comprare | ricevere | dormire |
| past | avere comprato | avere ricevuto | avere dormito |

PAST PARTICIPLE

| | comprato | ricevuto | dormito |

GERUNDIO

| present | comprando | ricevendo | dormendo |
| past | avendo comprato | avendo ricevuto | avendo dormito |

APPENDIX C

Irregular Verbs (in several tenses)

andare (to go)

present indicative	vado, vai, va, andiamo, andate, vanno
future	andrò, andrai, andrà, andremo, andrete, andranno
conditional	andrei, andresti, andrebbe, andremmo, andreste, andrębbero
present subjunctive	vada, vada, vada, andiamo, andiate, vạdano
imperative	va', vada, andiamo, andate, vạdano

bere (to drink)

present indicative	bevo, bevi, beve, beviamo, bevete, bęvono
imperfetto indicative	bevevo, bevevi, beveva, bevevamo, bevevate, bevęvano
future	berrò, berrai, berrà, berremo, berrete, berranno
passato remoto	bevvi, bevesti, bevve, bevemmo, beveste, bęvvero
conditional	berrei, berresti, berrebbe, berremmo, berreste, berrębbero
present subjunctive	beva, beva, beva, beviamo, beviate, bęvano
imperfect subjunctive	bevessi, bevessi, bevesse, bevessimo, beveste, bevęssero
imperative	bevi, beva, beviamo, bevete, bęvano
gerundio	bevendo
past participle	bevuto

dare (to give)

present indicative	do, dai, dà, diamo, date, danno
future	darò, darai, darà, daremo, darete, daranno
passato remoto	diedi, desti, diede, demmo, deste, diędero
conditional	darei, daresti, darebbe, daremmo, dareste, darębbero
present subjunctive	dia, dia, dia, diamo, diate, dịano
imperfect subjunctive	dessi, dessi, desse, dessimo, deste, dęssero
imperative	da', dia, diamo, date, dịano

dire (to say, tell)

present indicative	dico, dici, dice, diciamo, dite, dịcono
imperfetto indicative	dicevo, dicevi, diceva, dicevamo, dicevate, dicęvano
future	dirò, dirai, dirà, diremo, direte, diranno

passato remoto	dissi, dicesti, disse, dicemmo, diceste, dịssero
conditional	direi, diresti, direbbe, diremmo, direste, dirẹbbero
present subjunctive	dica, dica, dica, diciamo, diciate, dịcano
imperfect subjunctive	dicessi, dicessi, dicesse, dicessimo, diceste, dicẹssero
imperative	di', dica, diciamo, dite, dịcano
gerundi	dicendo
past participle	detto

dovere (to have to, to owe)

present indicative	devo, devi, deve, dobbiamo, dovete, dẹvono
future	dovrò, dovrai, dovrà, dovremo, dovrete, dovranno
conditional	dovrei, dovresti, dovrebbe, dovremmo, dovreste, dovrẹbbero
present subjunctive	deva, deva, deva, dobbiamo, dobbiate, dẹvano

fare (to do, make)

present indicative	faccio, fai, fa, facciamo, fate, fanno
imperfetto indicative	facevo, facevi, faceva, facevamo, facevate, facẹvano
future	farò, farai, farà, faremo, farete, faranno
passato remoto	feci, facesti, fece, facemmo, faceste, fẹcero
conditional	farei, faresti, farebbe, faremmo, fareste, farẹbbero
present subjunctive	faccia, faccia, faccia, facciamo, facciate, fạcciano
imperfect subjunctive	facessi, facessi, facesse, facessimo, faceste, facẹssero
imperative	fa', faccia, facciamo, fate, fạcciano
gerundio	facendo
past participle	fatto

morire (to die)

present indicative	muoio, muori, muore, moriamo, morite, muọiono
present subjunctive	muoia, muoia, muoia, moriamo, moriate, muọiano
imperative	muori, muoia, moriamo, morite, muọiano
past participle	morto

piacere (to like, please)

present indicative	piaccio, piaci, piace, piacciamo, piacete, piạcciono
passato remoto	piacqui, piacesti, piacque, piacemmo, piaceste, piạcquero
present subjunctive	piaccia, piaccia, piaccia, piacciamo, piacciate, piạcciano
past participle	piaciuto

potere (to be able to, can)

present indicative	posso, puoi, può, possiamo, potete, pọssono
future	potrò, potrai, potrà, potremo, potrete, potranno
conditional	potrei, potresti, potrebbe, potremmo, potreste, potrẹbbero
present subjunctive	possa, possa, possa, possiamo, possiate, pọssano

rimanere (to remain)

present indicative	rimango, rimani, rimane, rimaniamo, rimanete, rimạngono
future	rimarrò, rimarrai, rimarrà, rimarremo, rimarrete, rimarranno
passato remoto	rimasi, rimanesti, rimase, rimanemmo, rimaneste, rimạsero

conditional	rimarrei, rimarresti, rimarrebbe, rimarremmo, rimarreste, rimarrębbero
present subjunctive	rimanga, rimanga, rimanga, rimaniamo, rimaniate, rimąngano
imperative	rimani, rimanga, rimaniamo, rimanete, rimąngano
past participle	rimasto

sapere (to know)

present indicative	so, sai, sa, sappiamo, sapete, sanno
future	saprò, saprai, saprà, sapremo, saprete, sapranno
passato remoto	seppi, sapesti, seppe, sapemmo, sapeste, sęppero
conditional	saprei, sapresti, saprebbe, sapremmo, sapreste, saprębbero
present subjunctive	sappia, sappia, sappia, sappiamo, sappiate, sąppiano

spęgnere (to turn off, out, extinguish)

present indicative	spengo, spegni, spegne, spegniamo, spegnete, spęngono
passato remoto	spensi, spegnesti, spense, spegnemmo, spegneste, spęnsero
present subjunctive	spenga, spenga, spenga, spegniamo, spegniate, spęngano
imperative	spegni, spenga, spegniamo, spegnete, spęngano
past participle	spento

tenere (to keep, hold)

present indicative	tengo, tieni, tiene, teniamo, tenete, tęngono
future	terrò, terrai, terrà, terremo, terrete, terranno
passato remoto	tenni, tenesti, tenne, tenemmo, teneste, tęnnero
conditional	terrei, terresti, terrebbe, terremmo, terreste, terrębbero
present subjunctive	tenga, tenga, tenga, teniamo, teniate, tęngano
imperative	tieni, tenga, teniamo, tenete, tęngano

uscire (to go out)

present indicative	esco, esci, esce, usciamo, uscite, ęscono
present subjunctive	esca, esca, esca, usciamo, usciate, ęscano
imperative	esci, esca, usciamo, uscite, ęscano

vedere (to see)

future	vedrò, vedrai, vedrà, vedremo, vedrete, vedranno
passato remoto	vidi, vedesti, vide, vedemmo, vedeste, vįdero
conditional	vedrei, vedresti, vedrebbe, vedremmo, vedreste, vedrębbero
past participle	visto, veduto

venire (to come)

present indicative	vengo, vieni, viene, veniamo, venite, vęngono
future	verrò, verrai, verrà, verremo, verrete, verranno
passato remoto	venni , venisti, venne, venimmo, veniste, vęnnero
conditional	verrei, verresti, verrebbe, verremmo, verreste, verrębbero
present subjunctive	venga, venga, venga, veniamo, veniate, vęngano
imperative	vieni, venga, veniamo, venite, vęngano

vįvere (to live)

future	vivrò, vivrai, vivrà, vivremo, vivrete, vivranno
passato remoto	vissi, vivesti, visse, vivemmo, viveste, vįssero

| conditional | vivrei, vivresti, vivrebbe, vivremmo, vivreste, vivrębbero |
| past participle | vissuto |

volere (to want, wish)

present indicative	voglio, vuoi, vuole, vogliamo, volete, vọgliono
future	vorrò, vorrai, vorrà, vorremo, vorrete, vorranno
passato remoto	volli, volesti, volle, volemmo, voleste, vọllero
conditional	vorrei, vorresti, vorrebbe, vorremmo, vorreste, vorrębbero
present subjunctive	voglia, voglia, voglia, vogliamo, vogliate, vọgliano

Verbs That Are Irregular Only in the *Passato Remoto* and the *Participio Passato*

accęndere (to light, turn on)

| passato remoto | accesi, accendesti, accese, accendemmo, accendeste, accęsero |
| past participle | acceso |

accọrgersi (to realize, notice)

passato remoto	mi accorsi, ti accorgesti, si accorse, ci accorgemmo,
	vi accorgeste, si ạccorsero
past participle	accorto

chiędere (to ask)

| passato remoto | chiesi, chiedesti, chiese, chiedemmo, chiedeste, chięsero |
| past participle | chiesto |

chiụdere (to close)

| passato remoto | chiusi, chiudesti, chiuse, chiudemmo, chiudeste, chiụsero |
| past participle | chiuso |

conọscere (to know, be acquainted with)

passato remoto	conobbi, conoscesti, conobbe, conoscemmo, conosceste,
	conọbbero
past participle	conosciuto

cọrrere (to run)

| passato remoto | corsi, corresti, corse, corremmo, correste, cọrsero |
| past participle | corso |

lęggere (to read)

| passato remoto | lessi, leggesti, lesse, leggemmo, leggeste, lęssero |
| past participle | letto |

męttere (to place, put)

| passato remoto | misi, mettesti, mise, mettemmo, metteste, mịsero |
| past participle | messo |

nạscere (to be born)

passato remoto	nacqui, nascesti, nacque, nascemmo, nasceste, nạcquero
past participle	nato

pẹrdere (to lose)

passato remoto	persi, perdesti, perse, perdemmo, perdeste, pẹrsero
past participle	perso, perduto

piạngere (to cry)

passato remoto	piansi, piangesti, pianse, piangemmo, piangeste, piạnsero
past participle	pianto

piọvere (to rain)

passato remoto	piovve, piọvvero
past participle	piovuto

prẹndere (to take)

passato remoto	presi, prendesti, prese, prendemmo, prendeste, prẹsero
past participle	preso

rispọndere (to answer)

passato remoto	risposi, rispondesti, rispose, rispondemmo, rispondeste, rispọsero
past participle	risposto

scrịvere (to write)

passato remoto	scrissi, scrivesti, scrisse, scrivemmo, scriveste, scrịssero
past participle	scritto

sorrịdere (to smile)—ridere (to laugh)

passato remoto	sorrisi, sorridesti, sorrise, sorridemmo, sorrideste, sorrịsero
past participle	sorriso

spẹndere (to spend)

passato remoto	spesi, spendesti, spese, spendemmo, spendeste, spẹsero
past participle	speso

vịncere (to win)

passato remoto	vinsi, vincesti, vinse, vincemmo, vinceste, vịnsero
past participle	vinto

APPENDIX D

Italian/English Vocabulary

Abbreviations: adj. (adjective); adv. (adverb); pers. pron. (personal pronoun); conj. (conjunction); prep. (preposition); m. (masculine); f. (feminine); pron. (pronoun); m. and f. (masculine and feminine); m. pl. (masculine plural); f. pl. (feminine plural).

a, to, at
abbastanza (adv.), enough
abbigliamento, clothing
abitare, to live
abito, dress, suit
accanto a (adv.), next to, besides
accendere, to light, to turn on
accompagnare, to accompany
accorgersi, to realize, to notice
acqua, water
acquistare, to purchase
adagio (adv.), slowly
addormentarsi, to fall asleep
adesso, now
aereo, plane
aeroplano, airplane
aeroporto, airport
affare (m.), business *(per affari,* on business)
affinché (conj.), so that
affrettarsi, to hurry
Africa, Africa
africano, a, African
agenzia, agency
agenzia di viaggi, travel agency
aggiustare, to fix, to repair
agosto, August
aiutare, to help
alba, dawn
albeggiare, to dawn
albergo, hotel

albero, tree
alcuno, a, some, a few
allegato, a, enclosed
allora (adv.), then
almeno (adv.), at least
alto, a, tall, high
altro, a, other
altro?, anything else?
alunna, schoolgirl
alunno, schoolboy
alzare, to lift, to raise
alzarsi, to get up
amare, to love, cherish
America, America
americano, a, American
amica, friend (f.)
amico, friend (m.)
analisi (f.), analysis
anche (conj.), also
ancora (adv.), yet, still
andare, to go
andata e ritorno, round trip
anno, year
annoiarsi, to be bored
annuncio, announcement, ad
aperto, a, open
appena (adv.), as soon as, just, hardly
appetito, appetite *(buon appetito!,* enjoy your meal!)
appuntamento, appointment

appunto, per appunto (adv.), precisely, just, exactly
aprile, April
aprire, to open
arancia, orange
arrivare, to arrive
arrivederci, good-bye (informal)
arrivederLa, good-bye (formal sing.)
arrosto, roast
arrosto di vitello, veal roast
arte (f.), art
artista (m. and f.), artist
asciugamano, handtowel
ascoltare, to listen to
aspettare, to wait (for)
aspettarsi, to expect
assegno, check
assegno per viaggiatori, traveler's check
assicurare, to insure
attimo, moment, instant
attore (m.), actor
attrice (f.), actress
Australia, Australia
australiano, a, Australian
autista (m. and f.), driver
auto, car, auto
autobus (m.), bus
automobile (f.), car, automobile
autostrada, highway
autunno, fall, autumn
avere, to have
aviogetto, jetplane
avvocato, lawyer, attorney-at-law
azienda, firm
azzurro, a, light blue

babbo, dad
baffi (m. pl.), moustache
bagnare, to bathe, to wet
bagno, bath, bathroom *(fare il [un] bagno,* to take a bath)
ballare, to dance
bambina, child (f.)
bambino, child (m.)
banca, bank
bar (m.), bar, café
barba, beard *(farsi la barba),* to shave
barca, boat
basso, a, short, low
bastare, to be enough
bello, a, beautiful
benché (conj.), although
bene (adv.), well, fine *(sentirsi bene,* to feel well, to feel fine)

benino, fairly well, pretty well
benissimo (adv.), extremely well, very well
benvenuto, a, welcome
benzina, gasoline
benzinaio, gas station attendant
bere, to drink
bianco, a, white
bicchiere (m.), glass
bigliettaio, ticket agent
biglietto, ticket *(fare il biglietto* to purchase, to issue a ticket)
binario, railway track
biondo, a, blond
bisognare, to need *(avere bisogno di,* to have a need for)
bistecca, steak
bistecca di manzo, beef steak
blu (adj.), blue
bocca, mouth
bontà (f.), goodness *(avere la bontà di,* to be so kind as to)
borsa, purse
borsa di studio, scholarship
bottiglia, bottle
bravo, a, good, able
breve (adj.), brief, short
bruno, a, brown, dark
brutto, a, ugly
buca delle lettere, mailbox
buono, a, good
burro, butter
busta, envelope

caffè (m.), coffee, coffee shop *(prendere un caffè,* to have a cup of coffee)
caldo, a, warm, hot *(avere caldo,* to feel warm, hot; *fare caldo,* to be warm, hot)
calza, stocking
calzino, sock
calzoni (m. pl.), pants
cambiare, to change, exchange
cambio, change, exchange
camera, room, bedroom *(prenotare una camera,* to book, to reserve a room)
camera a due letti, double room
cameriere (m.), waiter
camicetta, blouse
camicia, shirt
camminare, to walk
campagna, countryside
Canadà (m.), Canada
canadese (adj.), Canadian
candela, spark plug, candle

capello, hair
capire, to understand
capo, head, boss
capoufficio, office manager
cappello, hat
cappotto, overcoat
cappuccino, type of coffee with steamed milk
carburatore (m.), carburetor
carissimo, a, very dear, extremely expensive
carne (f.), meat
caro, a, dear, expensive
carta, paper
cartolina, postcard
cartolina illustrata, picture postcard
casa, house, home
casella postale, post office box
cassetta delle lettere, mail box
cassiere (m.), cashier
cattivo, a, bad, naughty
cattolico, a, Catholic
a causa di, because of
celeste (adj.), light blue
celibe (adj.), single (m.)
cena, supper, evening meal
cenare, to have supper
centimetro, centimeter
cento, one hundred
centrale (adj.), central
centro, center, downtown
cercare, to look for
certamente (adv.), certainly
certo (adv.), surely, certainly
certo, a, certain, sure
che, that, which, what *(non c'è di che,* don't mention it)
chi, who, whom
chiamare, to call, to name
chiamarsi, to be called, to be named
chiaro, a, clear
chiave (f.), key
chiedere, to ask (in order to obtain)
chiesa, church
chilo(grammo), kilogram
chilometro, kilometer
chissà (adv.), Who knows? I wonder.
chiudere, to close
chiunque (pron.), whoever, whomever
ci, us, there
ciao, hi, hello, bye
ciascuno, a (adj.), each
ciliegia, cherry
cinema (m.), cinema, movie house
cinghia, belt

cinque, five
circa, about, around
città (f.), city
cittadina, small city
cittadina, citizen (f.)
cittadino, citizen (m.)
classe (f.), class, classroom
cliente (m. and f.), customer
clima (m.), climate
cofano, hood of car
cognata, sister-in-law
cognato, brother-in-law
cognome (m.), last name, family name
colazione (f.), breakfast *(fare colazione,* to have breakfast)
collo, neck *(misura di collo,* neck size)
colloquio, interview
colore, color
coltello, knife
comandare, to command, order
cominciare, to begin, start
commessa,, salesgirl
commesso, salesman
comodo, a, comfortable
compilare, to fill out
compito, homework, duty
compleanno, birthday
comprare, to buy
con, with, by
congratulazioni (f. pl.), congratulations
conoscenza, knowledge
conoscere, to know, be acquainted with
consigliare, to suggest, to advise
consiglio, advice
contabilità (f.), accounting
contento, a, happy, glad
conto, bill, check
contorno, side dish
controllare, to control, to check
conversazione, conversation
coricarsi, to go to bed
corpo, body
correre, to run
corrispondenza, correspondence
cosa, thing
cosa?, what?
così, thus, so
così, così, so-so
così...come, as...as
corso, course
costare, to cost
cotone (m.), cotton
cravatta, tie
credere, to believe
cristiano, a, Christian

cruscotto, dashboard
cucchiaio, spoon
cucina, kitchen
cucinare, to cook
cugina, cousin (f.)
cugino, cousin (m.)
cui, which, whom
cuoco, cook, chef (m.)
cuoca, cook, chef (f.)
curioso, a, curious

da, at, from, by
dappertutto, everywhere
dare, to give
data, date
dattilografa, typist (f.)
dattilografo, typist (m.)
davanti a, in front of, before
decidere, to decide
decimo, a, tenth
denaro, money
dentro, inside
desiderare, to wish
destinatario, addressee
di, of, from
dialogo, dialog
dicembre (m.), December
diciannove, nineteen
diciassette, seventeen
diciotto, eighteen
dieci, ten
dietro, behind
difficile (adj.), difficult
diluviare, to pour (rain)
diluvio, downpour
Dio, God
dire, to say, tell
diretto, type of train
direttore (m.), manager, director (m.)
direttrice (f.), manager, director (f.)
ditta, firm
divertente (adj.), amusing
divertirsi, to enjoy oneself, to have a good time
divorziato, a, divorced
documento, document, papers
dodici, twelve
dolce (adj.), sweet
dolce, dessert, sweet
dollaro, dollar
dolore (m.), pain, grief
domanda, question
domandare, to ask
domandarsi, to ask oneself, to wonder

domani, tomorrow
domattina, tomorrow morning
domenica (f.), Sunday
domenicale (adj.), Sunday (adj.)
donna, woman
dopo, after, afterward
dormire, to sleep
dottore (m.), doctor (m.)
dottoressa, doctor (f.)
dove, where
dovere, to have to, must
dovere (m.), duty
dovunque, wherever
dramma (m.), drama
dubitare, to doubt
due, two
duomo, cathedral
durante, during

eccellente, excellent
ecco, here (is, are)
ed, and
Egitto, Egypt
egli, he
elegante, elegant
ella, she
entrare, to enter
esame, exam, examination, test *(fare un esame,* to take an exam)
esperienza, experience
esperto, a, experienced
esportazione (f.), export
espresso, type of fast train, special delivery letter, type of black coffee
essa (f.), it
essere, to be
essere in cerca di, to be looking for, to be in search of
esso, (m.) it
estate (f.), summer
estero, abroad *(andare all'estero,* to go abroad)
estivo, a, summertime
età, age
etto, hectogram (100 grams)
Europa, Europe
europeo, a, European

fa, ago
fabbrica, factory
faccia, face
facile (adj.), easy
fame, hunger *(avere fame,* to be hungry)

famiglia, family
famoso, a, famous, great
fantạstico, a, fantastic
fare, to do, to make
farmacia, pharmacy, drugstore
farmacista (m. and f.), pharmacist, drug-
  gist
faro, headlight
favore (m.), pleasure, favor
febbraio, February
fermare, to stop
ferroviario, a, railway
festa, holiday, party, festivity *(fare una
  festa,* to give a party)
festeggiare, to celebrate
fiammifero, match
figlia, figliola, daughter
figlio, figliolo, son
film, film, movie
finale (adj.), final
finalmente (adv.), finally
fine (f.), end
finire, to finish
fino a (adv.), until
fiore (m.), flower
fiorentino, a, Florentine
firmare, to sign
fiume, river
foglia, leaf
foglio, sheet of paper
forchetta, fork
formaggio, cheese
fornaio, baker (m.)
fornaia, baker (f.)
forno, oven
forte (adj.), strong
fra, between, among, in, within
francese (adj.), French
Francia, France
francobollo, postage stamp
frase (f.), phrase, sentence
fratello, brother
freddo, a, cold *(avere freddo,* to feel cold;
  fare freddo, to be cold)
frequentare, to attend, frequent
fresco, a, cool
fretta, hurry, haste *(in fretta e furia,* in a
  hurry, in a great haste)
fritto, a, fried
frutta, fruit
fruttivẹndola, greengrocer (f.)
fruttivẹndolo, greengrocer (m.)
frutto di mare, seafood
fumare, to smoke
fungo, mushroom

funzionare, to work, run, operate
fuoco, fire
fuori, out, outside *(ẹssere fuori,* to be out,
  not to be in)

gamba, leg
garage (m.), garage
gas (m.), gas
gatto, cat
gelato, ice cream
generalmente (adv.), generally
gẹnero, son-in-law
generoso, a, generous
genitore (m.), parent
gennaio, January
gente (f.), people
gentile, kind, gentle
geografia, geography
Gesù, Jesus
ghiaccio, ice
già, already
giallo, a, yellow
giardino, garden
giocare, to play (a game)
giornale (m.), newspaper
giornalista (m. and f.), newspaperman,
  newspaper woman
giorno, day
giọvane (adj.), young
giovedì (m.), Thursday
giro, tour *(fare un giro,* to take a tour; *fare
  un giro in macchina,* to go for a drive)
gita, excursion, tour
giugno, June
giusto, a, just, right, fair
gonna, skirt
grammạtica, grammar
grammo, gram
grande (adj.), big, large, great
grazie, thanks *(mille grazie,* many thanks;
  tante grazie, thank you very much)
Grecia, Greece
greco, a, Greek
grigio, a, grey
grosso, a, big, large
guadagnare, to earn, to gain
guardare, to look at, watch
guardarsi, to look at oneself
guardarsi ollo specchio, to look at oneself
  in the mirror
guasto, breakdown (automotive)
guidare, to drive, guide

hotel, hotel

ieri, yesterday
idea, idea
il, the
imbucare, to mail, to post
immenso, a, huge
imparare, to learn
impiegata, employee (f.)
impiegato, employee (m.)
impiego, job, work, employment
importante, important
importare, to matter
importazione (f.), import
impossibile (adj.), impossible
improbabile (adj.), improbable
improvvisamente (adv.), suddenly
in, in, to
incantevole (adj.), charming
incassare, to cash, take in
incominciare, to begin, to start
incontrare, to meet, encounter
indicativo, indicative
indirizzo, address
infatti, in fact, as a matter of fact
infelice (adj.), unhappy
infinito, infinitive
inglese (adj.), English
Inghilterra, England
iniziare, to begin, to start
insalata, lettuce, green salad
insegnante (m. and f.), teacher
inserzione (f.), ad
insieme, together
intelligente (adj.), intelligent
intenso, a, heavy, intense
interessante (adj.), interesting
interprete (m. and f.), interpreter
interurbana, long distance call
invece (conj.), instead
invernale (adj.), wintry
inverno, winter
inviare, to send
io, I
irregolare (adj.), irregular
isola, island
Italia, Italy
italiano, a, Italian

la, the
là, there
lago, lake
lampeggiare, to lightning
lampo, lightning
lana, wool
largo, a, wide

lasciare, to let, leave, allow, permit
laurea, college, university degree
laurearsi, to graduate from a college or
    university
lavare, to wash
lavorare, to work
lavoro, job, work
leggere, to read
leggiero, a, light
lei, she
Lei (formal sing.), you
lento, a, loose, slow
lettera, letter
letto, bed
levare, to remove, to take away
levarsi, to get up, to get off
lezione (f.), lesson
lì, there
libero, a, free, vacant
libro, book
liceo, high school
lieto, a, happy, glad, pleased
lingua, language, tongue
lira, lira, Italian currency
litro, liter
lo (m.), the, (m.) him, (m.) it
locale, type of train
Londra, London
lontano, a, far
lontano (adv.), far away
loro (m. and f.), they, (m. and f.) them
Loro (formal pl.), you
luce (f.), light
luglio, July
lui, he, him
lunedì, Monday
lungo, a, long
lungo (adv.), along
luogo, place (*avere luogo,* to take place)

ma, but
macchina, car, machine
macchina da scrivere, typewriter
macellaio, butcher
madre, mother
maggio, May
magnifico, a, magnificent
magro, a, thin
malato, a, sick
male (m.), evil, ill
male (adv.), badly, bad
mal(e) di testa, headache (*sentirsi male,* to
    feel sick)
mamma, mom, mommy

mangiare, to eat
manica, sleeve
mano (f.), hand
manzo, beef
mare (m.), sea
marito, husband
martedì, Tuesday
marzo, March
matematica, mathematics
materno, a, motherly, maternal
matita, pencil
mattina, morning *(di mattina,* in the morning)
mattino, early morning *(del mattino,* in the early morning)
me, me
meccanico, mechanic
medicina, medicine
medico, physician, medical doctor
medico, a, medical
meglio (adv.), better
mela, apple
meno, less
mentre (conj.), while
mese (m.), month
metro, meter
mettere, to put, to place
mettersi, to put on, wear
mettersi a (+ inf.), to start (doing something)
mezzanotte (f.), midnight
mezzo, a, half
mezzogiorno (m.), noon
migliore (adj.), better
miliardo, billion
milione (m.), million
minerale (adj.), mineral
minestra, soup
minuto, minute
mio, a, my, mine
misura, measure, size
mittente (m.), sender
moderno, a, modern
modulo, form
moglie (f.), wife
molto (adv.), much
molto, a, much (pl. many)
momento, moment *(per il momento,* at the moment, for now)
monaco, monk
mondo, world
montagna, mountain
morire, to die
mostrare, to show
moto, motorcycle
motore (m.), engine, motor

nascere, to be born
nascita, birth
naso, nose
Natale (m.), Christmas *(Buon Natale!,* Merry Christmas)
nativo, a, native
nave (f.), ship
nazionale (adj.), national
nazione (f.), nation
ne (pron.), (some) of it, (some) of them, about it
né. . .né (conj.), neither. . .nor
neanche (adv.), not even
necessario, a, necessary
negozio, store
nemico, enemy
nemmeno (adv.), not even
neppure (adv.), not even
nero, a, black
nessuno (pron.), no one, nobody, not. . .anyone
nessuno, a (adj.), no
neve (f.), snow
nevicare, to snow
niente (pron.), nothing
nipote (m. and f.), grandson, granddaughter, nephew, niece
noi, we, us
noleggiare, to rent (a car, a boat
nome (m.), noun, first name
non, not
nonna, grandmother
nonno, grandfather
nono, a, ninth
normale (adj.), normal
nostro, a, our, ours
notare, to note, to notice
notevole (adj.), remarkable, noteworthy
notizia, news
notte (f.), night
nove, nine
novembre (m.), November
nubile (adj. f.), single (woman)
nulla (pron.), nothing
numero, number
numeroso, a, numerous
nuora, daughter-in-law
nuovo, a, new
nuovamente (adv.), newly

occhiali (m. pl.), glasses
occhio, eye
occorrere, to be necessary
occupato, a, busy
offrire, to offer

oggi, today
ogni (adj.), each
olio, oil
oltre a (adv.), besides
ombrello, umbrella
opuscolo, brochure
opportunità, opportunity
oppure, or
ora, hour
ora (adv.), now
orario, schedule
ordinare, to order
oro, gold
orologio, watch
ospedale (m.), hospital
ottavo, a, eighth
ottimo, a, excellent
otto, eight
ottobre, October

pacco, package
padre (m.), father
padrona, landlady
padrone (m.), landlord
paese (m.), country, town
paga, pay, wages
pagare, to pay
paio, pair, couple
pancia, belly
pane (m.), bread
panorama (m.), panorama, view
pantaloni (m. pl.), pants, slacks
papa (m.), Pope
papà (m.), papa, daddy
parabrezza (m.), windshield
parafango, fender
pedale (m.), pedal
pedale dell'acceleratore, gas pedal
paraurti (m.), bumper
parcheggiare, to park
parco, park
parecchio, a, several
parlare, to speak, talk
parola, word
parte (f.), part
partire, to leave, depart
passaporto, passport
passare, to pass
passeggiare, to stroll, walk *(fare una
    passeggiata, to take a stroll, go for a walk)*,
pasta, any type of pasta, pastry
patata, potato
patria, country, homeland

paura, fear *(avere paura, to fear, be afraid)*
pazienza, patience *(avere pazienza, to be
    patient)*
peggio (adv.), worse
peggiore (adj.), worse
penisola, peninsula
penna, pen
pennello, brush *(stare a pennello, to fit like
    a glove)*
pensare, to think
pepe (m.), pepper
per (prep.), for, through
pera, pear
perché (adv.), why, because
perciò (conj.), therefore
perdere, to lose
però (conj.), but, however
persona, person
pesare, to weigh
pesce (m.), fish
peso, weight
pessimo, a, worst, very bad
pettinarsi, to comb one's hair
petto, chest
piacere, pleasure, to like *(per piacere,
    please)*
piacere, to like
piangere, to cry
pianista (m. and f.), pianist
piano (adv.), slow, slowly
piano, floor *(casa a due piani, two-story
    house)*
piatto, dish, plate *(per primo piatto, as a
    first course)*
piazza, square, plaza
piccolo, a, small, little
piede (m.), foot
pieno, a, full *(fare il pieno, to fill up the
    tank)*
pillola, pill
pilota (m.), pilot
pioggia, rain
pittore (m.), painter (m.)
pittoresco, a, picturesque
pittrice (f.), painter (f.)
più, more
pizza, pizza
poco, a, little, a few
poeta (m.), poet
poi, then
politico, a, political
pomeriggio, afternoon
pomodoro, tomato
porta, door
portare, to carry, to take, to bring

portarsi dietro, to bring along
portiera, car door
portiere (m.), concierge, hotel receptionist
portone (m.), front door, main gate
possibile, possible
posta, mail
Posta Centrale, Main Post Office
postale (adj.), post
postino, postman, mailman
posto, place, seat *(essere a posto,* to be in order)
potere, to be able to, can
povero, a, poor
pranzare, to dine
pranzo, dinner
pratica, experience, practice *(avere pratica di,* to have experience with)
preferire, to prefer
prego, please
prenotazione (f.), reservation
preoccuparsi, to worry
preparare, to prepare
prepararsi, to get ready
presentarsi, to present, to introduce oneself
presente (m.), present
pressione, pressure
presso (adv.), at, with, from
presto (adv.), soon, early *(a presto,* see you soon; *fare presto,* to hurry up, be quick)
le previsioni del tempo, weather forecast
prezzemolo, parsley
prezzo, price
prima (adv.), before
primavera, spring
primo, a, first
principale (adj.), principal, main
privato, a, private
problema (m.), problem
professore (m.), professor (m.)
professoressa, professor (f.)
pronto, a, ready
pronto?, hello?
proprietaria, owner (f.)
proprietario, owner (m.)
proprio (adv.), really, just
proprio, a, own, real
prossimo, a, next
protestante (adj.), Protestant
provare, to try, to test, to prove
pubblico, a, public
pulire, to clean
pure (adv.), also

quaderno, notebook
qualche (adj.), some
qualcosa (pron.), something
quale (adj.), which
qualora (conj.), in case
qualunque (adj.), whichever
qualunque cosa (pron.), any, whatever
quando (adv.), when
quanto, a, much (pl. many)
quanto (adv.), much
quantunque (conj.), although
quarto, a, fourth
quattordici, fourteen
quattro, four
quello, a, that (pl. those)
questo, a, this (pl. these)
qui, here
quindici, fifteen
quinto, a, fifth

raccomandata, registered letter
radio (f.), radio
ragazza, girl
ragazzo, boy
rapido, type of train
rapido, a, fast
re (m.), king
recarsi, to go
recente (adj.), recent
recentemente (adv.), recently
regalare, to give as a gift
regione (f.), region
regista (m.), movie director
regolare (adj.), regular
regolarmente (adv.), regularly
resto, rest, change
ricco, a, rich
ricevere, to receive
ricevuta, receipt
ricevuta pagata di ritorno, paid return receipt
richiesto, a, requested, demanded
ricordare, to remember
rigatoni (m. pl.), type of pasta
rilassarsi, to relax
rimanere, to remain, stay
rione (m.), city ward or district, neighborhood
riparare, to repair, fix
riposarsi, to relax
rispondere, to answer
ristorante (m.), restaurant
ritornare, to return

ritorno, return *(essere di ritorno,* to be back)
riuscire, to succeed
romanzo, novel
ruota, wheel, tire

sabato, Saturday
sale (m.), salt
salire, to go up
salpare, to sail
salutare, to greet
sangue (m.), blood
santo, a, saint, sacred, holy
sapere, to know
sbagliare, to make a mistake
scala, stairs, staircase, ladder
scarpa, shoe
scelta, selection, choice
scendere, to get off, descend
scientifico, a, scientific
scorso, a, last
scrittore (m.), male writer
scrittrice (f.), female writer
scrivere, to write
scuola, school
scusare, to excuse
se (conj.), if
sebbene (conj.), although
seccante (adj.), annoying
secondo, a, second
secondo (+ pers. pron.), according to
sedici, sixteen
segretaria, secretary (f.)
segretario, secretary (m.)
seguente (adj.), following, next
seguire, to follow
sei, six
semaforo, traffic light
sembrare, to seem
semplice (adj.), simple
sempre, always
sentire, to feel, hear
sentirsi bene, to feel well, to feel fine
separato, a, separated
senza (prep.), without
sera, evening
serbatoio, tank
serio, a, serious
sesto, a, sixth
seta, silk
sete (f.), thirst *(avere sete,* to be thirsty)
sette, seven
settembre (m.), September
settimana, week

settimo, a, seventh
sì, yes
si, himself, herself, themselves
sicuramente (adv.), surely
sicuro, a, sure
sigaretta, cigarette
signora (f.), Mrs., married woman, lady
signore (m.), Mr., sir, man, gentleman
signorina (f.), Miss, young lady, unmarried woman
sindaco, mayor
smettere, to stop
smettere di, to stop (doing something)
solamente (adv.), only
solo (adv.), only
solo, a, alone
soltanto (adv.), only
sorella, sister
sorpresa, surprise
sorridere, to smile
sorriso, smile
sottana, skirt
sotto (prep.), under
spaghetti, type of pasta
Spagna, Spain
spagnolo, a, Spanish
specchio, mirror
speciale (adj.), special
specialmente (adv.), especially
spedire, to mail, ship
spegnere, to turn off, to extinguish
spegnersi, to die out, to go out
sperare, to hope
sperare di sì, to hope so
spesa, expense *(fare la spesa,* grocery shopping, to shop for food)
spesso (adv.), often
spiaggia, beach
spiegare, to explain
sporco, a, dirty
sport (m.), sport
sportello, window (in an office)
sportivo, a (adj.), sporting, sports
sposare, to marry
sposarsi, to get married
spumante (m.), type of sparkling wine
squillare, to ring
stadio, stadium
stagione (f.), season
stamattina, this morning
stanco, a, tired
stanza, room
stazione (f.), station
stare, to stay, to be, to feel
stasera, tonight

statale (f.), state
stato, state
stato di famiglia, family status
Stati Uniti d'America, United States of America
statura, height
stesso, a, same
stoffa, cloth, material
stomaco, stomach
storia, story, history
strada, street
straniero, a, foreign
straniero (m.), foreigner
straniera (f.), foreigner
studente (m.), male student
studentessa (f.), female student
studio, study
su, on, upon
subito (adv.), immediately, right away
suo, a, his, her, hers, your; yours (formal)
suocera, mother-in-law
suocero, father-in-law
supermercato, supermarket
sveglia, alarm clock
svegliare, to wake
svegliarsi, to wake up

tabaccaio, tabacco
tagliatelle, type of pasta
tanto, a, much
tardi, late *(a più tardi,* see you later; *fare tardi,* to be late)
tassì, taxi, cab
tecnico, a, technical
tedesco, a, German
telefonare, to telephone
telefonata, telephone call
telefono, telephone, phone
telegramma (m.), telegram
tema (m.), theme, composition
temere, to fear
tempo, weather, time
temporale, storm
tenere, to hold, to keep, to have
tergicristallo, windshield wiper
terra, earth, land, soil
tipo, type, kind
tirare vento, to be windy
titolo di studio, university degree
tocco, one o'clock
tornare, to return
Toscana, Tuscany
toscano, a, Tuscan
traduttore (m.), male translator

traduttrice (f.), female translator
traffico, traffic
tramontare, to set, to go down
tramonto, sunset
tranquillamente, peaceful
tranquillo, a, peacefully
trasferirsi, to move, to relocate
tre, three
treno, train
troppo (adv.), too
troppo, a, too much (pl. too many)
trovare, to find
trovarsi, to find oneself
tu (fam. sing.), you
tuo, a, your (fam. pl.), yours (fam. sing.)
tuonare, to thunder
tutti, everyone
tutto, a, all, whole
ufficio, office
Ufficio Personale, Personnel Department
ultimo, a, last
l'una, one o'clock
un, uno, una, un', a, an
undici, eleven
unico, a, only, sole, unique
università (f.), university
uomo, man
uovo, egg
usare, to use
uscire, to go out, exit
utile (adj.), useful

vacanza, vacation, holiday
vaglia (m.), money order
valigia, suitcase
vario, a, varied, several, different
vecchio, a, old
vedere, to see
veloce (adj.), fast, quick
velocemente, quickly
vedova, widow
vedovo, widower
vendere, to sell
venerdì, Friday
venire, to come
venti, twenty
vento, wind
veramente (adv.), really
verbo, verb
verde (adj.), green
verdura, greens, vegetable
verificare, to verify
verità (f.), truth
vero, a, real, true

verso (prep.), around, about
vestire, to dress
vestirsi, to get dressed
vestito, dress, suit
via, road, street *(per via aerea,* by air mail;
    per via mare, by sea)
viaggiare, to travel
viaggio, trip *(fare un viaggio,* to take a
    trip)
vicino, a, near, close
vicino (adv.), close by
vincere, to win
vino, wine
virtù (f.), virtue
visitare, to visit
vita, life
vivere, to live

vocabolario, vocabulary
voi (fam. pl.), you
volante (m.), steering wheel
volare, to fly
volentieri, gladly, willingly
volere, to want, to wish
volo, flight
volta, time
vostro, a, your (fam. pl.), yours (fam. pl.)

zero, zero
zia, aunt
zio, uncle
zucchero, sugar
zucchino, zucchini, squash

NOTES

NOTES

NOTES

NOTES